French
vocabulary handbook

Kate Dobson

**Berlitz Publishing/APA Publications
GmbH & Co. Verlag KG,
Singapore Branch, Singapore**

French Vocabulary Handbook

NO part of this book may be reprduced, stored in a retrival system or transmitted in any form or means electronic, mechanical photocopying, recording or otherwise, without prior written permission from Apa Publications.

Contacting the Editors

Every effort has been made to provide accurate information in this publication, but changes are inevitable. The publisher cannot be responsible for any resulting loss, inconvenience, or injury. We would appreciate it if readers would call our attention to any errors or outdated information by contacting Berlitz Publishing, 95 Progress Street, Union, NJ 07083, USA. Fax: 1-908-206-1103. email: comments@berlitzbooks.com

All rights reserved.
©1994 Berlitz Publishing/Apa Publications GmbH & Co. Verlag KG, Singapore Branch, Singapore
Trademark Reg. U.S. Patent Office and other countries. Marca Registrada. Used under license from Berlitz Investment Corporation.

Reprinted April 2003
Printed in Canada

The Author:
Kate Dobson is an experienced teacher at the primary school, high school, and adult level.

The Series Editor:
Christopher Wightwick is a former UK representative on the Council of Europe Modern Languages Project and principal Inspector of Modern Languages for England.

CONTENTS

How to use this Handbook

A Introduction

The vocabulary of the French language   2
Conventions used in this Handbook   9

B Vocabulary topics

1 Function words   12

2 Where? Position and movement   14

2a. Position   14
2b. Directions and location   16
2c. Movement   18

3 When? Expressions of time   20

3a. Past, present, and future   20
3b. The time, days, and dates   24

4 How much? Expressions of quantity   26

4a. Length and shape   26
4b. Measuring   28
4c. Numbers   30
4d. Calculations   32

5 What sort of? Descriptions and judgments   34

5a. Describing people   34
5b. The senses   36
5c. Describing things   38
5d. Evaluating things   40
5e. Comparisons   42
5f. Materials   43

6 The human mind and character   44

6a. Human characteristics   44
6b. Feelings and emotions   46
6c. Thought processes   48
6d. Expressing views   50

7 Human life and relationships   54

7a. Family and friends   54
7b. Love and children   56
7c. Life and death   58

8 Daily life — 60

- 8a. The house — 60
- 8b. The household — 62
- 8c. Furnishings — 64
- 8d. Daily routine — 66

9 Shopping — 68

- 9a. General terms — 68
- 9b. Household goods and toiletries — 70
- 9c. Clothing — 72

10 Food and drink — 74

- 10a. Drinks and meals — 74
- 10b. Fish and meat — 76
- 10c. Vegetables, fruit, and desserts — 78
- 10d. Cooking and eating — 80

11 Sickness and health — 82

- 11a. Accidents and emergencies — 82
- 11b. Illness and disability — 84
- 11c. Medical treatment — 86
- 11d. Health and hygiene — 88

12 Social issues — 90

- 12a. Society — 90
- 12b. Social services and poverty — 92
- 12c. Housing and homelessness — 94
- 12d. Addiction and violence — 96
- 12e. Prejudice — 98

13 Religion — 100

- 13a. Ideas and doctrines — 100
- 13b. Faith and practice — 102

14 Business and economics — 104

- 14a. Economics of work — 104
- 14b. At work — 106
- 14c. Working conditions — 108
- 14d. Finance and industry — 110
- 14e. Banking and the economy — 112

15 Communicating with others — 114

- 15a. Social discourse — 114
- 15b. Comments and interjections — 116
- 15c. Mail and telephone — 118
- 15d. Computers — 120

16 Leisure and sport — 122

- 16a. Leisure — 122
- 16b. Sporting activity — 124
- 16c. Sports and equipment — 126

17 The arts — 128

- 17a. Appreciation and criticism — 128
- 17b. Art and architecture — 130
- 17c. Literature — 132
- 17d. Music and dance — 134
- 17e. Theater and film — 136

18 The media — 138

- 18a. General terms — 138
- 18b. The press — 140
- 18c. Television and radio — 142
- 18d. Advertising — 144

19 Travel — 146

- 19a. General terms — 146
- 19b. Going abroad and travel by boat — 148
- 19c. Travel by road — 150
- 19d. Travel by air — 154
- 19e. Travel by rail — 156

20 Holidays and vacations — 158

- 20a. General terms — 158
- 20b. Accommodation and hotel — 160
- 20c. Camping and vacation rentals — 162

21 Language — 164

- 21a. General terms — 164
- 21b. Using language — 166

22 Education — 168

- 22a. General terms — 168
- 22b. School — 170
- 22c. School subjects and examinations — 172
- 22d. Higher education — 174

23 Science: the changing world — 176

- 23a. Scientific method and life sciences — 176
- 23b. Physical sciences — 178
- 23c. The earth and space — 180

24 The environment: the natural world — 182

- 24a. Geography — 182
- 24b. The animal world — 184
- 24c. Farming and gardening — 186
- 24d. The weather — 188
- 24e. Pollution — 190

25 Government and politics — 192

- 25a. Political life — 192
- 25b. Elections and ideology — 194

26 Crime and justice — 196

- 26a. Crime — 196
- 26b. Trial — 198
- 26c. Punishment and crime prevention — 200

27 War and peace — 202

- 27a. War — 202
- 27b. Military personnel and weaponry — 204
- 27c. Peace and international relations — 206

C Appendixes — 209

3b Clocks and watches	14c Places of work	21a Main language families
4d Mathematical and geometric terms	15c Letter-writing	21a Languages
5b Parts of the body	15d Computer hardware	21a Nationalities
6a Human characteristics	15d Computer software	21b Grammar
8b Tools	15d Computer printing	21b Punctuation
9a Shops, stores, and services	16a Hobbies	22b Stationery
9a Currencies	16c Photography	23a Scientific disciplines
9c Jewelry	17b Architectural features	23b Chemical elements
9c Precious stones and metals	17d Musicians and instruments	23b Compounds and alloys
10c Herbs and spices	17d Musical forms	23c The zodiac
10d Cooking utensils	17d Musical terms	23c Planets and stars
10d Smoking	17e Film genres	24b Wild animals
11c Hospital departments	19a Means of transport	24b Birds
11c Illnesses and diseases	19b Ships and boats	24b Part of the animal body
11d Hairdresser	19c Parts of the car	24c Trees
13a Religious groups	19c Road signs	24c Flowers and weeds
13b Holidays and religious festivals	20a Tourist sights	25a Political institutions
	20a On the beach	25a Representatives and politicians
14b Professions and jobs	20a Continents and regions	27b Military ranks
	20a Countries	27c International organizations
	20a Oceans and seas	

D Subject index — 242

How to use this Handbook

This Handbook is a carefully ordered work of reference covering all areas of French vocabulary and phrasing. It is based on the thesaurus structure of the Council of Europe's Threshold Level, expanded to include other major topics, especially in the fields of business, information technology, and education. Unlike a dictionary, it brings together words and phrases in related groups. It also illustrates their usage with contextualized example sentences, often in dialogue form. This enables learners and users of the language to:

- refresh and expand their general knowledge of vocabulary;
- revise systematically for public examinations, using the word groups to test their knowledge from French to English and vice versa;
- extend their knowledge of authentically French ways of saying things by studying the example sentences;
- support their speaking and writing on a given topic, when the logical arrangement of the sections will often prompt new ideas as well as supplying the means of expressing them.

THE STRUCTURE OF THE HANDBOOK

The Handbook is divided into four parts:

A Introduction

This section includes a concise account of the ways in which French creates compound words and phrases in order to express more complex ideas, together with a brief survey of nouns, adjectives and verbs in French. (For a more extensive treatment of these topics, see the *Berlitz French Grammar Handbook*.)

B Vocabulary topics

This section includes 96 vocabularies, grouped under 27 major areas of experience. Many vocabularies are divided into a number of sections, so that words and phrases are gathered together into closely related groups. Almost all sections contain example sentences showing the vocabulary in use. Wherever it makes sense to do so, these sentences are linked together to form short narratives or dialogues that help to fix them in the memory.

USE OF HANDBOOK

In some vocabularies the lists of words and phrases are both extensive and more independent of context, so that the role of the example sentences is reduced.

C Appendixes

This section includes lists of specific terms such as the names of countries or musical instruments. These would simply clutter up the main vocabularies, but they are linked to them by clear cross-references.

D Subject Index

This section has an alphabetical index of topics and themes, enabling you to locate the area you are interested in quickly.

LOCATING THE RIGHT SECTION

The Handbook can be approached in two main ways.

• If you are not sure which topic will be best suited to your needs, start with the Table of Contents. This will give you a general picture of the areas covered. You can then browse through the sections until you find the one you want.

• Alternatively, if you have a specific topic in mind, look it up in the *Subject Index* at the end of the book. This will take you directly to the relevant vocabulary or appendix. To help you find what you are looking for, topics are often listed more than once, under different headings. Within most sections there are cross-references to other related areas.

A
INTRODUCTION

Vocabulary & structure in the French language

Conventions used in this Handbook

INTRODUCTION

The vocabulary of the French language

Similar features of French and English

Within the very large group of Indo-European languages, French and English could be regarded as second cousins. Although some of the structures of French are different from English patterns, because of the overriding influence of its Latin origin, a very large number of individual words are easily recognizable from one language to the other.

Related words

The Norman Conquest brought a number of Norman French words into English, and the Renaissance and the Modern Age have created a large number of scientific, abstract, and technical words common to many European languages. In addition, culinary and artistic terms have been borrowed from French into English. Some English words have been borrowed, somewhat uncomfortably, into French. It is useful for the student of French to identify this common ground and exploit it. Some words are spelled as in English, while some are not quite the same, and of course, adjectives and verbs undergo pronunciation and spelling changes in use.

These are some examples; many more could be cited.

English	French
Nouns	
Television; telephone	**Télévision; téléphone**
feast, beast, forest; tempest; crest	**fête; bête; forêt; tempête; crête**

The circumflex accent in French often shows that an "s" has been lost along the way.

liberty; beauty; quality; variety	**liberté; beauté; qualité; variété**
doctor; professor; actor	**docteur; professeur; acteur**
interpreter; minister	**interprète; ministre**
racism; communism; Buddhism	**racisme; communisme; Bouddisme**
mystery; ministry	**mystère; ministère**
glory; victory; memory	**gloire; victoire; mémoire**
harmony; (political) party	**harmonie; parti (politique)**
movement; government	**mouvement; gouvernement**
soufflé; flambé; café	**soufflé; flambé; café**

FRENCH VOCABULARY

Adjectives

rare; imprudent	**rare; imprudent**
dramatic; comic; domestic	**dramatique; comique; domestique**
socialist; racist;	**socialiste; raciste**
realistic; simplistic	**réaliste; simpliste**
social; national	**social; national**
official; individual	**officiel; individuel**
possible; impossible	**possible; impossible**
capable; probable	**capable; probable**
popular; military	**populaire; militaire**
glorious; precious; pretentious	**glorieux; précieux; prétentieux**

Verbs

to respect; to interpret; to cede	**respecter; interpréter; céder**
to contemplate; to cultivate	**contempler; cultiver**
to film; to sponsor	**filmer; sponsoriser**

False friends

The learner also needs to be aware that there exist a number of words that look similar but have different meanings. These are often called "false friends" or **faux-amis**.

French	*English*
actuel	contemporary/of the present time
assister (à)	to attend, be present at
contrôler	to check, test
une fabrique	factory
une intoxication	poisoning
large	wide
la métropole	France (as opposed to its overseas territories)
malicieux	mischievous
sensible	sensitive
un stage	short course, period of training
un store	(window) blind

There are also words that have the meaning you anticipate, but that, in certain contexts, they may have a different sense.

une action	action; also a share (finance)
une chaîne	chain; also TV channel
l'édition	edition; also publishing
un parent	parent; also any relative
ignorer	to ignore; also (originally) not to know

INTRODUCTION

Recent borrowings from English

Finally, we should mention the many words in French that have been borrowed from English, and still persist despite the attempts of *Académiciens* and others to eradicate them.

le bulldozer, le bungalow, le week-end, le meeting, le parking, le living (living room), **le shopping, le jogging, le basket** (sneaker), **le sweat-shirt** (often abbreviated to **le sweat**), **le hit-parade, le hamburger, la star** (in entertainment), **le hovercraft, le car-ferry**

And many more!

For a good number of such words, a French equivalent exists, but fails to suppress the use of the English word. Hence the term *franglais*, to describe these hybrids.

A few notes on French structures

(i) *Nouns*

(A) Gender

All nouns in French are masculine or feminine in gender. The gender needs to be learned with the word itself, as it affects the use of articles, adjectives, pronouns, and some verb forms.

It is not generally possible to predict the gender of a noun from its meaning. If in doubt, check in a dictionary. However:

• Most nouns for male persons are masculine and female persons are feminine.

le père; le frère   la mère; la soeur

Confusion arises where women exercise professions where previously only men were found.

un docteur; un ministre; un ingénieur; un professeur (all masculine words, even if applied to women)

Nowadays forms such as **une professeur, une ministre** are also increasingly found. Otherwise, the feminine form is **une femme ingénieur.**

Some words can be either masculine or feminine:

le/la dentiste; le/la collègue

Jobs done by men and women often have a masculine and a feminine form:

FRENCH VOCABULARY

le boulanger/la boulangère
le coiffeur/la coiffeuse
l'infirmier/l'infirmière

le fermier/la fermière
l'instituteur/l'institutrice

A few words are always feminine, even when they refer to men:

une personne, une victime, une star/vedette (de cinéma)

- All languages, days of the week, months, seasons and colors are masculine; as are most trees and shrubs and those fruits and flowers not ending in **-e.**

The majority of abstract nouns, most countries, all the continents, and all fruits and flowers ending in **-e** are feminine.

Almost all nouns adopted into French from English are masculine (**le club; le bungalow**, but **la star**). Nouns taken from other languages tend to keep their original gender (**la vodka; la pizza**).

- Some noun endings denote gender, and it may be helpful to memorize the more common of these. (There are occasional exceptions)

-et; -eau ; -isme; -oir; -al; -ail; -ent are masculine endings

-ise; -té; -tion; -ance; -ence; -oire are feminine endings.

- In this Handbook the definite or indefinite article is given before the noun, to show the gender:

Masculine	**le béton**	**un téléphone**
Feminine	**la fabrication**	**une taxe**

Where a noun is preceded by the articles **l'** or **les/des**, the gender is given after the noun:

l'échafaudage *(m)*   **les affaires** *(f)*

(B) Plural of nouns

- Most French nouns form the plural by adding **-s**.

une voiture   deux voitures   un croissant   des croissants

However, this **-s** is not pronounced. The listener understands the plural from the expression that precedes the noun: **les . . . des . . . deux . . . quelques . . . beaucoup de . . .** etc.

- Some nouns have irregular plurals. For instance, those ending in **-al** form the plural in **-aux**; this also applies to some nouns ending in **-ail.**

un cheval   des chevaux   le travail   les travaux
                                              (road work)

INTRODUCTION

Other plurals in **-x** include:

un bijou	**des bijoux**
un œil	**les yeux**
le ciel	**les cieux**

(C) Compound nouns

Compound nouns in French are formed in a variety of ways. There are noun-noun and verb-noun combinations, linked with a hyphen; various combinations linked by prepositions **à, de,** or **en**; and noun-adjective phrases (without hyphenation). It is not possible to predict with accuracy; each compound noun needs to be learnt or checked. (➤ *Berlitz French Grammar Handbook*, chapter 3.)

noun-noun	**un timbre-poste**
verb-noun	**un lave-vaisselle**
noun + **à** +noun	**un verre à vin** (*denotes usage*)
noun + **à** + verb	**une machine à écrire** (*denotes usage*)
noun+ **de** + noun	**une auberge de jeunesse**
noun + adjective	**une année scolaire**
preposition + noun	**un hors-d'oeuvre**

Verb-noun and preposition + noun compounds are generally invariable, though some of the former add **-s**.

un hors-d'oeuvre	**des hors-d'oeuvre**
un porte-monnaie	**des porte-monnaie**

but

un tire-bouchon	**des tire-bouchons**

Plurals of other compound nouns vary according to the elements in the compound.

un timbre-poste	**des timbres-poste**
un lave-vaisselle	**des lave-vaisselle**
un verre à vin	**des verres à vin**
une machine à écrire	**des machines à écrire**
une auberge de jeunesse	**des auberges de jeunesse**
une année scolaire	**deux années scolaires**

Consult the *Berlitz French Grammar Handbook* (➤ 18e) or a dictionary for further information on all these forms.

FRENCH VOCABULARY

(ii) *Adjectives*
(A) Agreement

Adjectives alter their form according to what or who is being described. There may be as many as four forms: masculine singular, masculine plural, feminine singular, and feminine plural.

Possessives (**mon, ma, mes,** etc.) and demonstratives (**ce, cet, cette, ces**) and their usages need to be learned by heart.

• The majority of adjectives make their agreements with the noun as follows:

Masculine singular	as in the dictionary
Feminine singular	add **-e** (unless the masculine already ends in **-e**)
Masculine plural	add **-s** to singular (unless it already ends in **-s**)
Feminine plural	

un chapeau noir et jaune	**deux chapeaux noirs et jaunes**
une robe noire et jaune	**des robes noires et jaunes**

It should be noted that these added letters are frequently unheard, as in the example above, where all forms of **noir** and **jaune** have the same pronunciation.

When an adjective ends in a silent consonant in the masculine singular, the feminine agreement will cause the consonant to be pronounced, but the **-s** of the plural will still be unheard.

un chat gris	**une souris grise** (the **-se** is pronounced **-z**)

• Some adjectives have other slight changes from masculine to feminine. The most common are:

Doubling final consonant + **-e**

gentil, cruel	**gentille, cruelle**
parisien, italien	**parisienne, italienne**
gras, gros	**grasse, grosse**

-eux/euse, oux/-ouse	
heureux, paresseux	**heureuse, paresseuse**
jaloux	**jalouse**

-er/-ère	
cher, premier	**chère, première**

• Some common adjectives have an irregular feminine form:

blanc	**blanche**	**doux**	**douce**
frais	**fraîche**	**long**	**longue**
public	**publique**		

INTRODUCTION

• Most adjectives ending in **-al** in the masculine singular end in **-aux** in the masculine plural:

un problème social　　　　　　　　**des problèmes sociaux**

(B) Position of adjectives

• Most adjectives follow the noun in French.
• A few very common adjectives precede the noun:

bon, mauvais, beau, grand, gros, petit, vieux, jeune, nouveau, joli, premier

• A number of adjectives change their meaning according to the position:

une maison *ancienne* (*old*)　　　　**un *ancien* élève** (*former*)

Consult the *Berlitz French Grammar Handbook* for a full treatment.

(iii)   Verbs

In this Handbook, most verbs are entered in the first-person singular of the present tense.

(A) Verbs ending in **-e** in the vocabulary lists belong to the **-er** conjugation, the largest group in French.

j'accuse　　　　Infinitive: **accuser**　　　　　　　　to accuse

The infinitive is included alongside the entry for otherwise regular **-er** verbs which undergo minor spelling changes.

il aboie　　　　Infinitive: **aboyer**　　　　　　to bark
je jette　　　　infinitive: **jeter**　　　　　　　to throw
je me lève　　Infinitive: **se lever**　　　　　to get up

(B) Verbs ending in **-is** (except irregular verbs, whose infinitives are given) belong to the **-ir** conjugation.

j'établis　　　Infinitive: **établir**　　　　　　to establish
je finis　　　　Infinitive: **finir**　　　　　　　　to finish

(C) Verbs ending in **-ds** belong to the **-re** conjugation
je réponds　Infinitive: **répondre**　　　　　to answer
je vends　　Infinitive: **vendre**　　　　　　　to sell

(D) All irregular verbs apart from **être, avoir, aller,** and **faire** have the infinitive shown alongside the entry.

je dis *(dire)*　　　　　　　　　　　　j'éteins *(éteindre)*

Conventions used in this book

Nouns

Nouns are given in the singular form, generally preceded by the definite article. The plural form is included if irregular.

le/un indicates masculine gender
la/une indicates feminine gender
l' could apply to either gender for nouns beginning wth a vowel, so the correct gender is given in parentheses.

Verbs

Verbs are entered in the first-person singular of the present tense. Where this is inappropriate, the entry is in the third-person singular, for convenience, **il** is employed.

The infinitive of irregular verbs and verbs that undergo spelling changes follow the entry. Conjugations of all regular and regular verbs are found in the *Berlitz French Verb Handbook*, under the infinitive heading, along with explanations of usage and tenses.

Adjectives

Adjectives are in the masculine singular form. Irregular feminine forms are indicated in parentheses.

Abbreviations

acc	accusative	inf	infinitive
adj	adjective	intr	intransitive
adv	adverb	invar	invariable
conj	conjunction	m	masculine
dat	dative	pl	plural
f	feminine	subj	subjunctive
fam	familiar usage	tr	transitive

INTRODUCTION

Symbols

( )   a part of a translation that is optional: **le repas (léger)**
/   alternative word: **la chambre double/pour deux personnes** – **la chambre double** or **la chambre pour deux personnes.**
,   an alternative translation
[ ]   feminine adjectival ending, included when it is not - or **-e**
( )   the infinitive of an irregular verb, or verb with a minor spelling change
➤   a cross-reference to a vocabulary or chapter

B
VOCABULARY TOPICS

1	Functional words	*14*	Business and economics
2	Where? Position and movement	*15*	Communicating with others
3	When? Expressions of time	*16*	Leisure and sport
4	How much? Expressions of quantity	*17*	The arts
		18	The media
5	What sort of? Descriptions and judgments	*19*	Travel
		20	Holidays and vacation
6	The human mind and character	*21*	Language
7	Human life and relationships	*22*	Education
		23	Science: the changing world
8	Daily life		
9	Shopping	*24*	The environment: the natural world
10	Food and drink		
11	Sickness and health	*25*	Government and politics
12	Social issues	*26*	Crime and justice
13	Religion	*27*	War and peace

Function words

Articles
a   **un/une**
the   **le/la/les/l'**
some   **des**

Demonstrative adjectives/pronouns
this/that   **ce/cet/cette**
these   **ces**
this one   **celui-ci/celle-ci**
that one   **celui-là/celle-là**
those (ones)   **ceux-là/celles-là**
the red one   **le/la rouge**

Personal pronouns (subject)
I   **je**
you   **tu /vous/on**
he   **il**
she   **elle**
it   **il/elle**
we   **nous/on**
they   **ils/elles**
one   **on**
them   **ils/elles**

Personal pronouns (accusative and dative)
me   **me**
you   **te/vous**
him   **le** *(acc)*, **lui** *(dat)*
her   **la** *(acc)*, **lui** *(dat)*
it   **le/la**
us   **nous**
them   **les** *(acc)*, **leur** *(dat)*
one   **vous**

Reflexive pronouns
myself   **me**
yourself   **te/vous**
himself   **se**
herself   **se**
itself   **se**
ourselves   **nous**
themselves   **se**
oneself   **se**
each other   **se**

Stressed pronouns
it's me   **c'est moi**
me   **moi**
you   **toi/vous**
him   **lui**
her   **elle**
it   **(ça)**
us   **nous**
them   **eux/elles**

Possessive adjectives
my   **mon/ma/mes**
your   **ton/ta/tes, votre/vos**
his   **son/sa/ses**
her   **son/sa/ses**
its   **son/sa/ses**
our   **notre/nos**
their   **leur/leurs**
one's   **son/sa/ses**

Possessive pronouns
mine   **le mien/la mienne/les miens/les miennes**
your   **le tien/etc., le vôtre/la vôtre, les vôtres**
his/hers   **le sien/etc.**
ours   **le nôtre/la nôtre/les nôtres**
theirs   **le leur/la leur/les leurs**
this is mine!   **celui-ci est à moi!**

Relative pronouns
who   **qui/que**
which   **qui/que**
that   **qui/que**
of which/whose   **dont**

FUNCTION WORDS 1

what   ce qui/ce que/ce dont

Indefinite pronouns

somebody/one   on, quelqu'un
no one   personne (ne...)
anybody   n'importe qui
not ... anybody   ne ... personne
anyone   n'importe qui
not ... anyone   ne ... personne
nobody   personne ...
each (one)   chacun/chacune
everybody/one   tout le monde
something   quelque chose
anything   n'importe quoi
not ... anything   ne ... rien
nothing   rien/ne ... rien
everything   tout
all (of them)   tous/toutes
both (of them)   tous les deux/toutes les deux
some (of them)   quelques-uns

Questions

when?   quand?
where?   où?
how?   comment?
how far?   à quelle distance?
how much?   combien?
how long?   pendant combien de temps?
how hot?   à quelle température?
why?   pourquoi?
who?   qui?
whom?   qui?
to whom?   à qui?
whose?   à qui?
what?   que? qu'est-ce que?
which bus/car?   quel bus?/quelle voiture?
which buses/cars?   quels bus?/quelles voitures?
which one?   lequel/laquelle?
which ones?   lesquels/lesquelles?

Common prepositions and conjunctions

after he had bought sth.   après qu'il eut acheté quelque chose
after lunch   après le déjeuner
also   aussi
although   bien que/quoique (+ subj)
and   et
as (since)   comme
as if   comme si
as well as   aussi bien que
because   parce que
before he reads it   avant qu'il le lise (+ subj)
both ... and   et ... et
but   mais
even though/if   même si
except   sauf
however   cependant
if   si
(in order) to   pour, afin de (+ inf)
not ... either   ni ... ni
on condition that   à condition que (+ subj)
only   seulement/ne...que
or   ou
provided that   pourvu que (+ subj)
since *(causal)*   puisque
since *(time)* depuis
so   donc
so that   afin que/pour que (+ subj)
then   puis, ensuite
therefore, consequently   par conséquent
too   aussi
unless   à moins que ... ne (+ subj)
until he arrives   jusqu'à ce qu'l arrive (+ subj)
until she writes   jusqu'à ce qu'elle écrive (+ subj)
when   quand, lorsque
while *(time)* pendant que
while/whereas   tandis que
with   avec
without   sans

WHERE? POSITION AND MOVEMENT

2 Where? Position and movement

2a Position

- about **environ**
- above **au-dessus de**
  - above *(adv)* **au-dessus**
- across **à travers**
- after **après**
- against **contre**
- ahead **en avant**
  - ahead of **à l'avance, en avance**
- along **le long de**
- among **parmi**
- anywhere **quelque part**
- around *(adv)* **autour**
  - around the house **autour de la maison, dans la maison**
- as far as **jusqu'à**
- at **à**
  - at home **à la maison**
  - at school **à l'école**
  - at work **au travail**
- back **l'arrière**
  - at the back of **à l'arrière de**
  - to the back **vers l'arrière**
- backward **en arrière**
- behind **derrière**
  - behind *(adv)* **en arrière**
- below **sous, au-dessous de**
  - below *(adv)* **en bas, en dessous**
- beside **à côté de**
- between **entre**
- beyond **au-delà de**
- bottom **le fond**
  - at the bottom (of) **au fond (de)**
- center **le centre**
  - in the center **au centre**
- direction **la direction, le sens**
  - in the direction of Dijon **en direction de Dijon**
- distance **la distance**
  - in the distance **au loin**
- distant **distant**
- down here/there **ici/là en bas**
- downstairs **en bas**
- edge **le bord**
  - at the edge **au bord**
- end **le bout**
  - at the end of **au bout de**
- everywhere **partout**
- far **loin**
  - far away (from) **loin (de)**
- first **le premier**
  - first (of all) **(tout) d'abord**
  - I am first **je suis le premier**
- forward **en avant**
- from **à partir de**
- front **le devant**

Over there in the distance is the river. It's not far away – about 1 km from our house.

Opposite the houses is the church and nearby are the shops/stores.

Là-bas, au loin, se trouve la rivière. Ce n'est pas loin d'ici – à environ 1 km de notre maison.

En face des maisons, il y a l'église et tout près d'ici, les magasins.

DIRECTIONS AND LOCATION 2b; MOVEMENT 2c

POSITION 2a

I am in front (in the lead) **je mène**
in front of **devant**
to the front **à l'avant**
here **ici**
here and there **çà et là**
in **dans**
in there **là-dedans**
inside **à l'intérieur de**
inside (adv) **dedans**
into **dans**
last **le dernier**
last of all **le tout dernier**
last of all (adv) **en tout dernier**
I am last **je suis le dernier**
left **gauche**
on the left **à gauche**
to the left **sur la gauche**
middle **le milieu**
in the middle (of) **au milieu (de)**
I move **je bouge**
movement **le mouvement**
near **près de**
near(by) **près d'ici, tout près**
neigborhood **les alentours**
in the neigborhood of **aux alentours de**
next **prochain**
next (adv) **après**
next to **auprès de, près de**
nowhere **nulle part**
on the way **en route**
onto **sur**
opposite **en face de**
out of **en dehors de**
out there **là-bas**
outside **l'exterieur**
outside (adv) **dehors, à l'extérieur**
over **(par-)dessus**
over there **là-bas**
past **plus loin que**
position **la position**
right **droite**
on the right **à droite**
to the right **sur la droite**
round/around **autour**
round/around the tree **autour de l'arbre**
side **le côté**
at the side **au côté**
at both sides of **des deux côtés de**
somewhere **quelque part**
straight ahead **tout droit**
there **là**
to **à**
top **le haut**
top (of mountain) **le sommet (de la montagne)**
at the top **en haut/au sommet**
on top **dessus**
toward **vers**
under **sous**
up **haut**
up here/there **ici/là en haut**
upstairs **en haut**
where? **où?**
where from? **d'où?**
where to? **vers où?**
with **avec**

At the top of the hill is a farm and in the middle of the village is the post office.

En haut de la colline, il y a une ferme et au milieu du village se trouve la poste.

The first house in the high street is near the river. Our house is the last. The next village is about five kilometers away.

La première maison de la rue principale est près de la rivière. Notre maison est la dernière. Le prochain village est à environ cinq kilomètres.

WHERE? POSITION AND MOVEMENT

2b Directions and location

Points of the compass

atlas **l'atlas** *(m)*
east **l'est** *(m)*
  in the east **dans l'est**
  to the east (of) **à l'est (de)**
  east wind **le vent d'est**
  on the east side **du côté est**
  eastern France **l'est de la France**
compass **la boussole**
latitude **la latitude**
location **l'emplacement** *(m)*
longitude **la longitude**

map **la carte**
north **le nord**
  in the north **dans le nord**
  to the north (of) **au nord (de)**
  north wind **le vent du nord**
  north coast **la côte nord**
  in northern France **dans le nord de la France**
northeast **le nord-est**
north-northeast **le nord-nord-est**
northwest **le nord-ouest**
north-northwest **le nord-nord-ouest**

Nantes is north of La Rochelle. Right in the north is Lille. I prefer the north of France to the south.

Nantes est au nord de la Rochelle. Dans le nord, se trouve Lille. Je préfère le nord de la France au sud.

Look on the map. You go north.

Regarde sur la carte. Tu vas vers le nord.

To the south of the wood you can see the church spire.

Au sud du bois, tu peux voir le clocher de l'église.

The town lies at a longitude of 32°.

La ville se trouve par 32° de longitude.

– Are you lost?
– Yes. Can you tell me the quickest way to the post office?

– Etes-vous perdu?
– Oui. Pouvez-vous m'indiquer le chemin le plus court pour aller à la poste?

– It's down there on the left.

– C'est là-bas à gauche.

– How do I get to Antibes?

– Pour aller à Antibes, s'il vous plaît?

– Go straight on to the second intersection. Turn right at the lights and take the road to Nice. It's 25 kilometers from here.

– Continuez tout droit jusqu'au deuxième carrefour. Tournez à droite aux feux et prenez la route de Nice. C'est à 25 kilomètres d'ici.

▶ COUNTRIES App.20a; GEOGRAPHY 24a

DIRECTIONS AND LOCATION 2b

point of the compass **le point cardinal**
south **le sud** *(see also* north*)*
   in the south **dans le sud**
   to the south (of) **au sud (de)**
southeast **le sud-est**
south-southeast **le sud-sud-est**
southwest **le sud-ouest**
south-southwest **le sud-sud-ouest**
west **l'ouest** *(see also* east*)*
   in the west **dans l'ouest**
   to the west (of) **à l'ouest (de)**

Location & existence

I am **je suis** *(être)*
   there is **il y a**
   there isn't (any) **il n'y a pas de**
I become **je deviens** *(devenir)*
I exist **j'existe**
existence **l'existence** *(f)*
it lies **il se trouve**
I have got/I have **j'ai** *(avoir)*
I possess **je possède** *(posséder)*
possession **la possession**
present **présent**
   I am present **je suis présent**
   I am present at/I attend **j'assiste à**
I am situated **je me trouve**

– Is there a bank nearby?
– There is one behind the supermarket.
– Where is the tourist office?

– Opposite the town hall.

– Who's that? – It's me.

– How many children are present?

– There are 25. Five of them are at home.

– Is there any cake? Are there any cookies left?
– I am sorry, there is no cake, but there are some sandwiches.

I have been to London. I was present at a concert.

– **Y a-t-il une banque près d'ici?**
– **Il y en a une derrière le supermarché.**
– **Où se trouve l'office du tourisme?**

– **En face de la mairie.**

– **Qui est là? – C'est moi.**

– **Combien d'enfants sont présents?**

– **Il y en a 25. Cinq d'entre eux sont à la maison.**

– **Y a-t-il du gâteau? Est-ce qu'il y a encore des biscuits?**
– **Je suis désolé, il n'y a pas de gâteau, mais il y a des sandwiches.**

Je suis allé à Londres. J'ai assiste' à un concert.

MOVEMENT 2c; LENGTH AND SHAPE 4a

WHERE? POSITION AND MOVEMENT

2c Movement

I arrive **j'arrive**
I bring **j'apporte**
by car **en voiture**
I carry **je porte**
I climb *(intr)* **je monte**
   I climb *(tr)* **je grimpe**
I come **je viens** *(venir)*
   I come back (home) **je rentre à la maison**
   I come down **je descends**
   I come in **j'entre**
   I come out **je sors** *(sortir)*
   I come up **je monte**
I creep **je rampe**
I drive **je conduis** *(conduire)*
   I drive on the right **je roule à droite**
I fall **je tombe**
   I fall down **je tombe par terre**
I follow **je suis**
I get in **j'entre**
   I get out **je sors** *(sortir)*
   I get up **je me lève** *(se lever)*
I go **je vais**
   I go down **je descends**
   I go for a walk **je vais me promener**
   I go in **j'entre**
   I go out **je sors** *(sortir)*
   I go around **je fais le tour**
   I go up **je monte**
I go (by vehicle) **je pars** *(partir)* **(en véhicule)**
I hike/go (by foot) **je vais à pied** *(aller)*
I hitchhike **je fais du stop** *(faire)*
I hurry (up) **je me dépêche**
I jump **je saute**
I leave **je pars** *(partir)*
   I leave *(place, person)* **je quitte**
   I leave *(something)* **je laisse**
I lie down **je m'allonge**
I march **je marche**
I move **je bouge**
on foot **à pied**
I pass **je passe** *(devant)*
   I pass (in a car) **je double, je dépasse**
I pull **je tire**
I push **je pousse**
I put **je mets** *(mettre)*
I ride **je monte**
   I ride (a horse) **je monte (à cheval)**
I run **je cours** *(courir)*

Put the picnic in the car! Don't forget your umbrella.

Mets le pique-nique dans la voiture! N'oublie pas ton parapluie.

I will take you as far as the river. Then you must get out and walk.

Je t'emmènerai jusqu'à la rivière. Ensuite tu devras sortir et marcher.

Keep to the left. Be careful not to fall into the river.
We go down the hill, along the river, and then turn left toward the woods. We pass a farm.

Tenez la gauche. Faites attention de ne pas tomber dans la rivière. Nous descendons la colline, le long de la rivière, et ensuite, nous tournons à gauche en direction du bois. Nous passons devant une ferme.

MOVEMENT 2c

I run away **je pars** *(partir)* **en courant**
I rush **je me précipite**
I sit down **je m'assieds** *(s'asseoir)*
I sit up **je me redresse**
I slip **je glisse**
I stand **je me tiens** *(se tenir)* **debout**
   I stand still **je reste debout**
   I stand up **je me mets** *(se mettre)* **debout**
I step **je marche**
I stop **je m'arrête**
straight **droit**
   straight ahead **tout droit**
I stroll **je me promène** *(se promener)*
I take **je prends** *(prendre)*
I turn **je tourne**
   I turn left **je tourne à gauche**
walk **la promenade, la marche**
I walk **je marche, je me promène** *(se promener)*
I wander **j'erre**
way **le chemin**

Here and there

Come here! **Viens** *(venir)* **ici!**
I go there **je vais là-bas** *(aller)*
I rush there **je me précipite là-bas**
I travel there **je voyage là-bas**

Up and down

I climb the mountain **je fais l'ascension de la montagne**
I climb up the mountain **j'escalade la montagne**
I climb the stairs (staircase) **je monte les escaliers** *(l'escalier)*
I climb the wall **j'escalade le mur**
I fall down **je tombe** *(par terre)*
I go down the path **je descends le chemin** *(descendre)*
I lie down **je m'allonge**
Do sit down! **Mais assieds-toi!** *(s'asseoir)*
Stand up! **Mets-toi** *(se mettre)* **debout!**

Round

I go around the town **je fais le tour de la ville** *(faire)*
I run around the tree **je cours** *(courir)* **autour de l'arbre**
I run here and there **je cours** *(courir)* **ça et là**
I turn around **je fais demi-tour, je me retourne**

– Where are you going? – To town. Are you coming?
– No, I am going to my mother's.
– Which direction is that?
– I take the first road on the left, then straight ahead up to the marketplace, then I turn right.

– I will follow you as far as the market.
– I am going by car but some of us will go on foot. John is going by motorbike.

– **Où vas-tu? – En ville. Tu viens?**
– **Non, je vais chez ma mère.**
– **C'est dans quelle direction?**
– **Je prends la première rue à gauche, puis je vais tout droit jusqu'à la place du marché et je tourne à droite.**

– **Je te suivrai jusqu'au marché.**
– **Je pars en voiture mais certains d'entre nous iront à pied. John va en moto.**

▶ POSITION 2a; DIRECTIONS AND LOCATION 2b

WHEN? EXPRESSIONS OF TIME

When? Expressions of time

3a Past, present, and future

about   **environ**
after   **après**
  after *(conj)*   **après (que)**
  afterward   **après, ensuite**
again   **encore**
  again and again   **à plusieurs reprises**
ago   **il y a**
  a short time ago   **il y a peu de temps**
already   **déjà**
always   **toujours**
anniversary   **l'anniversaire** *(m)*
annual   **annuel[le]**
as long as *(conj)*   **tant que**
as soon as *(conj)*   **dès que**
at once   **immédiatement , tout de suite**
before   **avant**
  before *(conj)*   **avant (que)**
  before leaving   **avant de partir**
  before, beforehand   **auparavant**
I begin   **je commence**
beginning   **le début**
birthday   **l'anniversaire** *(m)*
brief   **bref [-ève]**
briefly   **brièvement**

by (next month)   **avant (le mois prochain)**
calendar   **le calendrier**
centenary   **le centenaire**
century   **le siècle**
  in the twentieth century   **au vingtième siècle**
continuous   **continuel[le]**
daily   **quotidien[ne], tous les jours**
date   **la date**
dawn   **l'aube** *(f)*
  at dawn   **à l'aube**
day   **le jour, la journée**
  by day   **pendant la journée**
  every day   **tous les jours**
  one day (when)   **un jour (où)**
  the days of the week   **les jours de la semaine**
decade   **la décennie**
delay   **le retard**
  delayed   **retardé**
during   **pendant**
early   **tôt**
  I am early   **je suis en avance**
end   **la fin**
  I end *(something)*   **je termine**

– Hello Peter, John Brown here/speaking. I have been working on the project for a few days. Have you finished yours yet? Call me this afternoon. We must get together sometime, what about the first of March?

– **Allô Peter, c'est John Brown à l'appareil. Ça fait plusieurs jours que je travaille sur ce projet. Avez-vous terminé le vôtre? Appelez-moi cet après-midi. On devrait se retrouver un de ces jours, est-ce que le premier mars vous irait?**

PAST, PRESENT, AND FUTURE 3a

it ends **il se termine**
ever **jamais**
every **chaque**
   every time **chaque fois**
exactly **exactement**
fast **rapide**
   my watch is fast **ma montre avance**
finally **finalement**
I finish (reading) **je finis (ma lecture)**
first **premier [-ère]**
   at first **au début, d'abord**
first of all **pour commencer**
for **pour, pendant, depuis**
for a day *(duration)* **pendant une journée**
   (future) **pour une journée**
for good/ever **pour toujours, à jamais**
formerly **autrefois, jadis**
frequent **fréquent**
frequently **fréquemment**
from **de**
   from now on **à partir d'aujourd'hui, désormais**
I go on (reading) **je continue à (lire)**

half **la moitié, un demi**
   half **demi**
   one and a half hours **une heure et demie**
it happens **ce sont des choses qui arrivent, c'est la vie**
hence forth **dorénavant**
holiday/vacation **les vacances** *(f)*
hurry **la hâte**
   I am in a hurry **je suis pressé**
I hurry up **je me dépêche**
instant **instantané**
just **juste, justement**
   just now **à l'instant**
last/final **dernier [-ère], final**
   last night **hier soir**
last/previous **dernier [-ère], précédent**
late **tard, en retard**
   I am late **je suis en retard**
   it's late **il est tard**
   lately **ces derniers temps**
   later (on) **plus tard**
long **long[ue]**
   long term **à long terme**
   in the long term **à long terme**
   a long time **longtemps**
many **plusieurs, de nombreux**

– Hello, John, Peter here/speaking. Thank you for yesterday's call. Sorry I couldn't call back sooner. I only got back from London a quarter of an hour ago.
After getting back I spent a long time with Anna; she thinks the project will take all month. We should start on the work at the beginning of June, before the summer vacations start. We can then get it done in good time.

– **Allô, John, c'est Peter à l'appareil. Merci pour votre appel d'hier, désolé de ne pas y avoir répondu plus tôt. Je viens de rentrer de Londres il y a tout juste un quart d'heure.**
Après mon retour j'ai passé un long moment avec Anna; elle pense que le projet prendra tout le mois. On devrait commencer le travail début juin, juste avant les grandes vacances. On aura alors amplement le temps de le terminer.

WHEN? EXPRESSIONS OF TIME

[-ses]
many times **plusieurs fois**
meanwhile **pendant ce temps**
   in the meanwhile **en attendant**
middle **le milieu**
moment **le moment**
   at the moment **en ce moment**
   at this moment *(right now)* **à l'instant**
   at this moment **en ce moment**
   at that moment **à ce moment**
   in a moment **dans un instant**
month **le mois**
   monthly **par mois, mensuel[le]**
much **beaucoup**
never **ne ... jamais**
next **suivant**
   next *(adv)* **puis, ensuite**
not till/until **pas avant**
now **maintenant**
nowadays **de nos jours, actuellement**
occasionally **de temps en temps, occasionnellement**
it occurs **il arrive (que)**
often **souvent**
on and off **parfois**

once **une fois**
   once upon a time **il était une fois**
   once in a while **une fois de temps en temps**
   once a day **une fois par jour**
one day (when) **un jour (où)**
only **seulement**
past **le passé**
per (day) **par (jour)**
present **le présent**
   present *(adj)* **présent**
   presently **tout de suite**
   at present **en ce moment**
previous **précédent**
prompt **à l'heure**
   promptly at (two) **(à deux heures) pile, précises**
rare(ly) **rare(ment)**
recent **récent**
recently **récemment**
regular **régulier [-ère]**
I remain **je reste**
right away **tout de suite**
season **la saison**
seldom **rarement**
several **plusieurs**
   several times **plusieurs fois**

– Last Friday the train was late and you didn't arrive till a quarter to/before three.
– I'll make it by three at the latest. How long does your bus take?

– Half an hour.
– If I'm late you can have a coffee till I get there.

– I don't want to spend all afternoon drinking coffee. Then there will be no time left for shopping.

– **Vendredi dernier, le train avait du retard et tu n'es pas arrivé avant trois heures moins le quart.**
– **J'arriverai à trois heures au plus tard. Combien de temps met le bus?**

– **Une demi-heure.**
– **Si je suis en retard, vous pouvez prendre un café en m'attendant.**

– **Je ne veux pas passer toute l'après-midi à boire du café. Il ne me restera plus assez de temps pour faire les courses.**

THE TIME, DAYS, AND DATES 3b

PAST, PRESENT, AND FUTURE 3a

short **court**
  (in the) short term **à court terme**
  shortly **bientôt**
since **depuis**
slow **lent, qui retarde**
  my watch is slow **ma montre retarde**
sometimes **parfois, quelquefois**
soon **bientôt**
  sooner or later **un jour ou l'autre**
  the sooner the better **le plus tôt sera le mieux**
I stay **je reste**
still **encore, toujours**
I stop (doing) **j'arrête (de faire)**
suddenly **soudain, tout à coup**
sunrise **le lever du soleil**
sunset **le coucher du soleil**
I take (an hour) **je mets (mettre) (une heure)**
  it takes (an hour) **ça prend (une heure)**
then *(next)* **puis**
  then *(at that time)* **alors**
till **jusqu'à ce que**
time *(in general)* **le temps**

time *(occasion)* **une fois**
  at any time **n'importe quand**
  at that time **en ce temps-là, à ce moment-là**
  at the same time **au même moment, en même temps**
  from time to time **de temps en temps**
  the whole time **tout le temps**
time zone **le fuseau horaire**
twice **deux fois**
two weeks **quinze jours**
until **jusqu'à ce que**
usually **d'habitude**
I wait **j'attends**
week **la semaine**
  weekly **hebdomadaire**
  weekday **le jour ouvrable**
  weekend **le week-end**
when **quand**
whenever **chaque fois que**
while *(conj)* **pendant que**
year **l'an** *(m)*, **l'année** *(f)*
  yearly **par an**
yet **encore**
  not yet **pas encore**

– You're sometimes late too.

– Only in winter or in bad weather.

– Last month I had to wait for twenty minutes.

– Oh dear, what a pity! I've just remembered that I haven't yet finished painting the kitchen.

– Perhaps it would be better to meet another time. I'll call next week.

– **Vous êtes parfois en retard vous aussi.**

– **Uniquement en hiver ou quand il fait mauvais.**

– **Le mois dernier, j'ai dû attendre vingt minutes.**

– **Oh la la, quel dommage! Je viens de me souvenir que je n'ai pas encore fini de peindre la cuisine.**

– **Peut-être vaudrait-il mieux se rencontrer une autre fois. Je rappellerai la semaine prochaine.**

WHEN? EXPRESSIONS OF TIME

3b The time, days, and date

The time of day

a.m. **du matin**
morning **le matin, la matinée**
 in the morning **le matin, dans la matinée**
 in the mornings **le matin**
 early in the morning **tôt le matin**
noon **midi**
 at noon **à midi**
afternoon **l'après-midi** *(m/f)*
 in the afternoon **dans l'après-midi**
 in the afternoons **l'après-midi**
p.m. **de l'après-midi, du soir**
evening **le soir, la soirée**
 in the evening(s) **le soir, dans la soirée**
night **la nuit**
 at night **le soir, la nuit**
midnight **minuit**
 at midnight **à minuit**
today **aujourd'hui**
 a week from today **dans une semaine**
tomorrow **demain**
 tomorrow morning/evening **demain matin/soir**
 the day after tomorrow **après-demain**
tonight **ce soir**
yesterday **hier**
 yesterday morning **hier matin**
 yesterday evening **hier soir**
the day before yesterday **avant-hier**

Telling the time

second **la seconde**
minute **la minute**
hour **une heure**
 half an hour **une demi-heure**
 in an hour's time **dans une heure**
 hourly **toutes les heures**
quarter **un quart**
 quarter of an hour **un quart d'heure**
 three-quarters of an hour **trois-quarts d'heure**
 quarter past/after (two) **(deux) heures et quart**
 quarter to/of (two) **(deux) heures moins le quart**
half past (two) **(deux) heures et demie**
half past twelve **midi/minuit et demi**
17:45 **dix-sept heures quarante-cinq**
five past/after six **six heures cinq**
two a.m. **deux heures du matin**
two p.m. **deux heures de l'après-midi**
eight p.m. **huit heures du soir**
12:00 noon **midi**
12:00 midnight **minuit**

– What's the date today?

– **On est le combien aujourd'hui?**

– The twenty-first of January.

– **Nous sommes le vingt et un janvier.**

– And what's the time, please?

– **Et quelle heure est-il, s'il vous plaît?**

– Ten past/after ten.

– **Dix heures dix.**

HOLIDAYS AND RELIGIOUS FESTIVALS App.13b; NUMBERS 4c

THE TIME, DAYS, AND DATE

*The days of the week**

Monday **lundi**
Tuesday **mardi**
Wednesday **mercredi**
Thursday **jeudi**
Friday **vendredi**
Saturday **samedi**
Sunday **dimanche**

*The months**

January **janvier**
February **février**
March **mars**
April **avril**
May **mai**
June **juin**
July **juillet**
August **août**
September **septembre**
October **octobre**
November **novembre**
December **décembre**

The seasons

spring **le printemps**
summer **l'été** *(m)*
autumn/fall **l'automne** *(m)*
winter **l'hiver** *(m)*
in spring **au printemps**
in summer/autumn(fall)/winter **en été/automne, hiver**

The date

last Friday **vendredi dernier**
on Tuesday **mardi**
on Tuesdays **le mardi**
by Friday **avant vendredi**
(on) the first of January **le premier janvier**
in (the year) 2000 **en (l'an) deux mille**
1st January/January 1st, 1994 **le premier janvier dix-neuf cent quatre-vingt-quatorze**
at the end of 1999 **à la fin de l'année dix-neuf cent quatre-vingt-dix neuf**
at the beginning (of July) **au début du mois (de juillet)**
in December **en décembre**
in mid/the middle of January **à la mi-janvier**
at the end of March **à la fin du mois de mars**

– What time does the film/movie start this evening?
– At eight o'clock.

– **A quelle heure le film commence-t-il ce soir?**
– **À vingt heures (à huit heures du soir)**

– How long does it last?
– One and a half hours. It will be over by nine-thirty.

– **Combien de temps dure-t-il?**
– **Une heure et demie. Il sera terminé avant vingt et une heures trente (neuf heures et demie du soir).**

We're going on vacation next week. In three days we'll be in Spain.

Nous partons en vacances la semaine prochaine. Dans trois jours nous serons en Espagne.

In 1993 we had to wait a long time at the airport. We got there three hours late.

En dix-neuf cent quatre-vingt-treize, il nous a fallu attendre longtemps à l'aéroport. Nous sommes arrivés avec trois heures de retard.

---

* All days and months in French are masculine.

HOW MUCH? EXPRESSIONS OF QUANTITY

 # How much? Expressions of quantity

4a Length and shape

angle **l'angle** *(m)*
area **l'aire** *(f)*
bent **courbé**
big **grand**
center **le centre**
concave **concave**
convex **convexe**
curved **arrondi**
deep **profond**
degree **le degré**
depth **la profondeur**
diagonal **la diagonale**
dimensions **les dimensions** *(f)*
distance **la distance**
I draw **je dessine**
height **la hauteur**
high **haut**
horizontal **l'horizontale** *(f)*
large **gros[se]**
length **la longueur**
line **la ligne**
long **long[ue]**
low **bas[se]**
it measures **il mesure**

narrow **étroit**
parallel **la parallèle**
perpendicular **perpendiculaire**
point **le point**
room *(space)* **la place**
round **rond**
ruler **la règle**
shape **la forme**
short **court**
size **la taille**
small **petit**
space **l'espace** *(m)*
straight **droit**
surface area **la surface**
tall *(person)* **grand**
tall *(thing)* **haut**
thick **épais[se]**
thin **mince**
wide **large**
width **la largeur**

Shapes

circle **le cercle**
 circular **circulaire**

You need a straight ruler and pencil. Measure the space and then draw a plan.

Tu as besoin d'une règle et d'un crayon. Mesure l'espace et ensuite dessine un plan.

Don't make the lawn too wide. Leave room for some vegetables. The distance from the house to the fence is 12 meters. The garden is not wide enough for a pool.

Ne fais pas la pelouse trop large. Laisse de la place pour les légumes. La distance entre la maison et la palissade est de douze mètres. Le jardin n'est pas assez large pour une piscine.

– How high is the tree? – About 5 meters.

– Quelle est la hauteur de l'arbre? – Environ cinq mètres.

> MEASURING 4b; NUMBERS 4c; MATHEMATICAL AND GEOMETRIC TERMS App.4d

LENGTH AND SHAPE 4a

cube **le cube**
  cubic **cubique**
cylinder **le cylindre**
pyramid **la pyramide**
rectangle **le rectangle**
  rectangular **rectangulaire**
sphere **la sphère**
  spherical **sphérique**
square **le carré**
  square *(adj)* **carré**
triangle **le triangle**
  triangular **triangulaire**

Units of length

centimeter **le centimètre**
foot **le pied**
inch **le pouce**
kilometer **le kilomètre**
meter **le mètre**
mile **le mile**
millimeter **le millimètre**
unit of length **l'unité** *(f)* **de longueur**
yard **le yard**

Expressions of quantity

about **environ**
almost **presque**
approximate **approximatif [-ve]**
approximately **à peu près**
as much as **autant de ... que**
at least **au moins**
capacity **la capacité**
it contains **il contient** *(contenir)*
cubic capacity **le volume**
it decreases **il diminue**
difference **la différence**
empty **vide**
I empty **je vide**
enough **assez**
I fill **je remplis**
full (of) **rempli, plein (de)**
growth **la croissance, la pousse**
hardly **à peine**
increase **l'augmentation** *(f)*
it increases **il augmente**
little **peu**
  a little **un peu**
  little by little **peu à peu**
a lot (of) **beaucoup (de)**
I measure **je mesure**
measuring tape **le mètre ruban**
  folding measuring tape **le mètre pliant**
more **plus**
nearly **presque**
number **le nombre**
part **la partie**
quantity **la quantité**
sufficient **suffisant**
too much **trop**
volume **le volume**

The shed will be at an angle of about 40 degrees to the house, diagonally across from the gate.

The area of our garden is 100 square meters. It is 10 meters long and 10 wide, so it is a square.

We put a round pond in, only 80 to 100 centimeters deep.

L'abri sera à un angle d'environ quarante degrés de la maison, en diagonale depuis la porte.

La surface de notre jardin est de cent mètres carrés. Il fait dix mètres de long sur dix mètres de large, c'est donc un carré.

Nous avons creusé un bassin rond, de quatre-vingt à cent centimètres de profondeur seulement.

➤ CALCULATIONS 4d

HOW MUCH? EXPRESSIONS OF QUANTITY

4b Measuring

whole l'ensemble *(m)*
 whole *(adj)* tout, entier [-ère]

Expressions of volume

bag le sac
bar (of gold) la barre (d'or)
bottle la bouteille
box la boîte
container le conteneur, le récipient
cup la tasse
gallon le gallon
glass le verre
hectare l'hectare *(m)*
liter le litre
 centiliter le centilitre
 centiliter le millilitre
pack le paquet
pair la paire
piece le morceau
 a piece of cake un morceau de gâteau
pint la pinte
portion la portion
pot le pot
sack le sac
tube le tube

Temperature

it boils il bout *(bouillir)*
I chill je mets *(mettre)* au frais

– How many centiliters are there in the bottle?
– 75, but you can also get it in liter bottles.

– Combien y a-t-il de centilitres dans la bouteille?
– soixante-quinze, mais tu peux aussi l'avoir en bouteilles d'un litre.

Could I have two packets of tissues and a bottle of aspirin, please?

Pourrais-je avoir deux paquets de Kleenex® et un tube d'aspirine, s'il vous plaît?

I need a little flour and a lot of sugar.

J'ai besoin d'un peu de farine et de beaucoup de sucre.

– What is the volume of water in the swimming pool?
– 10,000 gallons, which is about 45,000 liters.

– **Quel est le volume d'eau dans la piscine?**
– **10.000 gallons, ce qui représente environ 45.000 litres.**

– How much wood do you want? – Enough for the whole fence. I must not buy too much. Yes, that should be sufficient. Give me a bag of cement too.

– **Quelle quantité de bois voulez-vous? – Assez pour toute la palissade. Je ne dois pas en acheter de trop. Oui, ça devrait être suffisant. Donnez-moi un sac de ciment aussi.**

– How many cubic meters of concrete do you need? – About two.

– **Combien de mètres cubes de ciment avez-vous besoin? – Environ deux.**

SHOPPING 9; COOKING AND EATING 10d

MEASURING 4b

cold **le froid**
   cold **froid**
cool **frais [fraîche]**
   I cool it down **je le fais refroidir**
degree **le degré**
it's freezing **il gèle** *(geler)*
heat **la chaleur**
   I heat **je fais chauffer**
   I heat (the house) **je chauffe (la maison)**
hot **chaud**
temperature **la température**
warm **(assez) chaud**
   warmth **la chaleur**
I warm it (up) **je le fais réchauffer**

Weight & density

dense **dense**
density **la densité**
gram **le gramme**
heavy **lourd**
kilo **le kilo**
light **léger [-ère]**
mass **la masse**
ounce **l'once** *(f)*
pound *(lb)* **la livre**
scales **la balance**
ton **la tonne**
I weigh **je pèse** *(peser)*
weight **le poids**

– It's so hot! What's the temperature? It must be nearly 30 degrees. I am too hot.

– Would you like a cup of tea? – No, I would prefer a glass of water.

– In winter it's cold here. We all freeze in this house and have to put the heating on in September. When the temperature reaches zero we have to light two fires.

Can you warm some water? The vegetables are still frozen. The water is boiling now. Warm up the pizza in the oven. Have you chilled the wine?

– Can you weigh out the ingredients? – How many grams of sugar do we need?
 – I want a pound — that must be about 500 grams.

– **Il fait si chaud! Quelle est la température? Il doit faire environ trente degrés. J'ai trop chaud.**

– **Aimerais-tu une tasse de thé?**
– **Non, je préférerais un verre d'eau.**

– **En hiver, il fait froid ici. Nous tous gelons dans cette maison et nous devons mettre le chauffage en septembre. Quand la température descend à zéro, nous devons allumer deux feux.**

Peux-tu faire chauffer de l'eau? Les légumes sont encore gelés. L'eau bout maintenant. Fais réchauffer la pizza dans le four. As-tu mis le vin au frais?

– **Peux-tu peser les ingrédients?**
– **De combien de grammes de sucre avons-nous besoin? –
J'en veux une livre. Cela doit faire environ cinq cent grammes.**

▶ THE WEATHER 24d

HOW MUCH? EXPRESSIONS OF QUANTITY

4c Numbers

Cardinal numbers

zero	**zéro**
one	**un**
two	**deux**
three	**trois**
four	**quatre**
five	**cinq**
six	**six**
seven	**sept**
eight	**huit**
nine	**neuf**
ten	**dix**
eleven	**onze**
twelve	**douze**
thirteen	**treize**
fourteen	**quatorze**
fifteen	**quinze**
sixteen	**seize**
seventeen	**dix-sept**
eighteen	**dix-huit**
nineteen	**dix-neuf**
twenty	**vingt**
twenty-one	**vingt et un**
twenty-two	**vingt-deux**
twenty-nine	**vingt-neuf**

thirty **trente**
thirty-one **trente et un**
forty **quarante**
fifty **cinquante**
sixty **soixante**
seventy **soixante-dix, septante** *(Bel, Switz*)*
seventy-one **soixante-onze, septante et un** *(Bel, Switz)*
eighty **quatre-vingt, huitante** *(Switz)*
eighty-one **quatre-vingt-un, huitante-un** *(Switz)*
ninety **quatre-vingt-dix, nonante** *(Bel, Switz)*
ninety-two **quatre-vingt-douze, nonante-deux** *(Bel, Switz)*
a hundred **cent**
a hundred and one **cent un**
two hundred **deux cents**
a thousand **mille**
two thousand **deux mille**
million **un million**
two million **deux millions**
billion **un milliard**

Half of the house belongs to my brother. We divided it between us. However, he only pays a quarter of the costs as I let my half out in summer.

La moitié de la maison appartient à mon frère. Nous l'avons partagée entre nous. Cependant, il ne paie qu'un quart des dépenses car je loue ma moitié pendant l'été.

* *Bel, Switz* indicate variants used in Belgium and Switzerland.

NUMBERS 4c

Ordinal numbers

first **premier**
second **deuxième**
third **troisième**
fourth **quatrième**
nineteenth **dix-neuvième**
twentieth **vingtième**
twenty-first **vingt-et-unième**
hundredth **centième**

Nouns

one **un**
  units **les unités** *(f)*
ten **dix**
  tens **les dizaines** *(f)*
dozen **la douzaine**
about twenty **une vingtaine**
hundred **cent**
  hundreds of **des centaines de**
  about one hundred **une centaine**
thousands of **des milliers de**

Writing numerals

1,000 **1.000**
1,500 **1.500**
1st **1er**
2nd **2e, 2ème**
1.56 **1,56 (un virgule cinquante-six)**
.05 **0,05 (zéro virgule zéro cinq)**

Fractions

half **la moitié**
  a half **la moitié**
  one and a half **un et demi**
  two and a half **deux et demi**
quarter **le quart**
a quarter **un quart**
  three-quarters **trois-quarts**
third **le tiers**
fifth **le cinquième**
sixth **le sixième**
  five and five sixths **cinq et cinq sixièmes**
tenth **le dixième**
hundredth **le centième**
thousandth **le millième**

– You cannot all have half a bar of chocolate.

There is only enough for a quarter each.
And a quarter of a liter of apple juice.
– I don't want a quarter, I want a half.

– Vous ne pouvez pas tous avoir la moitié d'une barre de chocolat.

Il y en a seulement assez pour un quart chacun.
Et un quart de litre de jus de pomme.
– Je n'en veux pas le quart, j'en veux la moitié.

▶ CALCULATIONS 4d

HOW MUCH? EXPRESSIONS OF QUANTITY

4d Calculations

addition **l'addition** (f)
  I add **j'additionne**
average **la moyenne**
  I average out **je fais la moyenne**
  on average **en moyenne**
I calculate **je calcule**
  calculation **le calcul**
  calculator **la calculatrice**
correct **juste**
I count **je compte**
data **les données** (f)
  piece of data **la donnée**
decimal **la décimale**
  decimal point **la virgule**
diameter **le diamètre**
digit **le chiffre**
  two digits **deux chiffres**
I double **je double**
division **la division**
  I divide by **je divise par**
  six divided by two **six divisé par deux**

equal **égal**
  three times four equals twelve **trois fois quatre font douze**
equation **l'équation** (f)
it is equivalent to **cela équivaut (équivaloir) à**
I estimate **j'estime**
even **pair**
figure **le chiffre**
fraction **la fraction**
graph **le graphe, le graphique**
is greater than **est plus grand que**
is less than **est moins que**
is smaller than **est moins grand que, est plus petit que**
maximum **le maximum**
  maximum (adj) **maximum**
  up to a maximum of **jusqu'à un maximum de**
medium **le milieu**
  medium (adj) **moyen[ne]**
minimum **le minimum**
  minimum **minimum**

An inch is the same as 2.54 cm, and there are 12 inches in a foot, 36 in a yard. A mile is 1,760 yards. A kilometer is 1,000 meters.

Un pouce est égal à 2,54 cm; il y a 12 pouces dans un pied et 36 dans un yard. Un mile représente 1.760 yards. 1.000 mètres font un kilomètre.

What is 14 plus 8? It equals 22. Did you get the right result?

Combien font 14 plus 8? Ça fait 22. Est-ce que tu as répondu juste?

20 minus 5 is 15, 20 divided by 5 equals 4.

20 moins 5 font 15, 20 divisé par 5 font 4.

Work out 12 times 22. That is an easy sum.

Résous 12 fois 22. C'est une somme facile.

2 to the power of 3 is 8. Three squared equals 9.

2 à la puissance 3 égal 8. Trois au carré égal 9.

CALCULATIONS 4d

minus **moins**
mistake/error **la faute**
multiplication **la multiplication**
   I multiply **je multiplie**
   three times two **trois fois deux**
negative **négatif [-ve]**
number **le nombre**
   cardinal numbers **les nombres (m) cardinaux**
   ordinal numbers **les nombres (m) ordinaux**
numeral **le numéral**
odd **impair**
percent **pour cent**
   by 10% **de 10%**
   percentage **le pourcentage**
plus **plus**
   two plus two **deux plus deux**
positive **positif [-ve]**
power **la puissance**
   to the power of 5 **puissance cinq**
problem **le problème**
quantity **la quantité**

ratio **le rapport**
   a ratio of 100:1 **un rapport de cent contre un**
result **le résultat**
similar **identique**
solution **la solution**
   I solve **je résous** *(résoudre)*
square **le carré**
square root **la racine carrée**
   three squared **trois au carré**
statistic **la statistique**
statistics **les statistiques** *(f)*
statistical **statistique**
sum **la somme**
subtraction **la soustraction**
I subtract/take away **je soustrais** *(soustraire)*
symbol **le symbole**
total **le total**
   in total **au total**
I triple **je triple**
triple **le triple**
I work out **je résous** *(résoudre)*
wrong **faux [-se]**

– I estimate that we have some 500 visitors a year.
– What percentage of visitors are local? – 20% (percent).

A snail travels at an average speed of 0.041 kilometers per hour.

– In this game you add up your score over the week.
– What was the total score?
– I have a total of 500 points.
– To calculate the average you add up the totals and divide by the number of games

– **J'estime que nous recevons environ 500 visiteurs par an.**
– **Quel est le pourcentage de gens du quartier? – 20% (pour cent).**

Un escargot se déplace à une vitesse moyenne de 0,041 kilomètres par heure.

– **Dans ce jeu, tu additionnes ton score de la semaine.**
– **Quel était le résultat final?**
– **J'ai un total de 500 points.**
– **Pour calculer la moyenne, tu additionnes et tu divises par le nombre de jeux.**

5 What sort of? Descriptions and judgments

5a Describing people

appearance **l'apparence** (f)
attractive **séduisant**
average **la moyenne**
bald **chauve**
beard **la barbe**
bearded **barbu**
beautiful **beau [belle]**
beauty **la beauté**
blond **blond**
broad **large**
build **la carrure**
chic **chic**
clean-shaven **rasé de près**
clumsy **maladroit**
complexion **le teint**
curly **bouclé**
dark **foncé**
I describe **je décris** (décrire)
description **la description**
different (from) **différent (de)**
elegant **élégant**
energy **l'énergie** (f)
expression **l'expression** (f)
fat **gras[se]**
features **les traits** (m) **du visage**
female, woman **la femme**
feminine **féminin**
figure **la ligne**
fit **en forme**
I frown **je fronce**
glasses **les lunettes** (f)
good-looking **beau [belle]**
I grow **je grandis**
hair **les cheveux** (m)
hairstyle **la coupe de cheveux**
handsome **attrayant**
heavy **lourd**
height **la hauteur**
large **gros[se]**
I laugh **je ris** (rire)
laugh **le rire**
I am left/right-handed **je suis gaucher [-ère]/droitier [-ère]**
light **léger [-ère]**
long-sighted **presbyte**
I look like **je ressemble à**
I look well **j'ai bonne mine**
male, man **l'homme** (m)
masculine **masculin**
moustache **la moustache**
neat **soigné**
neatness **la propreté, l'ordre** (m)
obese **obèse**
overweight **trop gros[se]**
part of body **la partie du corps**
paunch **le ventre**

---

adolescence **l'adolescence** (f)
adolescent/teenager **un adolescent, une adolescente**
age **l'âge** (m)
elderly **une personne âgée**
grown up (adj) **adulte**
grown up **un/une adulte**
middle-aged **d'un certain âge**
old **vieux [vieille]**
older/elder **aîné**
old man **un vieillard**
young **jeune**
young person **un/une jeune**
young people **les jeunes** (m/f)
youth **la jeunesse**
youthful **jeune**

DESCRIBING PEOPLE 5a

physical **physique**
plump **grassouillet[te]**
pretty **joli**
red-haired **roux [rousse]**
I scowl **je fronce les sourcils**
sex/gender **le sexe**
short **petit**
short-sighted **myope**
similar (to) **pareil[le] (à)**
similarity **la ressemblance**
size **la taille**
slim/slender **mince**
small **petit**
I smile **je souris** *(sourire)*
smile **le sourire**
spot **le bouton**

spotty **boutonneux [-se]**
stocky **trapu**
strength **la force**
striking **frappant**
strong **fort**
tall **grand**
thin **maigre**
tiny **minuscule**
trendy **dans le vent**
ugliness **la laideur**
ugly **laid**
walk **la marche**
wavy **ondulé**
I weigh **je pèse** *(peser)*
weight **le poids**

I get fat **je grossis**
I get fit **je me mets** *(se mettre)* **en forme**
I get thin **je maigris**

I lose weight **je perds du poids**
I put on my make up **je me maquille**
I put on weight **je grossis**
I diet **je suis au régime**

– What a wonderful family photo! What's your uncle like? Can you describe him?
– He looks very much like my father, but he wears glasses.
– Look, who's that tall fellow with the beard? – That's my brother. He's obsessive about keeping fit.

– What a pretty girl! Is that your cousin? – Yes, she's blond with blue eyes. She's very slim, with a good figure and a beautiful smile.

– Little Ben now has dark hair and is about 1 meter tall. – He looks very well, but he's very thin.

– Yes, he only weighs 16 kilos.

– **Quelle merveilleuse photo de famille! A quoi ressemble ton oncle? Peux-tu me le décrire?**
– **Il ressemble beaucoup à mon père, mais il porte des lunettes.**
– **Regarde, qui est ce grand type à barbe? – C'est mon frère. Il est obsédé par son maintien en forme.**

– **Quelle jolie fille! C'est ta cousine? – Oui, elle est blonde aux yeux bleus. Elle est très mince, bien faite, et elle a un beau sourire.**

– **Le petit Ben a maintenant les cheveux noirs et il mesure environ un mètre. Il a bonne mine, mais il est très maigre.**
– **Oui, il ne pèse que seize kilos.**

▶ PHYSICAL STATE 11d

WHAT SORT OF? DESCRIPTIONS AND JUDGMENTS

5b The senses

bitter **amer [-ère]**
bright **clair**
bright (lively) **vif [-ve]**
cold **le froid**
   cold **froid**
dark **foncé**
dark blue **bleu foncé** *(inv)*
delicious **délicieux [-se]**
disgusting **dégoûtant**
dull **terne**
I feel . . . **je sens** *(sentir)*
   it feels **il semble**
I hear **j'entends**
heat **la chaleur**
hot **chaud**
light *(color)* **clair**
   light gray **gris clair** *(inv)*
I listen **j'écoute**
I look (at) **je regarde**
loud **fort**
noise **le bruit**
noisy **bruyant**
odor **l'odeur** *(f)*
opaque **opaque**
perfume **le parfum**
perfumed **parfumé**

quiet **calme**
rough **dur**
salty **salé**
I see **je vois** *(voir)*
sense **le sens**
shade *(color)* **la nuance, le ton**
shadow/shade **l'ombre** *(f)*
shrill **criard**
silence **le silence**
silent **silencieux [-se]**
smell **l'odeur** *(f)*, **la senteur**
I smell **je sens** *(sentir)*
   it smells (of onion) **il sent (l'oignon)**
   smelly **malodorant**
soft *(texture)* **soyeux [-se], lisse**
   soft *(sound)* **doux [-ce]**
sound **le son**
it sounds **il semble**
   it sounds like **il ressemble à**
sour **acide**
sticky **collant**
   it is sticky **il est collant**
sweet **sucré**
taste **le goût**
I taste **je goûte**

– What color is your new coat? – Well, it's sort of red.
– Dark or light red? – It is more mauve.

– Quelle est la couleur de ton nouveau manteau? – Eh bien, c'est une sorte de rouge.
– Rouge clair ou foncé? – Un rouge qui tire sur le mauve.

– What a beautiful smell! – Yes, that's the flowers.

– Que ça sent bon! – Oui, ce sont les fleurs.

The jam tastes of fruit but is very bitter.

La confiture a un goût de fruits, mais elle est très amère.

Don't touch that book, your hands are all sticky.

Ne touche pas à ce livre, tes mains sont toutes collantes.

THE SENSES 5b

it tastes (of) **il a un goût (de)**
tepid **tiède**
I touch **je touche**
transparent **transparent**
visible (in-) **(in)visible**
warm **chaud**
warmth **la chaleur**

Common parts of the body

arm **le bras**
back **le dos**
body **le corps**
   part of the body **la partie du corps**
chest **la poitrine**
ear **l'oreille** *(f)*
eye **l'œil** *(m)* **(***pl* **les yeux)**
face **le visage**
hand **la main**
head **la tête**
leg **la jambe**
mouth **la bouche**
neck **le cou**
nose **le nez**
shoulder **l'épaule** *(m)*
stomach **l'estomac** *(m)*
tooth **la dent**

Colors

beige **beige**
black **noir**
blue **bleu**
brown **brun, marron**
brownish **brunâtre**
color **la couleur**
cream **crème**
gold **or**
green **vert**
gray **gris**
mauve **mauve**
orange **orange**
pink **rose**
purple **pourpre, violet, mauve**
red **rouge**
scarlet **écarlate**
silver **argent**
turquoise **turquoise**
violet **violet**
white **blanc**
yellow **jaune**

– What's in that bag? It feels hard.

– Let me feel. It's a bottle. What's in it?

– I don't know. It looks like orange juice. I'll taste it. It's disgusting! It tastes of oranges but it's too sweet.

– Have you seen my new perfume?
– What does it look like?
– It's a small, pink bottle.

– **Qu'est-ce qu'il y a dans ce sac? Ça a l'air dur.**

– **Laisse-moi toucher. C'est une bouteille. Qu'est-ce qu'il y a dedans?**

– **Je ne sais pas. Cela ressemble à du jus d'orange. Je vais goûter. C'est dégoûtant! Ça a un goût d'orange mais c'est trop sucré.**

– **As-tu vu mon nouveau parfum?**
– **A quoi ressemble-t-il?**
– **C'est une petite bouteille rose.**

WHAT SORT OF? DESCRIPTIONS AND JUDGMENTS

5c Describing things

big **grand**
   something big **quelque chose de grand**
broad **large**
broken **cassé**
appearance **l'apparence** (f)
clean **propre**
closed **fermé**
color **la couleur**
   colorful **coloré**
   colored **en couleur, coloré**
damp **humide**
deep **profond**
   depth **la profondeur**
dirt **la saleté**
dirty **sale**
dry **sec [sèche]**
empty **vide**
enormous **énorme**
fashionable **à la mode**
fat **gros[se]**
fatty *(food)* **gras[se]**
firm **ferme**
flat **plat**
flexible **souple**
fresh **frais [fraîche]**
full (of) **plein (de)**

genuine, real **vrai**
hard **dur**
height **la hauteur**
kind **gentil[le]**
large **gros[se]**
liquid **liquide**
little **petit**
long **long[ue]**
it looks like **il ressemble à**
low **bas[se]**
main **principal**
material **le tissu**
they match **il vont bien ensemble**
matter **la matière**
moist **moite**
moldy **moisi**
narrow **étroit**
natural **naturel[le]**
new **nouveau, neuf [-ve]**
open **ouvert**
out of date **démodé**
painted **peint**
pale **pâle**
pattern **le motif**
   patterned **à motifs**
plump **rembourré**
resistant **résistant**

– What's that over there?
– That thing there? It's a new kind of bottle opener.
– Does it work? – Yes indeed. It's the best there is.

– I'm looking for something big to stand on.

– Will anything do?

– Well, it must be something solid.
– What about this?
– Is there nothing bigger?

– Qu'est-ce qu'il y a là-bas?
– Cette chose-là? Une nouvelle sorte d'ouvre-bouteille.
– Ça marche? – Bien sûr. C'est ce qu'il y a de mieux.

– Je cherche quelque chose de grand pour me mettre debout dessus.

– Est-ce que n'importe quoi fera l'affaire?

– Et bien, il faut que ce soit solide.
– Que dis-tu de cela?
– Il n'y a rien de plus grand?

➤ MATERIALS 5f; EVALUATING THINGS 5d; LENGTH AND SHAPE 4a

DESCRIBING THINGS 5c

rotten **pourri**
shade **la nuance**
shallow **peu profond**
shiny **brillant**
short **court**
shut **fermé**
small **petit**
smooth **lisse, soyeux [-se]**
soft (texture) **doux [-ce]**
solid **solide**
soluble **soluble**
sort **la sorte**
spot **le pois**
spotted **à pois**
stain **la tache**
stained **taché**

stripe **la rayure**
striped **à rayures**
subsidiary **subsidiaire**
substance **la substance**
such **tel[le]**
synthetic **synthétique**
thick **épais[se]**
thing **la chose**
thingamajig **le truc**
tint **la teinte**
varied **varié**
waterproof **imperméable**
wet **mouillé**
wide **large**

Ten questions

What's that thingamajig? **Qu'est-ce que c'est que ce truc?**
What's it for? **Ça sert à quoi?**
What do you use it for? **Tu l'utilises pour quoi faire?**
Can you see it? **Tu peux le voir?**
What's it like? **C'est comment?**
What does it look like? **A quoi ça ressemble?**
What does it sound like? **De quoi ça a l'air?**
What does it smell of? **Ça sent quoi?**
What color is it? **C'est de quelle couleur?**
What exactly is it? **C'est quoi, exactement?**

– Stand on the chair.
– It's too soft.
– All the other chairs are too low.

– **Monte sur la chaise.**
– **C'est trop mou.**
– **Toutes les autres chaises sont trop basses.**

– Get a ladder.
– Which one? This one?
– No, that one there.

– **Va me chercher une échelle.**
– **Laquelle? Celle-ci?**
– **Non, celle-là là-bas.**

– I am looking for a striped material, something to match my coat.

– **Je cherche un tissu à rayures, quelque chose qui va avec mon manteau.**

The fridge/refrigerator is empty and the sink is full of water.

Le frigo est vide et l'évier est plein d'eau.

WHAT SORT OF? DESCRIPTIONS AND JUDGMENTS

5d Evaluating things

abnormal **anormal**
I adore **j'adore**
all right **d'accord, bon**
it is all right **c'est d'accord/bon**
appalling **effroyable**
bad **mauvais**
beautiful **beau [belle]**
better/best **meilleur/le meilleur**
cheap **bon marché** *(invar)*
correct **exact**
it costs **il coûte**
delicious **délicieux [-se]**
I detest **je déteste**
difficulty **la difficulté**
difficult, hard **difficile**
disgusting **dégoûtant**
I dislike **je n'aime pas**

I enjoy **j'aime**
easy **facile**
essential **essentiel[le]**
excellent **excellent**
expensive **cher [-ère]**
I fail **j'échoue**
failure **l'échec** *(m)*
false **faux [-sse]**
fine **bon[ne]**
good **bon[ne]**
good value **un bon rapport qualité-prix**
great, terrific **génial, formidable**
I hate **je déteste**
high **haut**
important (un-) **(pas) important**
incorrect **inexact**

a bit **un peu**
enough **assez**
extremely **extrêmement**
fairly **plutôt**
hardly at all **presque pas du tout**
litte **peu**
a little **un peu de**
a lot **beaucoup**

much (better) **bien mieux**
not at all **pas du tout**
particularly **surtout**
quite **assez**
rather **plutôt**
really **vraiment**
so **tellement, si**
too (good) **trop (bon[ne])**
very **très**

I tried to call you yesterday, but the telephones were out of order.

– **J'ai essayé de t'appeler hier, mais les téléphones étaient en dérangement.**

– Would you like to try this wine?
– Thank you, it is quite delicious.

– **Voudriez-vous goûter ce vin?**
– **Merci, il est vraiment délicieux.**

– Do you enjoy going to the movies?
– Yes, I particularly enjoyed last week's film.

– **Vous aimez aller au cinéma?**
– **Oui, j'ai surtout aimé le film de la semaine dernière.**

EVALUATING THINGS 5d

inessential **superflu**
interesting (un-) **(in)intéressant**
I like **j'aime**
mediocre **médiocre**
necessary (un-) **(pas) nécessaire, (in)utile**
normal **normal**
order **l'ordre** *(m)*
  in order **en ordre**
  out of order **en panne, en dérangement**
out of date **démodé**
ordinary **ordinaire**
pleasant **agréable**
poor **pauvre**
practical (im-) **(pas) pratique**
I prefer **je préfère** *(préférer)*
quality **la qualité**
  top quality **de haute qualité**
  poor quality **de mauvaise qualité**
right **juste**
strange **étrange, bizarre**
I succeed **je réussis**
success **le succès**
successful **qui réussit**
terrible, terrifying, terrible **terrifiant**
true **vrai**
I try **j'essaie** *(essayer)*
ugly **laid**
unpleasant **désagréable**
unsuccessful **qui est un échec**
I use **j'utilise**
use **l'emploi** *(m)*
useful **utile**
well **bien**
worse **plus mauvais, pire**
I would rather **je préférerais** *(préférer)*
wrong **mauvais, faux [-sse]**

How do you like our neighbor's garden? We do not like it at all.

Que pensez-vous du jardin de notre voisin? Nous ne l'aimons pas du tout.

I wish he would throw away that broken seat. It's only plastic anyway. We always buy the best!

Si seulement il jetait ce siège cassé. Ce n'est que du plastique de toute façon. Nous n'achetons que le meilleur!

And his lawn mower is out of order. He never puts it away, and now he'll have to get it fixed.

Et sa tondeuse à gazon est en panne. Il ne la range jamais et maintenant, il doit la faire réparer.

I fear he's not a very successful gardener. His vegetables are a complete failure.

Je crains qu'il ne soit pas un jardinier très accompli. Ses légumes sont un échec total.

I do like to keep the garden neat. I always put everything away.

J'aime garder le jardin en ordre. Je range toujours tout.

People always say our garden is the best on the street.

Les gens disent toujours que notre jardin est le plus beau de la rue.

EXPRESSING VIEWS 6b

WHAT SORT OF? DESCRIPTIONS AND JUDGMENTS

5e Comparisons

Regular comparatives and superlatives

small **petit**
  smaller **plus petit**
  smallest **le plus petit**

Irregular comparatives and superlatives

bad **mauvais**
  worse **pire, plus mauvais**
  worst **le pire, le plus mauvais**
good **bon[ne]**
  better **meilleur**
  best **le meilleur**
well **bien**
  better **mieux**
  best **le mieux**
much **beaucoup**
  more **plus**
  most **le plus**

– Look at the children! Peter, our eldest son, is now the tallest. He's best at soccer, too. That's what he enjoys best.

– Regarde les enfants! Peter, notre fils aîné, est maintenant le plus grand. Il est aussi le meilleur au football. C'est ce qu'il aime le mieux.

John is now fairly large, almost as tall as Peter, and he really is too fat. He prefers to swim.

John est maintenant assez gros, presque aussi grand que Peter, mais il est vraiment trop gros. Il préfère la natation.

The smallish boy over there is Alan. He is quite small compared with the others, but on the other hand he's very confident. He doesn't behave as well as his brother.

Le garçon plutôt petit là-bas, c'est Alan. Il est assez petit comparé aux autres, mais d'un autre côté, il est très confiant. Il se comporte moins bien que son frère.

John has eaten the largest cake. He gets larger and larger.

John a mangé le plus gros gâteau. Il devient de plus en plus gros.

– Have you seen our latest products? They are just as cheap as the competition's. We cannot ask a higher price, as the greatest demand is for the cheaper product.

– Avez-vous vu nos derniers produits? Ils sont aussi bon marché que ceux de la concurrence. Nous ne pouvons pas demander un prix plus élevé, car la demande la plus forte est pour le produit le moins cher.

COMPARING AND CONTRASTING 6d

COMPARISONS AND MATERIALS 5e/f

5f Materials

acrylic **l'acrylique** *(m)*
brick **la brique**
cambric **la batiste**
cardboard **le carton**
cashmere **le cachemire**
cement **le ciment**
chiffon **la mousseline**
china **la porcelaine**
concrete **le béton**
corduroy **le velours côtelé**
cotton **le coton**
crêpe **le crêpe**
denim **la toile de coton/jean**
felt **le feutre**
flannel **la flanelle**
gas **le gaz**
glass **le verre**
gold **l'or** *(m)*
iron **le fer**
lace **la dentelle**
leather **le cuir**
linen **le lin**
manmade fibers **les fibres** *(f)* **artificielles**
metal **le métal**
mineral **le minéral**
nylon **le nylon**
oil **le pétrole**
paper **le papier**
plastic **le plastique**
polyester **le polyester**
pottery **la poterie**
satin **le satin**
silk **la soie**
silver **l'argent** *(m)*
steel **l'acier** *(m)*
stone **la pierre**
suede **le daim**
terylene® **le tergal**
towelling **le tissu éponge**
velvet **le velours**
viscose **la viscose** *(f)*
wood **le bois**
wool **la laine**

– Which dress would you like? Silk is softer than wool, but it costs a lot.
The most beautiful dress is the one made of cotton. The colors are brighter and I think the cut is better, although it is not as warm as the wool dress.
It is not at all expensive. I prefer it to the others.
– All the same I would rather have the other.

– Did you succeed in finding something less expensive?
– Yes, this coat is a particularly good value. And it's better quality.

– Quelle robe voudriez-vous? La soie est plus douce que la laine, mais elle coûte cher.
La robe la plus belle est celle en coton. Les couleurs sont plus vives et je pense qu'elle est mieux coupée, bien qu'elle ne soit pas aussi chaude que la robe en laine. Elle n'est pas chère du tout. Je la préfère aux autres.
– Mais je voudrais quand même prendre l'autre.

– Avez-vous réussi à trouver quelque chose de moins cher?
– Oui, ce manteau est d'un bon rapport qualité-prix et de meilleure qualité.

THE HUMAN MIND AND CHARACTER

The human mind and character

6a Human characteristics

active **actif [-ive]**
I adapt **je m'adapte**
amusing **amusant**
I annoy **j'agace, j'irrite**
bad **mauvais**
bad-tempered **qui a mauvais caractère**
I behave **je me conduis**
behavior **la conduite**
I boast **je me vante**
calm **calme**
care **le soin**
careful **soigneux [-se], prudent**
careless **peu soigneux [-se], inattentif [-ive]**
character **le caractère, le tempérament**
characteristic **la caractéristique**
characteristic *(adj)* **caractéristique**
charming **charmant**
cheerful **joyeux [-se], heureux [-se]**
clever **intelligent**
confident **confiant**

discipline **la discipline**
I disobey **je désobéis à**
dreadful **horrible**
evil **mauvais**
foolish **bête**
forgetful **étourdi**
friendly (un-) **(peu) aimable**
fussy **difficile, grincheux [-se]**
generous **généreux [-se]**
I get on with **je m'entends avec**
gifted **doué**
good **bon[ne]**
good-tempered **de bonne composition**
guilty **coupable**
habit **une habitude**
hard-working **travailleur [-se]**
I help **j'aide**
helpful **serviable**
honest (dis-) **(mal)honnête**
humor **l'humeur** *(f)*
humorous **qui a de l'humour**
immorality **l'immoralité** *(f)*
innocent **innocent**
intelligence **l'intelligence** *(f)*

Our neighbor is a lazy fellow, but very gifted.
He has a good sense of humor but is always boasting.

Notre voisin est un type paresseux mais très doué.
Il a le sens de l'humour, mais il est tout le temps en train de se vanter.

The pupils here are hard-working and well-behaved. We encourage self-confidence and self-discipline. Bad behavior and laziness are punished.

Les élèves ici sont travailleurs et bien élevés. Nous encourageons la confiance en soi et l'autodiscipline. Les mauvaises manières et la paresse sont punies.

HUMAN CHARACTERISTICS 6a

intelligent **intelligent**
kind **gentil[le]**
kindness **la gentillesse, la bonté**
lazy **paresseux [-se]**
laziness **la paresse**
lively **vivant**
mad **fou [folle]**
manners **les manières** (f)
mean, stingy **mesquin**
memory **la mémoire**
mental(ly) **mental(ement)**
moral (im-) **(im)moral**
morality/morals **la moralité**
nervous **nerveux [-se]**
nice **bien, gentil[le], agréable, sympathique**
I obey **j'obéis à**
optimistic **optimiste**
patient (im-) **(im)patient**
personality **la personnalité**
pessimistic **pessimiste**
pleasant **plaisant**
polite (im-) **(im)poli**
popular **populaire**
quality **la qualité**
reasonable (un-) **(pas) raisonnable**
respect **le respect**
I respect **je respecte**
rude **grossier [-ère]**
sad **triste**
self-confidence **la confiance en soi**
self-esteem **l'amour-propre** (m)
sense **le sens**
  common sense **le bon sens**
  good sense **le bon sens**
sensible **raisonnable, avisé**
serious **sérieux [-se]**
shame **la honte**
shy **timide**
skill **l'habileté** (f), **le talent, l'aptitude** (f)
skilful **habile, adroit, apte**
sociable (un-) **(peu) sociable**
strange **étrange**
stupid **stupide, idiot, bête**
stupidity **la bêtise, la stupidité**
suspicious **soupçonneux [-se], louche, suspect**
sympathetic **compatissant**
sympathy **la sympathie, la compassion**
talented **doué**
temperament **le tempérament**
temperamental **d'humeur instable**
I trust **je fais confiance à**
trusting **confiant**
unkind **peu aimable, pas gentil**
warm **chaleureux [-se]**
well-known **bien connu**
wise **sage, prudent**
wit **l'esprit** (m)
witty **spirituel[le], amusant**

Don't be so suspicious. Please trust me.

Ne soyez pas si soupçonneux. Faites-moi donc confiance.

The children have such different personalities. The eldest is very sensible and rather shy. Our daughter is more sociable and witty. The youngest is gifted but rather temperamental.

Les enfants ont des personnalités si différentes. L'aîné est très raisonnable et plutôt timide. Notre fille est plus sociable et amusante. La plus jeune est douée, mais elle a son caractère.

▶ THOUGHT PROCESSES 6c; EXPRESSING VIEWS 6d; HUMAN LIFE AND RELATIONSHIPS 7

THE HUMAN MIND AND CHARACTER

6b Feelings and emotions

I am afraid (of/that) **j'ai peur (de/que)**
I am amazed (at) **je suis très surpris/stupéfait/sidéré (par)**
amazement **la surprise, la stupéfaction, l'étonnement** *(m)*
I amuse **j'amuse**
I am amused by **je trouve amusant**
amusement **l'amusement** *(m)*
anger **la colère**
angry **en colère, furieux [-se]**
I am annoyed (at/about/with) **je suis furieux [-se] (de/contre)**
anxiety **l'anxiété** *(f)*
anxious **anxieux [-se]**
I approve (of) **j'approuve**
I am ashamed (of) **j'ai honte (de)**
I am bored (by) **je m'ennuie (par), j'en ai assez (de)**
boredom **l'ennui** *(m)*
content (with) **satisfait (de)**
cross (with) **en colère (contre)**
delighted (about) **ravi (de)**
I dislike **je n'aime pas**
dissatisfaction **le mécontentement**
dissatisfied (with) **peu satisfait (de)**
embarrassed (about) **gêné (par)**
embarrassment **la gêne, l'embarras** *(m)*
emotion **l'émotion** *(f)*
emotional **émotionnel[le]**
I enjoy **j'apprécie, j'aime**
envy **l'envie** *(f)*
envious (of) **envieux [-se] (de)**
fear **la crainte**
I feel **je ressens** *(ressentir)*, **je me sens** *(se sentir)*
I forgive **je pardonne**
forgiveness **le pardon**
I am frightened (of) **j'ai peur (de)**
furious (about) **furieux [-se] (de)**
fussy **difficile, pinailleur [-se]**
grateful (for) **reconnaissant (de)**
gratitude **la reconnaissance, la gratitude**
grumpy **grincheux [-se]**
happiness **le bonheur**
happy (about) **heureux [-se] (de)**
hate **la haine**
I hate **je hais** *(haïr)*, **je déteste**

We are very fond of our uncle. He has many good qualities. However, he is often somewhat temperamental.
He hates it when we thank him, it makes him embarrassed.

Nous aimons beaucoup notre oncle. Il a beaucoup de qualités. Toutefois, il a souvent des sautes d'humeur.
Il a horreur qu'on le remercie, ça le gêne.

– I am really ashamed of my behavior yesterday. I was so upset and worried.
– It really doesn't matter. I am thankful that you feel better.

– I am so glad you are not angry with me.

– **J'ai vraiment honte de ma conduite d'hier. J'étais si bouleversée et inquiète.**
– **Cela n'a vraiment pas d'importance, je suis content que vous vous sentiez mieux.**

– **Je suis si soulagé que vous ne soyez pas en colère contre moi.**

FEELINGS AND EMOTIONS 6b

I have a grudge against him **je lui en veux** *(vouloir)*
hope **l'espoir** *(m)*
I hope **j'espère** *(espérer)*
hopeful **plein d'espoir**
idealism **l'idéalisme** *(m)*
indifference **l'indifférence** *(f)*
indifferent (to) **indifférent (envers)**
   I am indifferent **ça m'est indifférent/égal**
interest **l'intérêt** *(m)*
I am interested (in) **je m'intéresse (à)**
jealous **jaloux [-se]**
jealousy **la jalousie**
joy **la joie**
joyful **joyeux [-se]**
I like **j'aime bien**
   I would like **je voudrais** *(vouloir)*
love **l'amour** *(m)*
I love **j'aime**
miserable (about) **malheureux [-se] (à cause de)**
misery **la tristesse, la déprime**
mood **l'humeur** *(f)*
   in a good/bad mood **de bonne/mauvaise humeur**
I'm pleased/glad that **je suis content/heureux [-se] que**
I prefer **je préfère** *(préférer)*
I regret **je regrette**
satisfaction **la satisfaction**
satisfied (with) **satisfait de**
surprise **la surprise**
I am surprised (at) **je m'étonne (de)**
thankful **reconnaissant**
unhappy **malheureux [-se]**
unhappiness **le malheur, la tristesse**
I am upset (about) **je suis vexé/contrarié/peiné (à cause de)**
I want **je veux** *(vouloir)*
I wonder (at) **je m'étonne de, je suis étonné par**
   I wonder if **je me demande si**
worried (about) **soucieux [-se] (au sujet de)**
worry **le souci**
I worry (about) **je me fais du souci (au sujet de)**
   it worries me **cela m'inquiète** *(inquiéter)*

The boss is in a bad mood. He is cross with his secretary. She is bored with the work and doesn't care that he's annoyed.

Le patron est de mauvaise humeur. Il est en colère contre sa secrétaire. Elle trouve le travail ennuyeux et son humeur la laisse indifférente.

I like our neighbor a lot but I'm worried about his wife. She takes care of her old mother, who has not adapted to life in town. She is often in a bad mood and very fussy.

J'aime beaucoup notre voisin mais je me fais du souci pour sa femme. Elle s'occupe de sa mère, qui est âgée et ne s'est pas adaptée à la vie en ville. Elle est souvent de mauvaise humeur et très difficile.

THE HUMAN MIND AND CHARACTER

6c Thought processes

afterthought **la pensée après coup**
I analyze **j'analyse**
analysis **l'analyse** *(f)*
I assume **je suppose**
assuming that **à supposer que**
attention **l'attention** *(f)*
aware of (un-) **(in)conscient (de)**
I base . . . on **je base ... sur**
basic **de base**
basically **à la base**
basis **la base**
belief **la croyance, l'opinion** *(f)*
I believe (in) **je crois** *(croire)* **(à/en)**
certainty **la certitude**
certain, sure **certain, sûr**
coherent (in-) **(in)cohérent**
complex **le complexe**
   inferiority **le complexe d'infériorité**
I comprehend **je comprends** *(comprendre)*
comprehensible **compréhensible**
I concentrate **je me concentre**
   I concentrate (on) **je fixe mon attention (sur)**
I conclude (that) **je conclus** *(conclure)* **(que)**
conscious **conscient**
conscience **la conscience**
consciousness **la conscience**
I consider **je considère** *(considérer)* **que ...**
consideration **la considération**
   I take into consideration **je tiens** *(tenir)* **compte (de)**
   taking everything into consideration **tout compte fait**
I contemplate **je contemple**
context **le contexte**

on the contrary **au contraire**
controversial **controversé**
I decide **je décide**
decision **la décision**
I deduce **je déduis** *(déduire)*
I delude myself **je me fais des illusions**
delusion **l'illusion** *(f)*, **le fantasme**
I determine **je détermine**
I disbelieve **je me refuse à croire**
I distinguish **je distingue**
doubt **le doute**
I doubt **je doute**
doubtful **douteux [-se]**
doubtless/without a doubt **sans (aucun) doute**
exception **l'exception** *(f)*
evidence **la preuve**
evident **évident**
evidently **évidemment**
fact **le fait**
   in fact **en fait**
false **faux [-sse]**
fantasy **la fantaisie**
fiction **la fiction**
for **pour**
   I am for it **je suis pour**
I forbid **j'interdis** *(interdire)*
I forget **j'oublie**
genius (for) **le génie (de)**
I grasp **je saisis**
hypothesis **l'hypothèse** *(f)*
implication **l'implication** *(f)*
interesting **intéressant**
I imagine **je me représente, je m'imagine**
imagination **l'imagination**
I invent **j'invente**
invention **l'invention** *(f)*
issue **le problème** *(m)*
I judge **je juge**

➤ EXPRESSING VIEWS 6d

THOUGHT PROCESSES 6c

judgment **le jugement**
justice **la justice**
I justify **je justifie**
I know *(place/person)* **je connais** *(connaître)*
I know that **je sais** *(savoir)* **que**
knowledge **la connaissance**
knowledgeable **bien informé**
logic **la logique**
logical **logique**
I go mad **je deviens** *(devenir)* **fou [folle]**
madness **la folie**
meaning **le sens**
it means **cela veut** *(vouloir)* **dire**
I meditate (on) **je médite (sur), je réfléchis (à)**
memory **la mémoire**
metaphysics **la métaphysique**
mind **l'esprit** *(m)*, **l'intelligence** *(f)*
  a great mind **un grand esprit**
I misunderstand **je comprends** *(comprendre)* **mal**
misunderstanding **l'erreur** *(f)*, **la méprise, le malentendu**
motive **le motif, l'intention** *(f)*
it occurred to me that **il m'est venu à l'esprit que**
philosophy **la philosophie**
point of view **le point de vue**
I ponder **je considère** *(considérer)*, **je pèse** *(peser)*
premise **la prémisse**
I presume **je présume**
principle **le principe**
  in/on principle **en/par principe**
problem **le problème**
proof **la preuve**
I prove **je prouve**
psychology **la psychologie**
psychoanalysis **la psychanalyse**
rational (ir-) *(thinking)* **rationnel[le] (déraisonnable)**

reality **la réalité**
I realize **je me rends compte de**
I reason *(conclude)* **j'en conclus** *(conclure)*
I reason **je raisonne**
reason *(faculty of)* **la raison**
I recognize **je reconnais** *(reconnaître)*
I reflect **je réfléchis**
relevant **significatif [-ve]**
I remember **je me rappelle** *(se rappeler)*, **je me souviens** *(se souvenir)* **de**
right **vrai, juste**
  I am right **j'ai raison**
  it is right **il est bon/juste**
I see **je vois** *(voir)*
I solve **je résous** *(résoudre)*
solution **la solution**
I speculate **je spécule**
subconscious **le subconscient**
I suppose **je suppose**
I summarize **je résume**
summary **le résumé**
theoretical **théoriquement**
theory **la théorie**
  in theory **en théorie**
I think (of/about) **je pense (à)**
thought **la pensée**
true **vrai**
truth **la vérité**
I understand **je comprends**
understanding **la compréhension**
valid (in-) **(non) valable**
view **l'avis** *(m)*, **l'opinion** *(f)*
  in my view **d'après moi, à mon avis**
wrong **faux [-sse]**
  I am wrong **j'ai tort**
  it is wrong **on a tort, c'est faux**

THE HUMAN MIND AND CHARACTER

6d Expressing views

I accept   j'accepte
I agree (with/about)   je suis d'accord (avec/au sujet de)
I answer   je réponds
answer   la réponse
I argue   je (me) dispute
argument   la discussion,
I ask   je demande
I ask (a question)   je pose (une question)
brief   bref, bréve
I contradict   je contredis *(contredire)*
I criticize   je critique
I define   je définis
definition   la définition
I deny   je nie
I describe   je décris *(décrire)*
description   la description
I disagree (with/about)   je ne suis pas d'accord (avec/sur)
I discuss   je discute (de)
discussion   la discussion
I maintain   je maintiens *(maintenir)*
I mean   je veux *(vouloir)* dire
opinion   l'opinion *(f)*
in my opinion   à mon avis
question   la question
I question   je mets *(mettre)* en question
   a thorny question   une question épineuse
I suggest   je suggère *(suggérer)*
   it is a question of   c'est une question de
I say   je dis *(dire)*
I state   je déclare
statement   la déclaration
suggestion   la suggestion

Giving examples

as is known   tel que nous le connaissons

– What do you think of the speaker?

– Que pensez-vous de la personne qui parle?

– In my opinion he did not consider the basic problem.

– A mon avis, il n'a pas abordé le problème essentiel.

In principle I agree with his views. On the one hand he proved the need for new housing. On the other hand he discussed the problems of finding a site.

Je suis d'accord sur le principe. D'une part, il a démontré que l'on avait besoin de nouveaux logements, et de l'autre, il a discuté des problèmes pour trouver des sites.

– I suggest we try to analyze the problem carefully. Then we shall be able to judge the situation and come to a sound conclusion.

– Je propose que nous essayions d'analyser le problème avec soin. Nous serons alors en mesure de parvenir à une conclusion mesurée.

EXPRESSING VIEWS 6d

etc./and so on **etc/ainsi de suite**
example/instance **un exemple**
for example **par exemple**
i.e. **c.a.d. (c'est à dire)**
namely **voire**
I quote **je cite**
such as **tel[le] que**

Comparing and contrasting

advantage **l'avantage** *(m)*
I compare **je compare**
comparison **la comparaison**
   in comparison with **comparé avec/à, en comparaison avec**
it contrasts with **il contraste avec**
contrast **le contraste**
   in contrast **par contraste**
I differ **je diffère**
difference **la différence**
different (from) **différent (de)**
disadvantage **l'inconvénient** *(m)*
dissimilar **dissemblable, différent de**
I distinguish **je distingue**
pros and cons **le pour et le contre**

relatively **relativement**
same **le/la même**
similar **qui ressemble, semblable**

Expressing reservations

even if **même si**
even so **malgré tout**
to some extent **jusqu'à un certain point**
at first sight **à première vue**
hardly **à peine**
in general **en général**
in the main **dans l'ensemble**
in part/partly **en partie**
perhaps/maybe **peut-être**
presumably **probablement, sans doute**
probably **probablement**
relatively **relativement**
reservation **la réserve**
unfortunately **malheureusement**
unusual(ly) **inaccoutumé**
virtually **pratiquement**
in a way **dans un sens**

---

conclusion **la conclusion**
   in conclusion **en conclusion**
finally **finalement**
first **premier**
firstly **premièrement**
   for one thing, for another **d'abord, ensuite**
furthermore **de plus, en outre**
on the one hand **d'une part**
   on the other hand **d'autre part**
initially **pour commencer**

last **dernier**
lastly **pour finir**
   at last **enfin, finalement**
next **suivant**
place **la place**
   in the first place **pour commencer, d'abord**
   in the second place **ensuite**
secondly **ensuite**
in short **en résumé**

– He is partly right about the reasons for our difficulties, but there is probably much more behind it.

– Il a raison en partie en ce qui concerne la source de nos problèmes, mais cette histoire cache sans doute beaucoup de choses.

THE HUMAN MIND AND CHARACTER

Arguing a point

admittedly   **il faut le reconnaître**
all the same   **néanmoins, toutefois, quand même**
although   **bien que**
anyway   **de toute façon**
apart from   **à part**
as for   **quant à**
as I see it   **comme je le perçois**
as well   **également**
despite this   **en dépit de cela**
in effect   **en fait**
however   **cependant, toutefois**
incidentally   **à propos**
instead   **à la place**
instead of   **au lieu de**
just as important   **tout aussi important**
likewise   **de même**
no matter whether   **quoi qu'il en soit**
that may be so   **cela est peut-être vrai**
nevertheless   **néanmoins**
otherwise   **autrement**
in reality   **en réalité**
in many respects   **à plusieurs égards**
in my opinion   **à mon avis**
in return   **en revanche**
as a rule   **en règle générale**
so to speak   **pour ainsi dire**
in spite of   **en dépit de**
still,   **et pourtant,**
to tell the truth   **à vrai dire**
whereas   **tandis que, alors que**
on the whole   **dans l'ensemble**

Cause and effect

all the more (because)   **d'autant plus que**
as   **comme**
because   **parce que**
because of   **à cause de**
cause   **la cause**
consequence   **la conséquence**
consequently   **en conséquence**
effect   **un effet**
it follows that   **il en résulte que**
how?   **comment?**

In many respects things are not too bad. As a rule people try to obey the law. However, crime is still common, in spite of the efforts of the police. All the same, we are not discouraged.

À plusieurs égards les choses ne vont pas trop mal. En règle générale, les gens essaient d'obéir à la loi. Toutefois, les crimes sont encore fréquents en dépit des efforts de la police. Malgré tout, nous ne perdons pas l'espoir.

Honestly I'm extremely angry with him. Thanks to his carelessness we missed the plane. Fortunately there was another, but we got to Chicago completely exhausted.

Vraiment je suis très en colère contre lui. En raison de sa négligence, nous avons manqué l'avion. Heureusement, il y en avait un autre, mais nous sommes arrivés à Chicago complètement épuisés.

EXPRESSING VIEWS 6d

if **si**
reason **la raison**
　for this reason **pour cette raison**
result **le résultat**
　as a result **en conséquence**
provided that **à condition que**
since **puisque**
so long as **tant que**
therefore, so **ainsi, c'est pourquoi**
thus **ainsi**
whether **si**
why? **pourquoi?**

Emphasizing

above all **par-dessus tout**
in addition **en outre**
all the more **d'autant plus**
also **aussi**
both . . . and **à la fois/et ... et**
certainly **certainement**
clearly **clairement**
under no circumstances **en aucun cas**
completely **complètement**
especially **surtout, spécialement**
even (more) **encore (plus)**
without exception **sans exception**
I emphasize **je souligne**
extremely **extrêmement**
far and away **de loin**
fortunately **heureusement**
honestly **honnêtement**
just when **au moment précis où**
mainly **pour l'essentiel**
moreover **de plus**
naturally **naturellement**
not at all **pas du tout**
not in the least **pas le moins du monde**
obviously **de toute évidence**
in particular **en particulier**
particularly **particulièrement**
in every respect **à tous les niveaux**
I stress **je souligne**
thanks to **grâce à**
undeniably **sans aucun doute**
very **très**
and what is more **et qui plus est**

And what is more, he clearly didn't care at all. Obviously I shall tell his firm exactly what I think of him. Under no circumstances will I employ him again.

– How did he break his leg?

– When he got the ladder he did not notice it was broken. So he fell off it.

– Why did he want the ladder?

– Because he wanted to paint the house.

Et qui plus est, de toute évidence ça lui était complètement égal. Bien évidemment je dirai à son entreprise ce que je pense de lui. En aucun cas je ne le réemploierai.

– Comment s'est-il cassé la jambe?

– Lorsqu'il est allé chercher l'échelle, il n'a pas remarqué qu'elle était cassée et il en est tombé.

– Pourquoi avait-il besoin de l'échelle?

– Parce qu'il voulait peindre la maison.

HUMAN LIFE AND RELATIONSHIPS

7 Human life and relationships

7a Family and friends

Friendship

acquaintance **la connaissance**
boyfriend **le petit ami**
buddy **le/la pote**
classmate **le/la camarade de classe**
companion **le compagnon, la compagne**
friend (close) **un ami/une amie (proche)**
friendship **l'amitié** *(f)*
gang **la bande**
we get on well together **nous nous entendons bien**
I get on with **je m'entends avec**
we get together **nous nous retrouvons**
I get to know **j'apprends à connaître**
girlfriend **la petite amie**
I introduce **je présente**
pal **le copain, la copine**
pen pal **le/la correspondant[e]**
quarrel **la querelle**
I quarrel with **je me querelle avec**
family ties **les liens** *(m)* **de parenté**
school friend/pal **un ami/une amie d'école**

The family and relatives

adopted **adopté**
ancestor **un/une ancêtre**
ancestry **l'ascendance** *(f)*
aunt **la tante**
baby **le bébé**
brother **le frère**
brother-in-law **le beau-frère**
brothers and sisters **les frères et sœurs**
child **l'enfant** *(m)*
close relative **le parent proche**
closely related **proche parent**
commonlaw husband **l'époux de droit coutumier, le concubin**
commonlaw wife **l'épouse** *(f)* **de droit coutumier, la concubine**
cousin **le cousin, la cousine**
dad/pa **le papa**
daughter **la fille**
daughter-in-law **la bru, la belle-fille**
distant relative **le parent éloigné**
distantly related **parent éloigné**
elder **aîné**

We are good friends. I get on well with him. We have a good relationship.	**Nous sommes de bons amis. Je m'entends bien avec lui. Nous avons une bonne relation.**
No hard feelings!	**Sans rancune!**
We are more open with one another. We settle conflicts.	**Nous sommes plus francs l'un envers l'autre. Nous réglons les différents.**

FAMILY AND FRIENDS 7a

elder/-est daughter **l'aînée** (f)
elder/-est son **l'aîné** (m)
family **la famille**
family tree **l'arbre** (m) **généalogique**
father **le père**
father-in-law **le beau-père**
fiancé(e) **le fiancé, la fiancée**
forebear **un aïeul, une aïeule**
foster **adoptif [-ve]**
genealogy **la généalogie**
goddaughter **la filleule**
godfather **le parrain**
godmother **la marraine**
godson **le filleul**
grandad/grandpa **le papy, le pépé**
grandchildren **les petits-enfants** (m)
granddaughter **la petite-fille**
grandfather **le grand-père**
grandmother **la grand-mère**
grandparents **les grands-parents** (m)
grandson **le petit-fils**
granny/grandma **la mamie, la mémé**
great-aunt **la grand-tante**
great-grandchild **l'arrière petit-fils** (m), **l'arrière petite-fille** (f)
great-grandfather **l'arrière grand-père** (m)
great-grandmother **l'arrière grand-mère** (f)
great-nephew **le petit-neveu**

great-niece **la petite-nièce**
great-uncle **le grand-oncle**
guardian **le tuteur, la tutrice**
half-brother **le demi-frère**
half-sister **la demi-sœur**
husband **le mari, l'époux** (m)
maiden aunt **la tante vieille fille**
mother **la mère**
mother-in-law **la belle-mère**
mom, ma **la maman**
nephew **le neveu**
niece **la nièce**
only child **l'enfant** (m) **unique**
parents **les parents** (m)
partner **le conjoint, la conjointe**
related **apparenté**
relation, relative **le parent, la parente**
second cousin **le petit-cousin**
sister **la sœur**
son **le fils**
son-in-law **le gendre, le beau-fils**
spouse **l'épouse** (f), **l'époux** (m)
stepbrother **le beau-frère**
stepdaughter **la belle-fille**
stepfather **le beau-père**
stepmother **la belle-mère**
stepsister **la belle-sœur**
stepson **le beau-fils**
twin brother **le frère jumeau**
twin sister **la sœur jumelle**
uncle **l'oncle** (f)
wife **la femme, l'épouse** (f)
younger/-est **cadet[te]**

– Have you any family?
– I come from a large family. I have four brothers and sisters. We have family problems.

– I have no close family. I am an only child.

We are distantly related.

– **As-tu de la famille?**
– **Je viens d'une famille nombreuse. J'ai quatre frères et sœurs. On a des problèmes familiaux.**

– **Je n'ai aucune famille proche. Je suis enfant unique.**

Nous sommes parents éloignés.

▶ LOVE AND CHILDREN 7b; LIFE AND DEATH 7c

HUMAN LIFE AND RELATIONSHIPS

7b Love and children

Love and marriage

adultery **l'adultère**
affair **la liaison**
alimony **la pension alimentaire**
bachelor **le célibataire**
betrothal **les fiançailles** (f)
betrothed **fiancé**
breakdown *(marriage)* **la rupture**
bride **la mariée**
bridegroom **le marié**
bridesmaids **les demoiselles** (f) **d'honneur**
couple **le couple**
I court **je fais la cour à**
courtship **la cour**
divorce **le divorce**
divorced **divorcé**
I get divorced (from) **je divorce (de)**
divorcee **le/la divorcé[e]**
engaged **fiancé**
I get engaged (to) **je me fiance (avec)**
engagement **les fiançailles** (f)
I fall for/in love (with) **je tombe amoureux [-se] de**

I go out with **je sors** *(sortir)* **avec**
we are incompatible **nous ne sommes pas compatibles**
lover **l'amant** (m)
marriage **le mariage**
married **marié**
I get married (to) **je me marie (avec)**
married couple **le ménage**
I marry **j'épouse**
matrimony **le mariage**
mistress **la maîtresse**
newly married couple **les jeunes** (m) **mariés**
promiscuity **la promiscuité**
he is promiscuous **il est de mœurs faciles**
I separate from **je me sépare de**
separated **séparé**
separation **la séparation**
unmarried/single **célibataire**
unmarried/single mother **la mère célibataire**
wedding **les noces** (f)
widower/widow **le veuf/la veuve**

– We are madly in love. It was love at first sight.

– **Nous sommes follement amoureux. Ça a été le coup de foudre.**

– Are you married?
– We are getting engaged.

– **Vous êtes mariés?**
– **Nous nous fiançons.**

– She doesn't understand me. She is always nagging. She gets me worked up.
– He shouts at me. He drives me mad.
– All that's in the past now. Let's kiss and make up.

– **Elle ne me comprend pas. Elle est toujours après moi. Elle m'énerve.**
– **Il crie après moi. Il me rend folle.**
– **Tout ça, c'est du passé maintenant. Faisons la paix.**

Our relationship is breaking up.

Notre relation est en train de se briser.

LOVE AND CHILDREN 7b

Birth and children

baby **le bébé**
baby carriage **la voiture d'enfant, la poussette**
babysitter **la gardienne d'enfants, le/la baby-sitter**
baptism **le baptême**
bib **le bavoir**
birth control **la régulation des naissances, la contraception**
birthrate **le taux de natalité**
birthday **l'anniversaire** *(m)*
I was born **je suis né[e]**
boy **le garçon**
I bring up/raise a child **j'élève *(élever)* un enfant**
I breast-feed **j'allaite, je donne le sein à**
child **l'enfant** *(m)*
childhood **l'enfance** *(f)*
christening **le baptême**
coil **le stérilet**
condom **le préservatif**
contraception **la contraception**
contractions **les contractions** *(f)*
crib **le lit d'enfant, le berceau**
diaper **la couche**
I deliver **j'accouche**
I am expecting a baby **j'attends un bébé**
family planning **le planning familial**
fertile (in-) **fécond (stérile)**
fertility **la fertilité**
fertiltity drug **le médicament contre la stérilité**
I give birth (to) **j'accouche (de)**
girl **la fille**

I go into labor **je commence à accoucher**
incubator **la couveuse**
infancy **la petite enfance**
infant **le nouveau-né**
infantile **infantile**
kid **le/la gosse, l'enfant**
lad **le gars**
lass **la jeune fille**
live birth **la naissance viable**
I look like **je ressemble à**
I have a miscarriage **je fais une fausse couche**
midwife **la sage-femme**
nanny **la nounou**
newborn child **le nouveau-né**
orphan **un orphelin, une orpheline**
pacifier **la tétine**
period **les règles** *(f)*
pill **la pilule**
pregnant **enceinte**
I remind . . . of . . . **je rappelle ... à ...** *(rappeler)*
saint's day **la fête**
sibling *(adj)* **fraternel[le]**
sibling rivalry **la rivalité fraternelle**
stillborn **mort-né**
teenaged **adolescent**
teenager **un adolescent, une adolescente**
teething **la pousse des dents**
toddler **le tout petit, la toute petite**
toy **le jouet**
triplets **les triplés** *(m)*
twin **le jumeau, la jumelle**

I'm on the pill.	**Je prends la pilule.**
I'm six months pregnant.	**Je suis enceinte de six mois.**
I spoil my child.	**Je gâte mon enfant.**
He looks like his mother.	**Il ressemble à sa mère.**

SOCIAL ISSUES 12

HUMAN LIFE AND RELATIONSHIPS

7c Life and death

Growing

adolescent un adolescent, une adolescente
adult un/une adulte
adult *(adj)* adulte
age l'âge *(m)*
I age (well) je vieillis (bien)
aged âgé (de)
centenarian le/la centenaire
child l'enfant *(m)*
he comes from il vient de
elder/-est un aîné, une aînée
elderly les personnes *(f)* âgées
   elderly *(adj)* vieux [vieille]
female la femme
female *(adj)* femelle
foreigner un étranger, une étrangère
generation la génération
generation gap le conflit des générations
I grow old je vieillis

grown-up l'adulte *(m/f)*
I grow up je deviens *(devenir)* adulte
housewife la femme au foyer
life la vie
life insurance l'assurance-vie *(f)*
male l'homme *(m)*
   male *(adj)* mâle
man l'homme *(m)*
mature mûr
maturity la maturité
menopause la ménopause
middle age la cinquantaine
new nouveau [nouvelle]
nickname le surnom
octogenarian un/une octogénaire
old vieux [vieille]
old age la vieillesse
old man, woman le vieux, la vieille
old people's home maison de retraite
pension la pension

When I grow up, I want to be an astronaut.

Quand je serai grand, je serai astronaute.

He respects his elders.

Il respecte ses aînés.

Next door, the couple are getting divorced. The children are suffering as the parents have separated.

Le couple à côté de chez nous est en train de divorcer. Les enfants souffrent car les parents se sont séparés.

– What about the elderly?
– Most try to stay on in their own homes rather than go into an old people's home.

**– Et les personnes âgées?
– La plupart des gens essaient de rester dans leur propre maison au lieu d'entrer dans une maison de retraite.**

Their pensions are barely adequate. However, the community looks after them well.

Leurs pensions sont à peine suffisantes. Cependant, la communauté s'occupe bien d'eux.

LIFE AND DEATH 7c

pensioner le retraité, la retraitée
people les gens *(m)*
permissive society la société permissive
person la personne
present présent
in the prime of life dans la fleur de l'âge
responsible responsable
I retire je prends ma retraite
retired en retraite
retirement la retraite
   early retirement la retraite anticipée
septuagenarian le/la septuagénaire
single célibataire
spinster la vieille fille
stranger un étranger, une étrangère
surname le nom de famille
I take after je tiens *(tenir)* de
visit la visite
I visit je rends visite
woman la femme
year l'année*(f)*
young *(adj)* jeune
young person le/la jeune
younger plus jeune
youngest le/la plus jeune
youth la jeunesse
youth *(persons)* les jeunes *(m/f)*

Death

afterlife la vie future/éternelle
angel l'ange *(m)*
ashes les cendres *(f)*
autopsy l'autopsie *(f)*
body le corps
burial l'enterrement *(m)*
I bury j'enterre
corpse le cadavre, le corps
he is cremated il est incinéré
cremation la crémation
crematorium le crématorium
dead mort
death la mort
death rate le taux de mortalité
death certificate l'acte *(m)* de décès
he dies il meurt *(mourir)*
epitaph l'épitaphe *(f)*
eulogy le panégyrique
funeral l'enterrement *(m)*, les obsèques *(f)*
grave la tombe
gravestone/tombstone la pierre tombale
graveyard/cemetery la cimetière
heaven le ciel, le paradis
hell l'enfer *(m)*
I inherit j'hérite
inheritance la succession
last rites les derniers sacrements *(mpl)*
he lies in state il est exposé solennellement
mortuary la morgue
I mourn je pleure
mourning le deuil
I am in mourning for je porte le deuil de
obituary la notice nécrologique
he passes away il s'éteint *(s'éteindre)*, il disparaît *(disparaître)*
remains les restes *(m)*
he goes to heaven il va au ciel/paradis
tomb le tombeau
undertaker l'entrepreneur *(m)* de pompes funèbres
will le testament
   the last will and testament of les dernières volontés *(f)* de

▶ RELIGION 13

DAILY LIFE

 # Daily life

8a The house

amenities **les aménagements** *(m)*
apartment **l'appartement** *(m)*
apartment house **l'immeuble** *(m)*
boarding house **la pension (de famille)**
(of) brick **en brique**
I build **je construis** *(construire)*
building **le bâtiment**
building plot **le terrain à bâtir**
building site **le chantier de construction**
bungalow **le pavillon**
caretaker **le gardien, la gardienne**
chalet **le chalet**
detached (single) house **la maison individuelle**
furnished apartment **l'appartement** *(m)* **meublé**
furnished house **la maison meublée**
freehold **la propriété foncière libre**
garbage collection **le ramassage d'ordures**
I have an addition built **je fais agrandir la maison**
house **la maison**
housing **le logement**
landlord/landlady **le/la propriétaire**
lease **le bail**
leased property **la propriété louée**
lodger/roomer **le/la locataire**
I modernize **je modernise**
mortgage **l'emprunt-logement** *(m)*
mortgage rate **le taux de l'emprunt-logement**
I move (house) **je déménage**
I move in **j'emménage**
I occupy **j'occupe**
I own **je possède**
owner-occupied **occupé par son/sa propriétaire**
penthouse **l'appartement** *(m)* **de grand standing**

– Are you hoping to buy your own home soon?
– Yes, we are trying to get a mortgage. We have found an older property, which we will modernize.

– **Espérez-vous acheter votre propre maison bientôt?**
– **Oui, nous essayons d'obtenir un emprunt-logement. Nous avons trouvé une propriété plus vieille que nous allons moderniser.**

We are renting an apartment at the moment. The rent is very high, and the landlord is slow to make improvements

Nous louons un appartement en ce moment. Le loyer est très élevé et le propriétaire est lent à faire des améliorations.

We are having a house built.

Nous faisons construire une maison.

➤ THE HOUSEHOLD 8b; FURNISHINGS 8c

THE HOUSE 8a

partly furnished **en partie meublé**
prefabricated house **la maison en préfabriqué**
premises **les locaux** (m)
public housing **l'appartement** (m) **loué à la municipalité, l'H.L.M.** (f)
removal van **le camion de déménagement**
rent **le loyer**
I rent **je loue**
sewage disposal **l'évacuation** (f) **des eaux usées**
(of) stone **de/en pierre**
street lighting **l'éclairage** (m) **des rues**
subsidized housing **l'H.L.M.** (f) **(Habitation à Loyer Modéré)**
I take out a mortgage **je fais un emprunt-logement**
tenancy **la location**
tenant **le/la locataire**
terraced houses **des maisons** (f) **mitoyennes**
unfurnished apartment **l'appartement** (m) **non-meublé**

Rooms

attic **la mansarde**
basement **le sous-sol**
bathroom **la salle de bains, les toilettes** (f)
bedroom **la chambre à coucher**
cellar **la cave**
corridor **le couloir**
dining room **la salle à manger**
hall(way) **l'entrée** (f)
kitchen **la cuisine**
landing **le palier**
living room **le salon**
loft **le grenier**
lounge **le salon**
shower **la douche**
sitting room, living room **le salon, la salle de séjour**
study **le bureau**
toilet **le W.C.** (m), **le cabinet**
utility room **la buanderie**
verandah **la véranda**

Her penthouse is to let/for rent.	**Son appartement de grand standing est à louer.**
My lease has two weeks to run.	**Mon bail se termine dans deux semaines.**
We moved two years ago.	**Nous avons déménagé il y a deux ans.**
The house has a fairly pleasant view: it grows on you after a while!	**La vue depuis la maison est assez agréable. On s'y fait au bout de quelque temps!**
The whole house needs painting before we sell it.	**Toute la maison a besoin d'être repeinte avant d'être vendue.**

DAILY LIFE

8b The household

aerial l'antenne *(f)*
attached attenant
back door la porte de derrière
balcony le balcon
baseboard la plinthe
big grand
blind le store
boiler la chaudière
breakfast room la petite salle à manger
built-in encastré
burglar alarm la sonnerie d'alarme
button le bouton
carpet la moquette
ceiling le plafond
central central
chimney la cheminée
clean propre
closet le placard mural, l'armoire
comfortable (un-) (in)confortable
cosy douillet[te]
cupboard le placard
curtain le rideau
desk le bureau
dirty sale
door la porte
door handle la poignée de la porte
doorknob le bouton de la porte
doorbell la sonnette
doormat le paillasson
downstairs en bas
electric électrique
electric plug la prise électrique
electric socket la prise électrique
electricity l'électricité *(f)*
extension cord la rallonge
fireplace la cheminée
floor le sol
floor, story l'étage *(m)*
floorboard la planche
front door la porte d'entrée

functional fonctionnel
furnished meublé
furniture les meubles *(m)*
  item of furniture le meuble
garage le garage
garbage can la poubelle
gas le gaz
glass *(material)* le verre
ground (first) floor le rez-de-chaussée
gutter la gouttière
handle *(on drawer, door)* la poignée
  handle *(on basket, jug)* l'anse *(f)*
hearth le foyer
heating le chauffage
  central heating le chauffage central
included inclus
key la clé
keyhole le trou de serrure
lamp la lampe
lampshade l'abat-jour *(m)*
letterbox la boîte aux lettres
lever le levier
lift l'ascenseur *(m)*
lightbulb l'ampoule *(f)*
light la lumière
lightswitch l'interrupteur *(m)*
lighting l'éclairage
lock la serrure
it looks onto il donne sur
mantelpiece le dessus de cheminée
mat le tapis
mezzanine floor la mezzanine
modern moderne
new nouveau, nouvelle, neuf [neuve]
nice joli
off *(switches, electrical apparatus)* éteint
  off *(tap)* fermé

FURNISHINGS 8c

THE HOUSEHOLD 8b

old vieux [vieille]
on *(switches, electrical apparatus)* allumé
on *(tap)* ouvert
on the second floor au premier étage
own propre
passage le passage
pipe le tuyau, le conduit
plaster le plâtre
plumbing la plomberie, la tuyauterie
price le prix
radiator le radiateur
rent le loyer
roof le toit
roof tile la tuile
room la pièce
safety chain la chaîne de sûreté
sale la vente
shelf l'étagère *(f)*
shutters les volets *(m)*
situation la situation
skylight la lucarne
small petit
spacious spacieux [-se]
staircase l'escalier *(m)*
stairs les escaliers *(m)*
step la marche
terrace la terrasse
tidy bien rangé, en ordre
tile le carreau
toilet les toilettes *(f)*
upper floor l'étage *(m)* supérieur
upstairs en haut
vase le vase
view la vue
wall le mur
   interior wall la paroi
   garden wall le mur (de clôture)
wastepaper basket la corbeille (à papier)
water l'eau *(f)*
window la fenêtre
windowsill le rebord de la fenêtre
wire le fil
wiring l'installation *(f)* électrique
wood le bois

Electrical goods

alarm clock réveille-matin
answering machine le répondeur téléphonique
cassette player le lecteur de cassettes
cassette recorder le magnétophone
clothes dryer le sèche-linge, le séchoir
compact-disc player le lecteur de CD/disques lasers
deepfreeze le congélateur
dishwasher le lave-vaisselle
electric appliance l'appareil *(m)* ménager
electric stove la cuisinière électrique
electric razor le rasoir électrique
food mixer, beaters le batteur
food processor robot de cuisine
freezer le congélateur
fridge/refrigerator le frigo, le réfrigérateur
hi-fi la chaîne hi-fi
iron le fer (à repasser)
microwave oven le four à micro-ondes
pants press le presse-pantalons
personal stereo le baladeur
radio la radio, le poste de radio
record player le tourne-disque
refrigerator le réfrigérateur
spin dryer l'essoreuse *(f)*
stereo system la chaîne stéréo
tape player le lecteur de cassettes
tape recorder le magnétophone
TV set le poste de télévision
vacuum cleaner l'aspirateur *(m)*
video recorder le magnétoscope
washing machine la machine à laver

DAILY LIFE

8c Furnishings

Lounge

armchair **le fauteuil**
ashtray **le cendrier**
bookshelf **l'étagère** *(f)* **(à livres)**
bookcase **la bibliothèque**
bureau **le bureau**
coffee table **la table basse**
cupboard, closet **le placard**
cushion **le coussin**
easy chair **le fauteuil**
ornament **l'ornement** *(m)*
picture **le tableau**
   picture (portrait) **le portrait**
photo **la photo**
poster **le poster**
pouffe **le pouf**
rocking chair **le fauteuil à bascule**
rug **le tapis**
settee **le canapé**
sofa **la banquette**

Kitchen

bottle opener **l'ouvre-bouteille(s)** *(m)*
bowl **le bol**
can opener **l'ouvre-boîte(s)** *(m)*
clothesline **la corde à linge**
clothespeg **la pince à linge**
coffee machine **le percolateur**
coffee pot **la cafetière**
colander **la passoire**
cup **la tasse**
cupboard **le placard**
   wall-cupboard **le placard mural**
cutlery **les couverts** *(m)*
dish **le plat**
dishcloth **le torchon à vaisselle**
dishes **la vaisselle**
dishwashing liquid **le produit pour la vaisselle**
drain board **l'égouttoir** *(m)*
fork **la fourchette**
frying pan **la poêle**
gas stove **la cuisinière à gaz**
glass **le verre**
   wine glass **le verre à vin**
knife **le couteau**
   carving knife **le couteau à découper**
laundry detergent **la lessive (en poudre)**
milk jug **le pot à lait**
oven **le four**
plate **l'assiette** *(f)*
pepper shaker **le poivrier, la poivrière, le moulin à poivre**
salt shaker **la salière**
saucepan **la casserole**
saucer **la soucoupe**
scales **la balance**
sink **l'évier** *(m)*
sink unit **l'évier** *(m)* **encastré**
spoon **la cuillère**
stove **la cuisinière**
tap/faucet **le robinet**
teapot **la théière**
tea towel/dish towel **le torchon à vaisselle**
trash can **la poubelle**
tray **le plateau**

Dining room

chair **la chaise**
candle **la bougie, la chandelle**
candelabra **le chandelier**
candlestick **le bougeoir**
clock **l'horloge** *(f)*, **la pendule**
dresser **le vaisselier**
place setting **le couvert**
plate warmer **le chauffe-assiettes** *(inv)*
serviette **la serviette**
sideboard **le buffet**
table **la table**
tablecloth **la nappe**
table napkin **la serviette de table**

FURNISHINGS 8c

Bedroom

alarm clock **le réveil**
bed **le lit**
  bunk bed **la couchette**
  double bed **le grand lit, le lit à deux personnes**
bedclothes **les couvertures** *(f)* **et les draps** *(m)*
bedding **la literie**
bedside table **la table de nuit**
bedspread **le couvre-lit**
blanket **la couverture**
chest of drawers **la commode**
dressing table **la coiffeuse**
duvet **la couette**
mattress **le matelas**
pillow **l'oreiller** *(m)*
quilt **l'édredon** *(m)*
sheet **le drap**
wardrobe **l'armoire** *(f)*
  hanging wardrobe **la penderie**

Bathroom

basin **le lavabo**
bath **la baignoire**
bathmat **le tapis de bain**
bidet **le bidet**
clothesbrush **la brosse à habits**
face washcloth **le gant de toilette**
laundry basket **le panier à linge sale**
mirror **le miroir**
nailbrush **la brosse à ongles**
plug **la prise**
scales **le pèse-personne**
shower **la douche**
sink **le lavabo**
soap **le savon**
tap **le robinet**
toilet **les toilettes** *(f)*
toilet paper **le papier hygiénique**
toothbrush **la brosse à dents**
towel **la serviette**
towel rail **le porte-serviettes** *(invar)*
washbasin **la cuvette de lavabo**

The washing machine doesn't work. Can you repair it?

La machine à laver ne marche pas. Pouvez-vous la réparer?

Come into the dining room.

Entrez dans la salle à manger.

The bed has not been changed.

Le lit n'a pas été changé.

The hot water faucet doesn't work!

Le robinet d'eau chaude ne fonctionne pas!

The toilet will not flush!

La chasse d'eau ne fonctionne pas!

The bathroom mirror is cracked.

Le miroir de la salle de bains est fendu.

Can I take a bath? Have you any shampoo? Could we have some clean towels?

Est-ce que je peux prendre un bain? As-tu du shampooing? Pourrions-nous avoir des serviettes propres?

I can't find the socket for the razor.

Je ne trouve pas la prise du rasoir.

HOUSEHOLD GOODS AND TOILETRIES 9b; FARMING AND GARDENING 24c; TOOLS App.8b

DAILY LIFE

8d Daily routine

bath   **le bain**
bed   **le lit**
breakfast   **le petit déjeuner**
daily   **journalier [-ère]**
dinner   **le dîner, le repas du soir**
dishes (to be washed)   **la vaisselle**
evening meal   **le dîner**
garbage   **les ordures** *(f)*
home   **la maison**
  at home   **à la maison**
housekeeper   **la gouvernante**
housework   **le ménage**
laundry   **le linge, la lessive**
lunch   **le déjeuner**
maid   **femme de ménage**
routine   **la routine**
school   **l'école** *(f)*
shopping   **les achats** *(m)*
sleep   **le sommeil**
spare time   **le temps libre**
supper   **le souper**
tea   **le thé**
time *(commodity)*   **le temps**
time *(of day)*   **l'heure** *(f)* **de la journée**
work   **le travail**

Actions

I break   **je casse**
I bring   **j'apporte**
I buy   **j'achète** *(acheter)*
I carry   **je porte**
I change (clothes)   **je me change**
I chat   **je bavarde**
I clean   **je nettoie** *(nettoyer)*
I clear (away)   **je débarrasse**
I cook   **je fais la cuisine**
I close   **je ferme**
I dampen   **j'humecte**
I darn   **je raccommode**
I decorate   **je décore**
I defrost   **je décongèle**
I dirty   **je salis**
I do   **je fais**
I drink   **je bois** *(boire)*
I dry   **je sèche**

We usually get up at seven o'clock. We have breakfast at eight.
Lunch is in the dining room. Dinner will be at nine p.m.

Nous nous levons normalement à sept heures. Nous prenons le petit déjeuner à huit heures.
Le déjeuner est servi dans la salle à manger. Le dîner sera servi à neuf heures du soir.

The table has not been cleared!

La table n'a pas été débarrassée!

My husband cooks on Saturdays.

Mon mari fait la cuisine le samedi.

Don't forget to put out the garbage and turn off the lights.

N'oublie pas de sortir les ordures et d'éteindre les lumières.

She does the dusting and cleaning for us on Fridays.

Elle fait la poussière et le ménage pour nous tous les vendredis.

➤ SHOPPING 9; HEALTH AND HYGIENE 11d; COOKING AND EATING 10d

DAILY ROUTINE 8d

I dry up j'essuie *(essuyer)*
I dust je fais la poussière
I eat je mange
I empty je vide
I fasten j'attache
I fill je remplis
I garden/work in the yard je fais du jardinage
I get dressed je m'habille
I get undressed je me déshabille
I get up je me lève
I go to bed je vais au lit
I go to sleep je m'endors *(s'endormir)*
I go to the toilet je vais aux toilettes
I grow *(vegetables)* je cultive
I have breakfast je prends le petit déjeuner
I have lunch je déjeune
I have tea je prends le thé
I heat je chauffe
I iron je repasse
I knit je tricote
I knock je frappe
I lay the table je mets *(mettre)* la table
I leave je pars *(partir)*
I let *(allow)* je laisse
I live j'habite
I lock je ferme à clé
I make je fais
I mend/fix je répare
I microwave je passe au four à micro-ondes
I move je bouge
I open j'ouvre
I paint je peins *(peindre)*
I polish je cire
I prepare je prépare
I press (the button) j'appuie *(appuyer)* (sur le bouton)
I put right je remets *(remettre)* en place
I put on *(clothes)* je mets *(mettre)*
I put on (*radio, TV*) j'allume

I rent je loue
I repair je fais des réparations, je répare
I rest je me repose
I ring *(telephone)* j'appelle *(appeler)*
I ring *(doorbell)* je sonne
I rinse je rince
I scrub je frotte
I sew je couds
I share je partage
I shine je fais briller
I shop je fais les courses
I shower je prends une douche
I shut/close je ferme
I sit (down) je m'assieds *(s'asseoir)*
I sleep je dors *(dormir)*
I speak je parle
I stand je me tiens *(se tenir)* debout, je suis debout
I stand up je me mets *(se mettre)* debout
I start je commence
I stop j'arrête
I sweep je balaie
I switch/turn off j'éteins *(éteindre)*, je ferme
I switch/turn on j'allume, j'ouvre
I take off j'enlève *(enlever)*
I throw away je jette *(jeter)*
I tie je noue
I tidy/straighten up je range
I unblock je débouche
I undo je défais *(défaire)*
I use j'utilise
I wake up je me réveille
I wallpaper je pose du papier peint
I wash (car, clothes) je lave
I wash dishes je fais la vaisselle
I wash (myself) je me lave
I watch TV je regarde la télévision
I wear je porte

➤ FARMING AND GARDENING 24c; CLOTHING 9c

SHOPPING

Shopping

9a General terms

article l'article *(m)*
automatic door la porte automatique
automatic teller, ATM le distributeur de billets
bank card la carte bancaire
bank note le billet
bargain l'affaire *(f)*
basement le sous-sol
business les affaires *(f)*
cash register la caisse
cash register receipt le ticket de caisse
catalog le catalogue
change *(money)* la monnaie
cheap bon marché
checkout la caisse
choice le choix
closed fermé
coin la pièce
costly coûteux [-se]
credit le crédit
credit card la carte de crédit
currency la devise
customer information les renseignements *(m)*
customer service le service relation clientèle
day off/closed le jour de congé/de fermeture
department le rayon
discount la réduction
elevator l'ascenseur *(m)*
entrance l'entrée *(f)*
escalator l'escalier *(m)* roulant
exit la sortie
expensive cher [-ère]
fashion la mode
fire door la porte de secours
fire exit la sortie de secours
fitting room le salon d'essayage
free gratuit
free gift le cadeau gratuit
it is good value c'est bon marché
handbag le sac à main
instructions for use le mode d'emploi
item l'article *(m)*
label l'étiquette *(f)*
mail order la vente par correspondance
manager le gérant, la gérante
market le marché
money l'argent *(m)*

Anything else?/Is that all?	Et avec ça? Ce sera tout?
Are you being served?	On vous sert? On s'occupe de vous?
Can I help you?	Je peux vous aider?
Do you want anything in particular?	Vous cherchez quelque chose de précis?
What would you like?	Vous désirez?
Who's next?	Qui est le suivant/la suivante?
Whose turn is it?	C'est à qui le tour?

68 ➤ SHOPS, STORES App. 9a; ADVERTISING 18d

GENERAL TERMS 9a

note **le billet**
open **ouvert**
opening hours **les heures** (f) **d'ouverture**
packet **le paquet**
pocket **la poche**
pound (weight/money) **la livre**
PULL **tirer**
purse **le porte-monnaie, le sac à main**
PUSH **pousser**
quality **la qualité**
real/genuine **véritable**
receipt **le reçu**
reduction **la réduction**
refund **le remboursement**
refundable **remboursable**
sale **les soldes** (f)
security guard **le garde**
self-service **le libre-service**
sales person **le vendeur, la vendeuse**
shopkeeper **le commerçant**
shoplifting **le vol à la tire**
shopping **les courses** (f)
shopping basket **le panier**
shop/store **le magasin, la boutique**
shopping list **la liste de courses**
shopping trip **la tournée des magasins**
shopping cart **le chariot**
shut **fermé**
slice **la tranche**
special offer **l'offre** (f) **spéciale, la promotion**
stairs **les escaliers** (m)
summer sale **les soldes** (f) **d'été**
trader **le négociant, le marchand**
traveler's check **le chèque de voyage**
wallet **le portefeuille**

Actions

I change **je change**
I choose **je choisis**
I decide **je décide**
I dress **je m'habille**
I exchange **j'échange**
I gift-wrap **je fais un paquet cadeau**
I have on/wear **je porte**
I order **je commande**
I pay **je paie** *(payer)*
I put on **je mets** *(mettre)*
I line up **je fais la queue**
I select **je sélectionne, je choisis**
I sell **je vends**
I serve **je sers** *(servir)*
I shop **je fais les courses**
I shoplift **je vole**
I show **je montre**
I spend (money) **je dépense**
I steal **je vole**
I take off **j'enlève** *(enlever)*
I try on **j'essaie** *(essayer)*
I wait **j'attends**
I wear **je porte**
I weigh **je pèse** *(peser)*

How much is it?	**C'est combien?**
I've no change.	**Je n'ai pas de monnaie.**
Can I pay by check?	**Est-ce que je peux payer par chèque?**
Can you change this bill?	**Est-ce que vous pouvez me faire de la monnaie?**
Do you take credit cards?	**Est-ce que vous acceptez les cartes de crédit?**

▶ CURRENCIES App. 9a

SHOPPING

9b Household goods and toiletries

Toiletries

aftershave   l'après-rasage *(m)*
antiperspirant   le déodorant
brush   la brosse
comb   le peigne
condom   le préservatif
cosmetics   les produits *(m)* de beauté
cotton wool   le coton hydrophile
deodorant   le déodorant
face cream   la crème de soins pour le visage
glasses   les lunettes *(f)*
hairbrush   la brosse à cheveux
lipstick   le rouge à lèvres
makeup   le maquillage
nail file   la lime à ongles
perfume   le parfum
razor   le rasoir
razor blades   les lames *(f)* de rasoir
sanitary napkin   la serviette périodique/hygiénique
shampoo   le shampooing
soap   le savon
spray   le vaporisateur, l'atomiseur *(m)*
sunglasses   les lunettes *(f)* de soleil
suntan lotion   le lait solaire
talcum powder   le talc
tampon   le tampon
tissues   le mouchoir en papier, les Kleenex®
toilet water   l'eau *(f)* de toilette
toilet paper   le papier hygiénique
toiletry   les produits *(m)* de toilette
toothpaste   le dentifrice
toothbrush   la brosse à dents
watch   la montre

Expressions of quantity

a bar of ....   une barre de ...
a bottle of ...   une bouteille de ...
a can of ...   une boîte de ...
a hundred gram(me)s of ...   cent grammes de ...
a kilo of ...   un kilo de ...
a liter of   un litre de ...
a packet of ...   un paquet de ...
a pound of   une livre de ...
a slice of ...   une tranche de ...

Household items

aluminum foil   le papier d'aluminium
bottle   la bouteille
bowl   l'assiette *(f)* creuse, le bol
cling-wrap   le Scellofrais®
clothespeg   la pince à linge
cup   la tasse
dish   le plat
dishwashing liquid   le liquide-vaisselle
fork   la fourchette
glass   le verre
jar   le pot
jug   le pichet, la cruche
knife   le couteau
laundry detergent   la lessive, la poudre à laver
matches   les allumettes *(f)*
paper napkin   la serviette en papier
paper towel   le Sopalin®, l'essuie-tout *(m) (invar)*
plate   l'assiette *(f)*
pot   la marmite, la casserole
saucer   le soucoupe
scouring pad   l'éponge *(f)* à gratter, le tampon à récurer
string   la ficelle

HOUSEHOLD GOODS AND TOILETRIES 9b

Basic foodstuffs

bacon **le bacon, le lard**
baguette **la baguette**
baked beans **les haricots** *(m)* **blancs à la sauce tomate**
beer **la bière**
bread **le pain**
   rye bread **le pain de seigle**
   sliced bread **le pain coupé en tranches**
   white bread **le pain blanc/bis**
   whole-grain bread **le pain complet**
butter **le beurre**
cakes **les gâteaux** *(m)*
candy **les bonbons** *(m)*
cereals **les céréales** *(f)*
chocolate spread **la pâte à tartiner au chocolat**
condiments **les condiments** *(m)*
cola **le coca®**
coffee **le café**
cookies **les biscuits (sucrés)**
crackers **les biscuits (salés)** *(m)*
cream **la crème**
custard **la crème anglaise**
dessert **le dessert**
egg **l'œuf** *(m)*
fish **le poisson**
french fries **les frites** *(f)*
fruit **le fruit**
garlic **l'ail** *(m)*
ham **le jambon**
jam **la confiture**
juice **le jus**
lemonade **la limonade**
loaf **le pain**
   round loaf **la miche**
macaroni **les macaronis** *(m)*

margarine **la margarine**
marmalade **la confiture/ marmelade d'oranges**
mayonnaise **la mayonnaise**
meat **la viande**
milk **le lait**
mustard **la moutarde**
oil **l'huile** *(f)*
olive oil **l'huile** *(f)* **d'olive**
pasta **les pâtes** *(f)*
pâté **le pâté**
peanut butter **le beurre de cacahuète**
pepper **le poivre**
pizza **la pizza**
pork **le porc**
pototo chips **les chips** *(f)*
pudding **le pouding**
roll *(bread)* **le petit pain**
salt **le sel**
sandwich **le sandwich**
sardines **les sardines** *(f)*
sauce **la sauce**
sausage *(cold, sliced)* **le saucisson**
   sausage *(hot)* **la saucisse**
soup **la soupe, le potage**
spaghetti **les spaghettis** *(m)*
spice **l'épice** *(m)*
sugar **le sucre**
sunflower oil **l'huile** *(f)* **de tournesol**
tea bag **le sachet de thé**
toasted sandwich **le croque-monsieur**
vegetables **les légumes** *(m)*
vinegar **le vinaigre**
wine **le vin**
yogurt **le yaourt**

I'd like something for a cough. **Je voudrais quelque chose contre la toux.**

Whole or sliced? **Entier ou en tranches?**
Have you anything cheaper? **Est-ce que vous avez quelque chose de moins cher?**

▶ FOOD AND DRINK 10

SHOPPING

9c Clothing

anorak/parka l'anorak (m)
bathing suit/swimming trunks le maillot de bain
beautiful beau [belle]
big grand
bikini le bikini
blouse le chemisier
boot la botte, la chaussure
bra le soutien-gorge
brand new tout neuf [toute neuve]
cap la casquette
cardigan le cardigan, le gilet
checked à carreaux
clothes les habits (m), les vêtements (m)
clothing les vêtements (m)
coat le manteau, la veste
color-fast qui ne déteint pas, grand teint
colorful coloré, aux couleurs vives
cravate la cravate
denim la toile de jean, le jean
dress la robe
drip-dry infroissable
elegant élégant
embroidered brodé
fashionable à la mode
glove le gant
handkerchief le mouchoir
hat le chapeau
heel le talon
high-heeled les talons (m) hauts
hood la cagoule
in the latest fashion à la dernière mode
jacket la veste
jewelry les bijoux (m)
jumper le pull
knitted tricoté
knitwear le tricot
ladies' wear les vêtements (m) pour dames
lingerie la lingerie

long long[ue]
long-sleeved à manches longues
loose ample
loud, flashy tape-à-l'œil, voyant
low-heeled à talons plats
matching coordonné
men's wear les vêtements (m) pour hommes
pair la paire
panties le slip
pants le pantalon
plain uni
printed imprimé
pajamas le pyjama
raincoat l'imperméable (m)
sandal la sandale
scarf le foulard, l'écharpe (f)
shirt la chemise
shoe la chaussure
shoelace le lacet
short-sleeved à manches courtes
silky soyeux [-se]
size la taille
  size (shoes) la pointure
skirt la jupe
slip la combinaison
small petit
smart élégant, chic
sneakers les baskets (f)
sock la chaussette
soft doux [-ce]
stocking le bas
striped le rayé
suit le costume
sweater le pull
sweatshirt le sweat-shirt
tie la cravate
tight serré, étroit
tights le collant
too big/small trop grand/petit
trousers le pantalon
T-shirt le T-shirt, le tee-shirt
ugly affreux [-se], moche
umbrella le parapluie
underpants le slip, la culotte

CLOTHING 9c

underwear **les sous-vêtements** *(m)*
unfashionable **démodé**
vest **le tricot de peau**

Alterations and repairs

alteration **la retouche**
I alter **je retouche**
belt **la ceinture**
buckle **la boucle**
button **le bouton**
I (dry)clean **je nettoie** *(nettoyer)* **(à sec)**
collar **le col**
cuff *(shirt/blouse)* **le poignet, le revers**
dressmaker **la couturière**
dressmaking **la couture**
dry cleaning **la teinturerie**
hat pin **l'épingle** *(f)* **à chapeau**
hem **l'ourlet** *(m)*
I hem **je fais l'ourlet**
hole **le trou**
I iron **je repasse**
knitting machine **la machine à tricoter**
knitting needle **l'aiguille** *(f)* **à tricoter**
material **le tissu**
needle **l'aiguille** *(f)*
patch **la pièce**
I patch **je rapièce**
pin **l'épingle** *(f)*
pocket **la poche**
I press **je repasse**
I repair **je raccommode**
safety pin **l'épingle** *(f)* **de sûreté**
I sew **je couds**
sewing machine **la machine à coudre**
I shorten **je raccourcis**
sleeve **la manche**
snap fastener **le bouton-pression**
I stitch **je recouds**
I take in/let out **je reprends** *(reprendre)*, **j'élargis**
tailor **le tailleur**
tailored **bien taillé, bien coupé**
thread **le fil**
zip(per) **la fermeture-éclair, le zip**

Can I try it on?	**Je peux l'essayer?**
Do you have the same in red?	**Est-ce que vous avez le/la même en rouge?**
I bought it on sale.	**Je l'ai acheté en solde.**
I like it.	**Il/elle me plaît.**
I prefer . . .	**Je préfère …**
I take/wear size . . .	**Je fais du …**
I would like it in brown.	**Je le/la voudrais en marron.**
I would like to change . . .	**Je voudrais changer …**
I would rather have . . .	**Je préférerais prendre …**
I'll take the big one.	**Je prends le/la grand[e].**
I'd like it two sizes bigger.	**Je voudrais le/la même deux tailles au-dessus.**
It suits me.	**Il/elle me va bien.**
That's is not quite right.	**Ça ne va pas tout à fait.**
They don't go together.	**Ils/elles ne vont pas ensemble.**
What color?	**Quelle couleur?**
Would you like me to wrap it up?	**Voulez-vous que je l'emballe?**

▶ THE SENSES 5b; LEISURE AND SPORTS 16

FOOD AND DRINK

 Food and drink

10a Drinks and meals

Drinks

alcoholic   alcoolisé
aperitif   l'apéritif *(m)*
beer   la bière
black coffee   le café noir
brandy   le cognac
champagne   le champagne
chocolate (drinking)   le chocolat (chaud)
cider   le cidre
cocktail   le cocktail
coffee   le café
coffee with milk   le café au lait
cola   le coca
draught beer   la bière pression
drink   la boisson
dry   sec [sèche]
fizzy   gazeux [-se], mousseux [-se]
fruit juice   le jus de fruit
juice   le jus
lemonade   la limonade
low-alcohol   l'alcool *(m)* léger
orange/lemonade   l'orangeade *(f)*/la citronnade
milk   le lait
milkshake   le milk-shake
mineral water   l'eau *(f)* minérale
nonalcoholic   non alcoolisé
red wine   le vin rouge
sherry   le vin de Xérès
sparkling   mousseux [-se]
spirits   les alcools *(m)* forts
straight   sec [sèche], sans eau
sweet   sucré
tea   le thé
water   l'eau *(f)*
   bottled water   l'eau non gazeuse, l'eau plate
with ice   avec de la glace
whiskey   le whisky
white wine   le vin blanc
wine   le vin

---

cafeteria   la cafétéria
canteen   la cantine
hot dog stall   le stand de hot dogs
pizza parlor   la pizzéria
restaurant   le restaurant
self-service   le libre-service
snack bar   le snack-bar
take-away   à emporter

Where can we get a drink around here?
Can you tell me where the nearest cafe is, please?

Can I have a mineral water and two coffees with milk, please.

Où peut-on boire un verre par ici?
Pouvez-vous m'indiquer le café le plus proche, s'il vous plaît?

Puis-je avoir une eau minérale et deux cafés au lait, s'il vous plaît?

FISH AND MEAT 10b; VEGETABLES, FRUIT, AND DESSERTS 10c

DRINKS AND MEALS 10a

Drinking out

bar **le bar**
barman/barmaid **le serveur, la serveuse**
beer hall **la brasserie**
bottle **la bouteille**
cafe **le café**
coffee bar **le café**
cellar **la cave**
coffee shop **le salon de thé**
counter/bar **le comptoir, le bar**
cup **la tasse**
I drink **je bois**
glass **le verre**
pub(lic-house) **le bar, le pub**
refreshments **les rafraîchissements** *(m)*
saucer **la soucoupe**
sip **la petite gorgée**
straw **la paille**
teaspoon **la petite cuillère**
wine cellar **la cave à vin**
wine glass **le verre de vin**
wine-tasting **la dégustation de vin**

Meals

appetizer **le hors-d'œuvre**
breakfast **le petit déjeuner**
course **le plat**
  first course **l'entrée** *(f)*
dessert **le dessert**
I dine **je dîne**
dinner **le dîner**
I eat **je mange**
I have a snack **je prends un casse-croûte**
I have breakfast **je prends le petit déjeuner**
I have dinner **je dîne**
I have lunch **je déjeune**
lunch **le déjeuner**
main **principal**
meal **le repas**
snack **le casse-croûte, l'en-cas**
supper **le souper**

Eating out

I add up the bill **je calcule l'addition** *(f)*
bill/check **l'addition** *(f)*, **la note**
bowl **le bol**
charge **le prix**
cheap **pas cher, bon marché**
children's menu **le menu d'enfant**
I choose **je choisis**
it costs **il coûte**
cover charge **le couvert**
I decide **je décide**
expensive **cher**
first course **l'entrée** *(f)*
fixed price **le prix fixe**
fork **la fourchette**
inclusive **inclus**
inclusive price **prix net**
knife **le couteau**
main course **le plat principal**
menu **le menu**
menu of day **le menu du jour**
napkin **la serviette**
I order **je commande**
order **la commande**
place setting **le couvert**
plate **l'assiette** *(f)*
portion **la portion**
reservation **la réservation**
I serve **je sers**
service **le service**
set menu **la carte, le menu**
side dish **le plat d'accompagnement**
spoon **la cuillère**
table **la table**
tablecloth **la nappe**
tip/gratuity **le pourboire**
I tip **je donne un pourboire**
toothpick **le cure-dent**
tourist menu **le menu touriste**
tray **le plateau**
waiter **le serveur**
waitress **la serveuse**
wine list **la liste des vins**

▶ COOKING AND EATING 10d

FOOD AND DRINK

10b Fish and meat

Fish & seafood

anchovy	**l'anchois** *(m)*
clam	**la palourde**
cockles	**les coques** *(f)*
cod	**la morue**
crab	**le crabe**
crayfish	**l'écrevisse** *(f)*, **la langouste**
eel	**l'anguille** *(f)*
fish	**le poisson**
flounder	**le flet**
frog's legs	**les cuisses** *(f)* **de grenouilles** *(f)*
hake	**le colin**
herring	**le hareng**
lobster	**le homard**
mullet	**le rouget**
mussels	**les moules** *(f)*
octopus	**la pieuvre**
oyster	**l'huître** *(f)*
pike	**le brochet**
plaice	**le carrelet, la plie**
prawn	**la crevette**
salmon	**le saumon**
sardine	**la sardine**
scampi	**la langoustine**
sea bass	**le loup**
seafood	**les fruits** *(m)* **de mer**
shell	**le coquillage**
shellfish	**le crustacé**
shrimp	**la crevette**
snails	**les escargots** *(m)*
sole	**la sole**
sprat	**le sprat**
squid	**le calmar**
swordfish	**l'espadon** *(m)*
trout	**la truite**
tuna	**le thon**
turbot	**le turbot**
whitebait	**la blanchaille**
whiting	**le merlan**

What is there for starters?	**Qu'y a-t-il en hors-d'œuvres?**
Would you prefer cod or sole?	**Vous préféreriez de la morue ou de la sole?**
– Shall we try the chicken?	**– On essaie le poulet?**
– I'd like a pork chop.	**– J'aimerais une côtelette de porc.**
Can we both have steak, one rare and one well cooked?	**Est-ce qu'on peut prendre tous les deux un bifteck, l'un saignant et l'autre bien cuit?**
May I have a clean teaspoon?	**Puis-je avoir une petite cuillère propre, s'il vous plaît?**

COOKING AND EATING 10d

FISH AND MEAT 10b

Meat

bacon le lard, le bacon
beef le bœuf
beefburger le hamburger
bolognese (à la) bolognaise
brains la cervelle
casserole le ragoût en cocotte
chop la côtelette
cold table le buffet froid
cutlet la côtelette
escalope l'escalope (f)
ham le jambon
hamburger le hamburger
hot dog le hot-dog
kidney le rognon
lamb l'agneau (m)
liver le foie
marrow la moelle
meat la viande
meatballs les boulettes (f) de viande
minced beef le bifteck haché
mixed grill le mélange de grillades
mutton le mouton
offal les abats (m)
oxtail la queue de bœuf
paté le pâté

pork le porc
rabbit le lapin
rib la côte
salami le salami
sausage la saucisse
  sausage (cold, sliced) le saucisson
sirloin le faux-filet
steak le steak
stew le ragoût
tenderloin steak le médaillon
veal le veau

Poultry

capon le chapon
chicken le poulet
  chicken breast le blanc de poulet
duck le canard
duckling le caneton
goose l'oie (f)
pheasant le faisan
pigeon le pigeon
poultry la volaille
quail la caille
turkey la dinde
woodcock la bécasse

Traditional dishes

bœuf bourguignon rich beef stew with vegetables, braised in red wine

bouillabaisse fish and seafood stew

bourride fish stew (chowder) from Marseilles

canard à l'orange braised duck with oranges and orange liqueur

chateaubriand double fillet steak

coq au vin chicken stewed in red wine

coquilles St-Jacques scallops in a creamy sauce, served on half the shell

entrecôte rib or rib-eye steak

matelote fish stew (generally eel) with wine

quenelles light dumplings made of fish, fowl, or meat

quiche a flan with a rich filling of cheese, vegetables, meat, or seafood

FOOD AND DRINK

10c Vegetables, fruit, and desserts

Vegetables

artichoke l'artichaut *(m)*
asparagus l'asperge *(f)*
avocado l'avocat *(m)*
beans les haricots *(m)*
beets la betterave rouge
broccoli les brocolis *(m)*
brussels sprout les choux *(m)* de Bruxelles
cabbage le chou
carrot la carotte
cauliflower le chou-fleur
celeriac le céleri-rave
celery le céleri
chick pea le pois chiche
corn le maïs
corn on the cob l'épi *(m)* de maïs
cucumber le concombre
eggplant l'aubergine *(f)*
endive/chicory l'endive *(f)*
garlic l'ail *(m)*
gherkin le cornichon
green bean le haricot vert
herb l'herbe *(f)* aromatique
leek le poireau
lentil les lentilles *(f)*
lettuce la laitue
marrow la courge
mushroom le champignon
onion l'oignon *(m)*
parsley le persil
parsnip le panais
pea le petit pois
pepper (red/green) le poivron (rouge/vert)
potato la pomme de terre
pumpkin la citrouille, la courge
radish le radis
rice le riz
salad la salade
spinach les épinards *(m)*
sugar pea, pea pods le pois mange-tout
tomato la tomate
turnip le navet
vegetable le légume
vegetable *(adj)* végétal
watercress le cresson
zucchini la courgette

Fruit and nuts

apple la pomme
apricot l'abricot *(m)*
banana la banane
berry la baie
bilberry la myrtille
blackberry la mûre
black currant le cassis
Brazil nut la noix du Brésil
bunch of grapes la grappe de raisins
cherry la cerise
chestnut le marron, la châtaigne
coconut la noix de coco
currant la groseille
date la date
fig la figue
fruit le fruit
gooseberry la groseille à maquereau

I want a tomato salad. **Je veux une salade de tomates.**
Does it have garlic in it? **Il y a de l'ail dedans?**

Two strawberry ice creams. **Deux glaces à la fraise**

Have you got any apple pie? **Avez-vous de la tarte aux pommes?**

HERBS AND SPICES App.10c; COOKING AND EATING 10d

VEGETABLES, FRUIT, AND DESSERTS 10c

grape   **le raisin**
grapefruit   **le pamplemousse**
hazelnut   **la noisette**
kiwi fruit   **le kiwi**
lemon   **le citron**
lime   **le citron vert**
melon   **le melon**
nectarine   **la nectarine, le brugnon**
nut   **la noisette**
olive   **l'olive** (f)
orange   **l'orange** (f)
passion fruit   **le fruit de la passion**
peach   **la pêche**
peanut   **la cacahuète**
pear   **la poire**
piece of fruit   **le morceau de fruit**
pineapple   **l'ananas** (m)
pip   **le pépin**
plum   **la prune**
pomegranate   **la grenade**
prune   **le pruneau**
raisin   **le raisin**
raspberry   **la framboise**
red currant   **la groseille**
rhubarb   **la rhubarbe**
stone   **le noyau, le pépin**
strawberry   **la fraise**
sultana   **les raisins** (m) **de Smyrne**
tangerine   **la mandarine**
walnut   **la noix**

Dessert

bun   **la brioche**
cake   **le gâteau**
caramel   **le caramel**
chocolate   **le chocolat**
chocolates   **les chocolats** (m)
cake   **le gâteau**
cookie   **le biscuit**
cream   **la crème**
creme caramel   **la crème caramel**
custard   **la crème anglaise**
custard tart   **le flan**
dessert   **le dessert**
doughnut   **le beignet**
flan   **la tarte**
fresh fruit   **le fruit frais**
fruit of the day/season   **le fruit du jour/de saison**
fruit salad   **la salade/macédoine de fruits**
ice cream   **la glace**
mousse   **la mousse**
pancake   **la crêpe**
pastry   **la pâtisserie**
pie   **la tarte**
pudding   **le pudding, le pouding**
tart   **la tourte**
trifle   **la charlotte russe**
vanilla   **la vanille**
whipped cream   **la crème Chantilly**
yogurt   **le yaourt**

Traditional dishes

julienne de légumes   shredded vegetable soup
soupe à l'oignon   French onion soup
crêpe suzette   large pancakes simmered in orange juice and flambéd with orange liqueur
mille-feuille   cream slice
omelette norvégienne   baked Alaska
poire belle Hélène   pear with vanilla ice cream and chocolate sauce
profiterole   puff pastry filled with whipped cream or custard
sorbet   water ice/sherbet
velouté de tomates   cream of tomato soup

FOOD AND DRINK

10d Cooking and eating

Food preparation

I bake **je fais cuire**
baked **cuit au four**
barbeque **le barbecue**
I beat **je bats** *(battre)*
beaten **battu**
I boil **je fais bouillir**
boiled **bouilli**
bone **l'os** *(m)*
boned **désossé**
   boned *(fish)* **sans arêtes**
I bone **je désosse, j'ôte les arêtes de**
I braise **je braise**
braised **braisé**
(in) breadcrumbs **(en) miettes**
breast **le blanc**
I carve **je découpe**
I chop **je hache**
I clear the table **je débarrasse la table**
I cook **je fais la cuisine**
cooking/cuisine **la cuisine**
I cut **je coupe**

I dice **je coupe en cubes**
dough **la pâte**
I dry up **j'essuie** *(essuyer)*
flour **la farine**
food preparation **la préparation culinaire**
fried **frit**
I fry **je fais frire**
I garnish with **je garnis de**
I grate **je rape**
grated **rapé**
gravy **le jus, la sauce**
I grill **je fais griller**
grilled **grillé**
ingredient **l'ingrédient** *(m)*
large **grand**
I set the table **je mets** *(mettre)* **la table**
leg *(of lamb)* **la patte, le gigot d'agneau**
I marinate **je fais mariner**
marinated **mariné**
medium *(rare)* **à point**
medium-sized **moyen[ne]**

Fruit salad

Ingredients:
2 apples, 2 pears, 2 oranges, 1 banana, 100g cherries, 100g grapes

Peel and slice apples, pears, oranges and the banana. Wash grapes and cherries, add to bowl. Add 100ml of orange juice. Chill before serving.

Salade de fruits

Ingrédients:
2 pommes, 2 poires, 2 oranges, 1 banane, 100g de cerises, 100g de raisin

Pelez et coupez les pommes, les poires, les oranges, et la banane. Lavez le raisin et les cerises et ajoutez-les aux fruits; mettez-les dans un saladier. Ajoutez 100ml de jus d'orange. Tenez au frais avant de servir.

➤ KITCHEN 8b; COOKING UTENSILS App.10d; MEASURING 4b

COOKING AND EATING 10d

milk **le lait**
I mix **je mélange**
mixed **mélangé**
olive oil **l'huile** *(f)* **d'olive**
pastry **la pâte**
   puff pastry **la pâte feuilletée**
   short(crust) pastry **la pâte brisée**
peel **la pelure**
I peel **je pèle** *(peler)*, **j'épluche**
peeled **pelé, épluché**
I pour **je verse**
rare **saignant**
recipe (for) **la recette (de)**
roast **le rôti**
I roast **je fais rôtir**
in sauce **en sauce**
I sift **je tamise, je passe au tamis**
I slice **je coupe (en tranches)**
sliced **(coupé) en tranches**
I spread **j'étends**
stewed **à l'étouffée**
sunflower oil **l'huile** *(f)* **de tournesol**
I toast **je fais griller**
toasted **grillé**
I wash up **je fais la vaisselle**
I weigh **je pèse** *(peser)*
well-done **bien cuit**
I whip **je fouette**
whipped **fouetté**
I whisk **je bats** *(battre)*, **je remue, je fouette**
whisked **battu, fouetté**

Eating

additive **l'additif** *(m)*
I am hungry **j'ai faim**
I am thirsty **j'ai soif**
appetite **l'appétit** *(m)*
appetizing **appétissant**
bad **mauvais**
I bite **je mords**
bitter **amer [-ère]**
calorie **la calorie**
low calorie **à basses calories**
I chew **je mâche**
cold **froid**
delicious **délicieux [-se]**
diet **le régime**
   I'm on a diet **je suis/me mets** *(se mettre)* **au régime**
fatty/oily **gras[se]**
fresh **frais [fraîche]**
fresh(ly) **fraîche(ment)**
healthy *(appetite)* **bon[ne], robuste**
   healthy *(food)* **sain**
I help myself **je me sers** *(servir)*
hot **chaud**
hunger **la faim**
hungry **affamé, qui a faim**
I like **j'aime**
mild **doux [-ce], léger [-ère]**
I offer **j'offre** *(offrir)*
I pass (salt) **je passe (le sel)**
piece **le morceau**
I pour **je verse**
I provide **je fournis**
salty **salé**
I serve **je sers** *(servir)*
   dinner is served **le dîner est servi**
sharp **coupant**
slice **la tranche**
I smell **je sens** *(sentir)*
soft **doux [-ce]**
spicy **épicé**
stale *(bread)* **rassis**
   (cheese) **dur**
still, not fizzy **non gazeux [-se]**
strong **fort**
I swallow **j'avale**
tasty **qui a du goût**
thirst **la soif**
thirsty **assoiffé**
I try **j'essaie** *(essayer)*
vegan **végétalien[ne]**
vegetarian **végétarien[ne]**

SICKNESS AND HEALTH

 # Sickness and health

11a Accidents and emergencies

accident **l'accident** *(m)*
ambulance **l'ambulance** *(f)*
I attack **j'attaque**
black eye **l'œil** *(m)* **poché**
I bleed **je saigne**
blood **le sang**
bomb **la bombe**
break **la fracture**
I break **je casse**
   I broke a leg **je me suis cassé la jambe**
breakage **la fracture, la rupture**
broken **cassé**
bruise **la contusion, l'hématome** *(m)*, **le bleu**
I bruise easily **je me fais facilement des bleus**
   I bruise *(someone)* **je fais un bleu à**
burn **la brûlure**
I burn **je (me) brûle**

casualty **l'urgence** *(f)*
casualty department **le service des urgences**
I collide **j'entre en collision**
collision **la collision**
I crash (into) **j'entre en collision (avec)**
crash **la collision, un accident**
I crush **j'écrase**
dead **mort**
death **la mort**
I die **je meurs** *(mourir)*
emergency **l'urgence** *(f)*
emergency exit **la sortie de secours**
emergency services **les services** *(m)* **de secours**
it explodes **il explose**
explosion **l'explosion** *(f)*
I extinguish **j'éteins** *(éteindre)*
I fall **je tombe**

There has been an accident! We need an ambulance quickly.

– My friend is injured. Are you a doctor? Do you know first aid?

– I'm sorry, I have never done any first aid training.
– Then where's the nearest hospital?

Il vient d'y avoir un accident. Il nous faut une ambulance, vite!

– Mon ami est blessé. Vous êtes médecin? Savez-vous donner les premiers secours?

– Je suis désolé. Je n'ai jamais pris de cours de secourisme.
– Où est l'hôpital le plus proche alors?

ACCIDENTS AND EMERGENCIES 11a

fatal **fatal**
fine **bien**
fire **le feu**
fire brigade **les pompiers** *(m)*
fire engine **le camion des pompiers**
fire extinguisher **l'extincteur** *(m)*
firefighter **le pompier**
first aid **les premiers secours** *(m)*
fracture **la fracture**
graze, scratch **l'écorchure** *(f)*
  I grazed my knee **je me suis écorché le genou**
Help! **Au secours!**
hospital **l'hôpital** *(m)*
I've had an accident **j'ai eu un accident**
I've hurt myself **je me suis fait mal (à)**
impact **l'impact** *(m)*
incident **l'incident** *(m)*
I injure **je blesse**
injury **la blessure**
injured **blessé**
  I've injured myself **je me suis blessé[e]**
insurance **l'assurance** *(f)*
I insure **j'assure**
I kill **je tue**
killed **tué**
life belt **la ceinture de sécurité**
life jacket **le gilet de sauvetage**
oxygen **l'oxygène** *(f)*
paramedic **l'auxiliare** *(m/f)* **médical(e)**
I recover **je recupère, je me remets** *(-mettre)*
recovery **la récupération**
I rescue **je sauve**
rescue **le sauvetage**
rescue services **les services** *(m)* **de sauvetage**
I run over **j'écrase**
I rush **je me dépêche**
safe **sauf [-ve], sauvé**
safe and sound **sain et sauf [saine et sauve]**
safety belt **la ceinture de sécurité**
I save **je sauve**
seatbelt **la ceinture de sécurité**
terrorist attack **l'attaque** *(f)* **de terroristes**
third-party insurance **l'assurance** *(f)* **au tiers**
witness **le témoin**
I wound **je (me) blesse**
wounded **blessé**

Call the fire department! Someone is trapped in the wreckage of the car.

Appelez les pompiers! Quelqu'un est coincé dans les débris de la voiture.

She has cut her hand badly.

Elle s'est coupé profondément la main.

I think I have broken my arm. It hurts a lot.

Je crois que je me suis cassé le bras. Ça fait très mal.

It was your fault, not mine.

Vous êtes en tort, pas moi.

Statistics show that the most likely place for accidents is in the home.

Les statistiques montrent que la plupart des accidents se produisent à domicile.

MEDICAL TREATMENT 11c; HEALTH AND HYGIENE 11d

SICKNESS AND HEALTH

11b Illness and disability

alive **vivant**
all right **bien**
arthritis **l'arthrite** (f)
asthma **l'asthme**
I bleed **je saigne**
blind **aveugle**
blood **le sang**
breath **le souffle**
I breathe **je respire**
breathless **à bout de souffle**
broken **cassé**
cancer **le cancer**
chest cold **le catarrhe**
I catch cold **je prends** (prendre) **froid, je suis enrhumé**
cold **le rhume**
constipated **constipé**
constipation **la constipation**
convalescence **la convalescence**
I am convalescing **je suis en convalescence**
cough **la toux**
I cough **je tousse**
I cry **je pleure**
I cut **je (me) coupe**

dead **mort**
deaf **sourd**
   deaf-mute **le sourd-muet, la sourde-muette**
deafness **la surdité**
death **la mort**
depressed **déprimé**
depression **la dépression (nerveuse)**
diarrhea **la diarrhée**
I die **je meurs** (mourir)
diet **le régime, la diète**
disabled **handicapé**
disease **la maladie**
dizziness **le vertige, l'étourdissement** (m)
dizzy **pris de vertige**
drug **le médicament, la drogue**
drugged **drogué**
drunk **ivre, saoul**
dumb **muet[te], abasourdi**
earache **la douleur à l'oreille**
   I have an earache **j'ai mal à l'oreille**
I feel dizzy **j'ai la tête qui tourne,**

– What's wrong?
– My foot hurts.

I can't breath very well.

I have been sick/thrown up several times. I had the flu last week.

She said she felt very dizzy.

I feel dizzy if I stand up.

I don't usually faint!
But the dizziness is wearing off.

– Qu'est-ce qui ne va pas?
– J'ai mal au pied.

Je n'arrive pas à respirer correctement.

J'ai vomi plusieurs fois. J'ai eu la grippe la semaine dernière.

Elle a dit qu'elle était prise d'un violent vertige.

J'ai la tête qui tourne si je me lève.

Je m'évanouis très rarement.
Mais mon vertige a l'air de s'atténuer.

PARTS OF THE BODY App. 5b; MEDICAL TREATMENT 11c

ILLNESS AND DISABILITY 11b

je suis pris *(prendre)* de vertige
I feel ill/unwell   je me sens *(se sentir)* mal, je ne me sens pas bien
fever   la fièvre
feverish   fièvreux [-se]
flu   la grippe
I get drunk   je me saoule
I got better   je me suis remis *(remettre)*
handicapped   le handicapé, la handicapée
  handicapped *(adj)*   handicapé
I had an operation   j'ai été opéré
I have a headache   j'ai mal à la tête
heart attack   la crise cardiaque
high blood pressure   l'hypertension *(f)*
HIV positive   séro-positif [-ve]
hurt   blessé
I hurt   j'ai mal à
it hurts   ça fait mal
where does it hurt?   où avez-vous mal?
illness   la maladie
I am ill/sick   je suis malade
I live   je vis *(vivre)*, je suis en vie
I look (ill)   j'ai l'air (malade)

mental illness   la maladie mentale
mentally sick   malade mental
migraine   la migraine
mute   le muet, la muette
  mute *(adj)*   muet[te]
pain   la douleur
painful   douloureux [-se]
pale   pale
paralyzed   paralysé
paraplegic   paraplégique
pregnant   enceinte
pregnancy   la grossesse
rheumatism   le rhumatisme
sick   malade
I am sick/vomit   je vomis
I sneeze   j'éternue
sore throat   le mal à la gorge
sting   la piqûre
it stings   ça pique
stomachache   le mal à l'estomac
stomach upset   l'indigestion *(f)*
symptom   le symptôme
I take drugs   je me drogue
temperature   la température
I have a temperature   j'ai de la température/fièvre
travel sickness   le mal des transports

My children have diarrhea; I seem to be constipated.	Mes enfants ont la diarrhée; je pense que je suis constipé.
I don't know what is wrong with you. It's only a stomachache.	Je ne sais pas ce qui ne va pas chez toi. Ce n'est qu'une indigestion.
I am pregnant!	Je suis enceinte!
He seems to have a temperature. He had an operation recently. He seems to be recovering.	Il a l'air d'avoir de la température Il a été opéré récemment. Il a l'air de se remettre.
I suffer from high blood pressure. I have a sore throat. I have a migraine coming on.	Je fais de l'hypertension. J'ai mal à la gorge. Je sens que je vais avoir une migraine.

➤ ILLNESSES AND DISEASES App.11c; HEALTH AND HYGIENE 11d

SICKNESS AND HEALTH

11c Medical treatment

antiseptic **l'antiseptique** *(m)*
appointment **le rendez-vous**
bandage **la bande, le bandage**
blood **le sang**
blood test **l'analyse** *(f)* **de sang**
blood pressure **la tension artérielle**
capsule **la capsule**
chemotherapy **la chimiothérapie**
critical **critique**
cure **le traitement, la guérison**
danger to life **le danger mortel**
dangerous **dangereux [-se]**
death **la mort**
doctor (Dr.) **le médecin (Dr)**
doctor's office **le cabinet médical**
dressing **le pansement, le bandage**
drop **la goutte**

drug **le médicament**
I examine **j'examine**
examination **l'examen** *(m)*
I fill **je remplis**
four times a day **quatre fois par jour**
I have **j'ai**
heating **le chauffage**
hospital **un hôpital**
I improve **je me rétablis, je me remets** *(remettre)*
injection **la piqûre**
insurance certificate **le certificat médical**
I look after **je m'occupe de**
lozenge **la pastille**
medical **médical, l'examen** *(m)* **médical**

Call a doctor!
Is he a good doctor?

Appelez un docteur!
C'est un bon médecin?

Will I need an operation? I have my medical insurance.

Est-ce que j'ai besoin d'une opération? J'ai mon assurance médicale.

He does not like injections.
He has never had an x-ray.

Il n'aime pas les piqûres.
On ne lui a jamais fait de radio.

Can I have a prescription? I have lost my tablets.

Est-ce que vous pouvez me faire une ordonnance? J'ai perdu mes comprimés.

An increasing number of people use alternative medicine and techniques, like homeopathy and reflexology.

De plus en plus, les gens utilisent les médecines parallèles ainsi que des techniques comme l'homéopathie et la réflexologie.

Stress-related illness is on the increase.

Les maladies provoquées par le stress augmentent.

➤ ILLNESSES AND DISEASES App.11b

MEDICAL TREATMENT 11c

medicine **le médicament**
 medicine *(science)* **la médecine**
midwife **la sage-femme**
nurse **un infirmier, une infirmière**
I nurse **je soigne**
office hours **les heures** *(f)* **de consultation**
I operate **j'opère**
operation **l'opération** *(f)*
patient **le malade, le patient**
pharmacist **le pharmacien, la pharmacienne**
physiotherapy **la kinésithérapie**
physiotherapist **le/la kinésithérapeute**
pill **la pillule**
plaster (of paris) **le plâtre de Paris**
I prescribe **je prescris**
prescription **l'ordonnance** *(f)*
radiation therapy **la radiothérapie**
receptionist **le/la réceptionniste**
service **le service**
I set **je fixe**
spa, hot baths **la station thermale**
specialist **le spécialiste**
stitch **le point**
surgery **la chirurgie**
syringe **la seringue**
tablet **le comprimé**
therapeutic **thérapeutique**
therapy **les soins** *(m)*
therapist **le thérapeute**
thermometer **le thermomètre**
I treat **je soigne**
treatment **le traitement**
ward **la salle d'hôpital**
wound **la blessure**
x-ray **la radiographie**

Dentist and optician

abscess **l'abcès** *(m)*
anesthetic **l'anesthésique** *(m)*
bifocals **à double foyer, bifocal**
contact lens **le verre de contact**
 hard/soft lenses **les verres durs/souples**
contact lens fluid **le liquide pour verres de contact**
crown **la couronne**
dental treatment **le traitement dentaire**
dentist **le dentiste**
dentures **le dentier**
drill **la fraise**
drilling **le fraisage**
I extract **j'arrache**
eye **l'œil** *(m)* (pl **les yeux**)
eyesight **la vue**
eyestrain **la vue fatiguée**
eye test **l'examen** *(m)* **de la vue**
false **faux [fausse]**
filling **le plombage**
frame **la monture**
glasses **les lunettes** *(f)*
gum **la gencive**
lens **le verre**
I'm far-sighted/near-sighted **je suis presbyte/myope**
optician **un opticien, une opticienne**
pupil **la pupille**
spectacle case **l'étui** *(m)* **à lunettes**
sty **l'orgelet** *(m)*
sunglasses **une paire de lunettes de soleil**
tinted **teinté**
tooth **la dent**
I have toothache **j'ai mal aux dents**

▶ HOSPITAL DEPARTMENTS App.11c

SICKNESS AND HEALTH

11d Health and hygiene

Physical state

ache **la douleur**
aching **endolori, douloureux [-se]**
asleep **endormi**
awake **éveillé**
blister **l'ampoule** *(f)*
boil **le furoncle**
comfort **le confort**
comfortable **confortable, à l'aise**
discomfort **le malaise**
dizziness **le vertige**
dizzy **pris de vertige**
drowsiness **la somnolence**
drowsy **somnolent**
faint **pris de vertige**
I exercise **je fais de l'exercice**
exercise bike **le vélo de santé/d'apportement**
I faint **je m'évanouis**
I feel (well) **je me sens** *(se sentir)* **(bien)**
fit **en forme**
fitness **la forme**
I'm hot/cold **j'ai chaud/froid**
health **la santé**
healthy **en bonne santé, sain**
hunger **la faim**
hungry **affamé**
ill/sick **malade**
I lie down **je m'allonge**
I look **j'ai l'air**
nausea **la nausée**
queasy **nauséeux**

recovery **la convalescence**
I recuperate/recover **je me rétablis, je guéris**
I relax **je me détends**
I rest/have a rest **je me repose**
sick **malade**
I sleep **je dors** *(dormir)*
sleepy **ensommeillé**
stamina **la vigueur**
strange **drôle, bizarre**
thirst **la soif**
I am thirsty **j'ai soif**
tired **fatigué**
I am tired **je suis fatigué**
tiredness **la fatigue**
uncomfortable **mal à l'aise**
under the weather **mal en point**
unfit **pas en forme**
unwell **malade, indisposé**
virile **viril**
I wake up **je me réveille**
well **bien**
well-being **le bien-être**

Beauty and hygiene

acne **l'acné** *(f)*
bath **le bain**
beauty **la beauté**
beauty contest **le concours de beauté**
beauty salon/parlor **l'institut** *(m)*/ **le salon de beauté**
beauty treatment **les soins** *(m)* **de**

– I don't feel at all well!
– You should rest!

I need a shower.

– **Je ne me sens pas bien du tout.**
– **Vous devriez vous reposer!**

J'ai besoin de prendre une douche.

DESCRIBING PEOPLE 5a

HEALTH AND HYGIENE 11d

beauté
I burp/belch **j'ai un renvoi**
I brush **je (me) brosse**
brush **la brosse**
I clean **je nettoie** *(nettoyer)* **, je (me) lave**
clean **propre**
I clean my teeth **je me lave les dents**
comb **je peigne**
I comb my hair **je me peigne les cheveux**
condom **le préservatif**
contraceptive **le moyen de contraception**
contraception **la contraception**
I cut **je coupe**
dandruff **les pellicules** *(f)*
I defecate **je défèque**
diet **le régime**
I am on a diet **je me mets** *(se mettre)* **au régime**
dirty **sale**
electric razor **le rasoir électrique**
fleas **les puces**
fresh air **l'air** *(m)*, **le frais**
hairbrush **la brosse à cheveux**
haircut **la coupe de cheveux**
I have my hair cut **je me fais couper les cheveux**
hairdo **la coiffure**
healthy *(person)* **en bonne santé**
healthy *(diet)* **sain**
hungry **affamé**
I am hungry **j'ai faim**

hygienic **hygiénique**
hygiene **l'hygiène** *(f)*
laundry *(establishment)* **le pressing, la blanchisserie**
laundry *(linen)* **le linge**
lice/nits **les poux** *(m)*
I'm losing my hair **je perds mes cheveux**
I menstruate **j'ai mes règles**
menstruation **les règles** *(f)*, **la menstruation**
nailbrush **la brosse à ongles**
nutritious **nutritif [-ve]**
period **les règles** *(f)*
period pains **les douleurs** *(f)* **menstruelles**
razor **le rasoir**
sanitary **sanitaire**
sanitary napkin **la serviette hygiénique/périodique**
scissors **les ciseaux** *(m)*
shampoo **le shampooing**
I shave **je (me) rase**
shower **la douche**
soap **le savon**
I take a bath/shower **je prends** *(prendre)* **un bain/une douche**
tampon **le tampon**
toothbrush **la brosse à dents**
toothpaste **le dentifrice**
towel **la serviette**
I wash **je (me) lave**
wash cloth **le gant de toilette**

I'd like a haircut, please. Don't cut it too short.

Je voudrais me faire couper les cheveux, s'il vous plaît; pas trop court.

A little more off the back and sides, please.

Dégagez un peu plus derrière et sur les côtés.

Please trim my mustache.

Pourriez-vous me rafraîchir la moustache.

HOUSEHOLD GOODS AND TOILETRIES 9b; HAIRDRESSER App.11d

SOCIAL ISSUES

 ## Social issues

12a Society

abnormal	**anormal**
alternative	**le choix**
amenity	**l'équipement** *(m)*
anonymous	**anonyme**
attitude	**l'attitude** *(f)*
available	**disponible**
basic	**de base**
basis	**la base**
burden	**le fardeau**
campaign	**la campagne**
care	**le soin**
cause	**la cause**
change	**le changement**
circumstance	**la circonstance**
community	**la communauté**
compulsory	**obligatoire**
contribution	**la contribution**
cost	**le coût**
I counsel	**je conseille**
counselling	**les conseils** *(m)*
criterion	**le critère**
debt	**la dette**
I am in debt	**je suis endetté**
dependence	**la dépendance**
dependent	**dépendant**
depressed *(region)*	**économiquement faible**
depression	**la dépression**
deprived	**privé de**
difficulty	**la difficulté**
effect	**l'effet** *(m)*
effective	**efficace**
fact	**le fait**
finance	**la finance**
financial	**financier**
frustrated	**frustré**
frustration	**la frustration**
guidance	**les conseils** *(m)*
increase	**l'augmentation** *(f)*
inner city	**les quartiers** *(m)* **pauvres, les vieux quartiers déshérités**
insecurity	**l'insécurité** *(f)*
institution	**l'institution** *(f)*
loneliness	**la solitude**
lonely	**seul**
long-term	**à long terme**
measure	**la mesure**
negative	**négatif**
normal	**normal**
policy/policies	**la politique**
positive	**positif [-ve]**
power	**le pouvoir**
prestige	**le prestige**
problem	**le problème**
protest movement	**le mouvement de protestation**
I provide (for/with)	**je fournis**

– There are immense social problems in the inner city.

– What are the causes?
– People are frustrated and lonely, often as a result of unemployment.

– **Il y a d'importants problèmes sociaux dans les quartiers défavorisés.**

– **Quelles en sont les causes?**
– **Les gens sont frustrés et seuls, souvent à cause du chômage.**

90 ➤ SOCIAL SERVICES, POVERTY 12b; HOUSING AND HOMELESSNESS 12c

SOCIETY 12a

provision **la provision**
psychological **psychologique**
quality of life **la qualité de la vie**
question/issue **le problème, la question**
rate **le taux**
responsibility **la responsabilité**
responsible (ir-) **(ir)responsable**
result **le résultat**
right *(human)* **le droit**
role **le rôle**
rural **rural**
scarcity **la pénurie**
scheme **le projet**
I am on the scrap heap **je suis mis** *(mettre)* **au rebus**
secure (in-) **(pas) en sécurité**
security **la sécurité**
self-esteem **l'amour-propre** *(m)*
short-term **à court terme**
situation **la situation**
social **social**
society **la société**
stable (un-) **(in)stable**
stability (in-) **l'(in)stabilité** *(f)*
statistics **les statistiques** *(f)*
status **le statut**
stigma **le stigmate**
stress **le stress**
stressful **stressant**
structure **la structure**
superfluous **superflu**
support **le soutien**
urban **urbain**
value **la valeur**

Some useful verbs

it affects **il a des conséquences**
I can afford to **je peux** *(pouvoir)* **me permettre (de)**
I am alienated **je suis exclu**
I break down **je craque**
I campaign **je fais campagne**
I care for **je m'occupe de**
I cause **j'occasionne**
it changes **il change**
I contribute **je contribue**
I cope, manage **je me débrouille**
I depend on **je dépends de**
I deprive **je prive**
I discourage **je décourage**
I dominate **je domine**
I encourage **j'encourage**
I help **j'aide**
I increase **j'augmente**
I lack **je manque de**
I look after **je m'occupe de**
I need **j'ai besoin de**
I neglect **je néglige**
I owe **je dois** *(devoir)*
I protest **je proteste**
I put up with **je supporte**
I rely on **je compte sur**
I respect **je respecte**
I share **je partage**
I solve **je résous** *(résoudre)*
I suffer from **je souffre** *(souffrir)* **de**
I support **je soutiens** *(soutenir)*
I tackle **j'aborde**
I value **j'estime**

Financial difficulties lead to loss of status and family problems. The quality of life suffers because of it.

Les difficultés financières entraînent la perte de statut et les problèmes familiaux. La qualité de la vie en souffre.

We attempt to offer guidance and counseling.

Nous essayons de donner des conseils.

ADDICTION AND VIOLENCE 12d; PREJUDICE 12e

SOCIAL ISSUES

12b Social services and poverty

Social services

aid **l'aide** *(f)*
agency **l'agence** *(f)*
authority **l'autorité** *(f)*
benefit **l'allocation** *(f)*
I benefit **je bénéficie**
charity **l'organisation** *(f)* **caritative**
claim **la réclamation**
I claim **je réclame**
claimant **le demandeur**
disability **l'invalidité** *(f)*
disabled **invalide**
I am eligible for **j'ai droit à**
frail **fragile**
frailty **la fragilité**
grant **la bourse**
handicap **le handicap**
handicapped **handicapé**
ill health **la mauvaise santé**
loan **le prêt**
maintenance **la pension alimentaire**
official **officiel[le]**
reception center **le centre d'accueil**
Red Cross **la Croix Rouge**
refuge **le refuge**
refugee **le réfugié, la réfugiée**
I register **je m'inscris** *(s'inscrire)*
registration **l'inscription** *(f)*
Salvation Army **l'Armée** *(f)* **du Salut**
service **le service**
social security **la sécurité sociale**
social services **les services** *(m)* **sociaux**
social worker **un assistant social, une assistante sociale**
support **le soutien**
I support **je soutiens** *(soutenir)*
unemployment benefit, welfare, income support **l'allocation** *(f)* **chômage**
well-being **le bien-être**

Wealth and poverty

affluence **la richesse**
I beg **je mendie**
beggar **le mendiant, la mendiante**
I am broke **je suis fauché**
debt **la dette**
in debt **endetté**
deprivation **la privation**
deprived **privé de**

There is a reception center for the homeless that provides food and clothing.
Many charities are active in this way. The physically handicapped can apply for help too.

They are particularly vulnerable to unemployment.
Not everyone gets the dole, as many have not worked for a long time.

Il y a un centre d'accueil pour les sans-abris qui fournit de la nourriture et des vêtements.
De nombreuses organizations de bienfaisance sont actives dans ce sens. Les handicapés physiques peuvent aussi demander de l'aide.

Ils sont particulièrement vulnérables au chômage.
Tout le monde n'a pas droit à l'allocation chômage, car beaucoup n'ont pas travaillé depuis longtemps.

SOCIAL SERVICES AND POVERTY 12b

destitute **sans ressources**
living standards **le niveau de vie**
millionaire **le millionnaire**
need **le besoin**
nutrition **l'alimentation** *(f)*
poor **pauvre**
poverty **la pauvreté**
   I live in poverty **je vis** *(vivre)* **dans le besoin**
rich **riche**
subsistence **la subsistance**
tramp/vagrant **le clochard**
vulnerability **la vulnérabilité**
vulnerable **vulnérable**
wealth **la richesse, les richesses**
I am well-off **je vis** *(vivre)* **dans l'aisance** *(f)*

Unemployment

I cut back *(on jobs)* **je réduis**
I dismiss **je licencie, je congédie**
dismissal **le licenciement**
dole **l'indemnité** *(f)*, **le chômage**
I give notice **je donne mon préavis**
job **l'emploi** *(m)*
job center **l'agence** *(f)* **nationale pour l'emploi, l'ANPE**
job creation scheme **le plan de création d'emplois**
layoff **le licenciement**
laid off, terminated **licencié**
   I've been laid off **j'ai été licencié**
long-term unemployed **les chômeurs** *(m)* **de longue durée**
I have lost my job **j'ai été privé de mon emploi**
part-time **à temps partiel**
part-time work **le chômage partiel**
retraining **le recyclage**
   I am retrained **je me recycle**
I refuse a job **je rejette** *(rejeter)* **une offre d'emploi**
I resign **je démissionne**
skill **la compétence**
termination pay **l'indemnité** *(f)* **de licenciement**
training program **le programme de formation**
unemployable **incapable de travail**
unemployed **au chômage**
unemployment **le chômage**
unemployment benefit/insurance **l'allocation** *(f)* **de chômage**
unemployment rate **le taux de chômage**
vacancy **le poste vacant**

– How high is the level of unemployment? – In some areas it is about 15%.
– Can people retrain or work part-time?

– Yes, sometimes, and many take early retirement.

My brother was laid off some months ago. He has to report every two weeks to the employment office.

– **Quel est le niveau du chômage?**
– **Dans certaines régions, il est d'environ quinze pour cent.**
– **Est-ce que les gens peuvent se recycler ou travailler à temps partiel?**

– **Oui, parfois, et beaucoup prennent une retraite anticipée.**

Mon frère a été licencié il y a quelques mois. Il doit venir signer tous les quinze jours à l'ANPE.

▶ WORKING CONDITIONS 14c; BANKING AND THE ECONOMY 14e

SOCIAL ISSUES

12c Housing and homelessness

accommodation **le logement**
apartment **l'appartement** *(m)*
　apartment house **l'immeuble** *(m)*
I build **je construis**
building **le bâtiment**
　building land **le terrain à bâtir**
　building site **le chantier de construction**
camp **le camp**
comfortable/homey **confortable, accueillant**
commune **la commune**
I commute **je fais la navette**
commuter **le navetteur [-se]**
delapidated **délabré**
I demolish **je démolis**
demolition **la démolition**
it deteriorates **il s'abîme**
digs/pad **les piaules** *(f)*
drab **morne, gris**

I evict **j'expulse**
it falls down **il tombe en ruine**
furnished **meublé**
homeless **sans-abri**
homelessness **la vie sans domicile fixe**
hostel **l'auberge** *(f)*
house **la maison**
housing **le logement**
　housing association **l'association** *(f)* **de logement**
　housing policy **la politique de logement**
　housing shortage **la crise du logement**
inner city **les vieux quartiers** *(m)* **déshérités, les quartiers** *(m)* **défavorisés**
landlord **le/la propriétaire**

– Are they hoping to renovate the city center?
– Yes, many houses will be pulled down. Others will be modernized.

– Espèrent-ils rénover le centre-ville?
– Oui, de nombreuses maisons seront démolies. D'autres seront modernisées.

We live in a house near the shopping center. The advantage is that we do not have to commute to work.

Nous habitons une maison près du centre commercial. L'avantage est que nous ne faisons pas la navette pour aller au travail.

My sister lives on a new estate in the suburbs. She has a long journey every day to work.

Ma sœur habite dans un nouveau lotissement en banlieue. Elle a un long trajet pour aller au travail chaque jour.

It is impossible to find a furnished apartment to rent.

C'est impossible de trouver un appartement meublé à louer.

THE HOUSE 8a

HOUSING AND HOMELESSNESS 12c

living conditions **les conditions** *(f)* **de vie**
I maintain **j'entretiens** *(entretenir)*
I modernize **je modernise**
mortgage **l'emprunt-logement** *(m)*
I move *(house)* **je déménage**
I occupy **j'occupe**
overcrowded **surpeuplé**
overcrowding **le surpeuplement**
own *(adj)* **propre**
I own **je suis propriétaire de**
public housing **les logements** *(m)* **sociaux**
I pull down **je démolis**
real estate agent **l'agent** *(m)* **immobilier**
I redevelop **je redéveloppe**
I renovate **je rénove**
I rent **je loue**
rent **le loyer**
I repair **je répare**
repairs **les réparations** *(f)*
shantytown **le bidonville**
shelter **l'abri** *(m)*
slum **le taudis**
I sleep in the street **je couche dehors**
slum clearance **l'aménagement** *(m)* **des quartiers insalubres**
speculator **le spéculateur, la spéculatrice**
squalid **misérable, sordide**
I squat **je squatte**
squatter **le squatter**
suburb **la banlieue**
tenant **le/la locataire**
town planning **l'urbanisme** *(m)*
urban **urbain**
urban development **le développement urbain**
unfurnished **non meublé**
wasteland **le terrain vague**

– Why do so many houses in France stand empty?
–The houses deteriorate fast and squatters move in.

–Aren't the town planners intending to demolish the houses?

– Yes, but at the same time so many are homeless. They sleep rough or squat.
– Is the municipality still building public housing?

– Not enough. Living conditions in the blocks of apartment houses are extremely poor. They are overcrowded and the landlords no longer repair them.

– **Pourquoi est-ce que tant de maisons en France sont vides?**
–**Les maisons se détériorent rapidement et les squatters y emménagent.**
– **Est-ce que les urbanistes n'envisagent pas de démolir les maisons?**
– **Si, mais en même temps, il y a tant de sans-abri. Ils couchent dehors ou squattent.**
– **Est-ce que le conseil municipal construit toujours des immeubles?**
– **Pas assez. Les conditions de vie dans les immeubles sont extrêmement mauvaises. Ils sont surpeuplés et les propriétaires ne les réparent plus.**

SOCIAL ISSUES

12d Addiction and violence

abuse le mauvais traitement
I abuse *(person)* je maltraite
act of violence l'acte *(m)* de violence
addict le/la toxicomane
addiction la dépendance
addictive qui crée une dépendance
aggression l'agression *(f)*
aggressive agressif [-ve]
alcohol l'alcool *(m)*
alcoholic un/une alcoolique
alcoholism l'alcoolisme *(m)*
anger la colère
angry en colère
I attack j'attaque
attack l'attaque *(f)*
I beat up je bats *(battre)*
I bully je brutalise
bully la brute
consumption la consommation
dangerous dangereux [-se]
I drink je bois *(boire)*
I get drunk je m'enivre
drunk ivre, saoul
drunk driving la conduite en état d'ivresse
I dry out je suis *(suivre)* une cure de désintoxication
effect l'effet *(m)*
fatal fatal
fear la peur
I fear j'ai peur
force la force
gang le gang, la bande
harassment le harcèlement
hoodlum, thug le voyou
hostile hostile
hostility l'hostilité *(f)*
insult l'insulte *(f)*
I insult j'insulte
intoxication l'ivresse *(f)*
legal (il-) (il)légal
I legalize je légalise
I mug j'agresse
mugger l'agresseur *(m)*
nervous nerveux [-se]
nervousness la nervosité
pimp le souteneur, le proxénète
pimping le proxénétisme
porno porno
pornography la pornographie

Violence and vandalism are common in the inner city. Sometimes gangs mug tourists on the streets or terrorize citizens.

They beat up rivals and threaten the safety of the community.

Older people and women are sometimes afraid to go out alone.

La violence et le vandalisme sont choses communes en ville. Les bandes agressent parfois les touristes dans la rue ou terrorisent les citoyens.

Ils battent leurs rivaux et menacent la sécurité de la communauté.

Les personnes âgées et les femmes ont parfois peur de sortir seules.

ADDICTION AND VIOLENCE 12d

prostitution   **la prostitution**
rehabilitation   **la réhabilitation**
I revert   **je retourne**
I seduce   **je séduis** *(séduire)*
sexual harassment   **le harcèlement sexuel**
skinhead   **le skinhead**
I smoke   **je fume**
stimulant   **stimulant**
stimulation   **la stimulation**
I terrorize   **je terrorise**
theft   **le vol**
I threaten   **je menace**
vandal   **le/la vandale**
vandalism   **le vandalisme**
victim   **la victime**
violent   **violent**

Drugs

addicted to drugs   **intoxiqué**
AIDS   **le SIDA**
angel dust   **la poudre d'ange**
cannabis   **le cannabis**
cocaine   **la cocaïne**
crack   **le crack**
I deal   **je traite**
drug   **la drogue**
drug scene   **le monde de la drogue**
drug traffic   **le trafic de la drogue**
ecstasy   **l'ecstasy** *(m)*
I get infected   **je suis contaminé**
glue   **la colle**
hard drugs   **les drogues** *(f)* **dures**
hashish   **le hasch**
I have a fix   **je me drogue**
heroin   **l'héroïne** *(f)*
I inject   **je m'injecte, je me pique**
junkie   **le drogué, la droguée**
I kick (the habit)   **je renonce (à la drogue)**
LSD   **le LSD**
marijuana   **la marijuana**
narcotic   **le narcotique**
pusher   **le revendeur**
I sniff   **j'inhale, je sniffe**
soft drugs   **les drogues** *(f)* **douces**
solvent   **le solvant**
stimulant   **stimulant**
syringe   **la seringue**
I take drugs/a fix   **je me drogue**
tranquilizer   **le tranquillisant**
withdrawal   **l'état** *(m)* **de manque**

Many young people have a drug problem. They start by sniffing solvents, or by taking soft drugs. Marijuana is the most common.

Beaucoup de jeunes ont des problèmes de drogue. Ils commencent par inhaler des solvants, ou par prendre des drogues douces. La marijuana est la drogue la plus commune.

They quickly become addicted. Then they go on to hard drugs.

Ils deviennent rapidement intoxiqués. Puis ils passent aux drogues dures.

The drug scene is troubling because many people become dealers or turn to crime.

Le monde de la drogue est inquiétant car tant de gens deviennent fournisseurs ou criminels.

SOCIAL ISSUES

12e Prejudice

asylum seeker **la personne qui cherche asile**
I call names **j'injurie**
citizenship **la citoyenneté**
civil liberties **les libertés** *(f)* **civiques**
country of origin **le pays natal**
cultural **culturel[le]**
culture **la culture**
I discriminate **je fais une discrimination**
discrimination **la discrimination**
dual nationality **la double nationalité**
emigrant **un émigrant, une émigrante**
emigration **l'émigration** *(f)*
equal (un-) **(in)égal**
equal opportunities **l'égalité** *(f)* **des chances**
equal pay **le salaire égal**
equal rights **l'égalité** *(f)* **des droits**
equality (in-) **l'(in)égalité** *(f)*
ethnic **ethnique**
far right **l'extrême droite** *(f)*
fascism **le fascisme**
fascist **le/la fasciste**
foreign *(adj)* **étranger [-ère]**
foreign worker **un ouvrier étranger, une ouvrière étrangère**
freedom **la liberté**
　freedom of movement **la liberté de mouvement**
　freedom of speech **la liberté d'expression**
ghetto **le ghetto**
human rights **les droits** *(m)* **de l'homme**
I immigrate **j'immigre**
immigrant **un immigrant, une immigrante**
immigrant *(settled)* **un immigré, une immigrée**
immigration **l'immigration** *(f)*
I integrate **j'intègre** *(intégrer)*
integration **l'intégration** *(f)*
intolerance **l'intolérance** *(f)*
intolerant **intolérant**
majority **la majorité**
minority **la minorité**
mother tongue **la langue maternelle**
I persecute **je persécute**

– Is racism a serious problem?

– Yes, black and dark-skinned people suffer particularly from discrimination.

Immigration is now restricted. Black or Asian immigrants are more often refused a residence permit or work permit.

– What about the ethnic minority population resident here?

– **Est-ce que le racisme est un problème grave?**

– **Oui, les noirs et les personnes à la peau brune souffrent particulièrement de discrimination.**

L'immigration est maintenant limitée. Les immigrants noirs et asiatiques se voient plus souvent refuser un permis de séjour ou de travail.

– **Et à propos de la population de minorité ethnique qui réside ici?**

GOVERNMENT AND POLITICS 25; RELIGION 13

PREJUDICE 12e

persecution **la persécution**
politically correct **politiquement correct**
prejudice **le préjugé**
prejudiced **plein de préjugés**
rabid **farouche**
race riot **l'émeute** *(f)* **raciale**
racism **le racisme**
racist **le/la raciste**
　racist *(adj)* **raciste**
refugee **le réfugié, la réfugiée**
I repatriate **je rapatrie**
residence permit **le permis de séjour**
right **le droit**
　right to asylum **le droit d'asile**
　right to residence **le droit de séjour**
stereotypical **stéréotypique**
I stand up for **je défends**
tolerance **la tolérance**
tolerant (in-) **(in)tolérant**
I tolerate **je tolère** *(tolérer)*
work permit **le permis de travail**

Sexuality

female **la femme**
feminine **féminin**
feminism **le féminisme**
feminist **la féministe**
heterosexual **l'hétérosexuel** *(m)*
　heterosexual **hétérosexuel[le]**
homosexual/gay **l'homosexuel** *(m)*
　homosexual **homosexuel[le]**
homosexuality **l'homosexualité** *(f)*
lesbian **la lesbienne**
　lesbian *(adj)* **lesbienne**
male **mâle**
sexual **sexuel[le]**
sexuality **la sexualité**
women's liberation **la libération de la femme**
women's rights **les droits** *(m)* **de la femme**

– Unfortunately they tend to get the worst jobs and to be paid less.

– **Malheureusement, ils ont tendance à être offert les pires emplois et à être moins payés.**

The law still discriminates against homosexuals, although society is getting more tolerant. Gay people have become more open about their sexuality.

La loi fait toujours une discrimination contre les homosexuels bien que la société devienne plus tolérante. Les homosexuels parlent plus ouvertement de leur sexualité.

The feminist movement is still demanding equal rights for women.

Le mouvement féministe demande toujours l'égalité des droits pour les femmes.

▶ LOVE AND CHILDREN 7b

RELIGION

 # Religion

13a Ideas and doctrines

agnostic	**agnostique**
Anglican	**anglican**
apostle	**l'apôtre** *(m)*
atheism	**l'athéisme** *(m)*
atheist	**l'athée** *(m/f)*
atheistic	**athée**
authority	**l'autorité** *(f)*
belief	**la croyance**
I believe (in)	**je crois** *(croire)* **(en)**
believer	**le croyant**
blessed	**béni**
Buddha	**le Bouddha**
Buddhism	**le bouddhisme**
Buddhist	**le/la Bouddhiste**
calvinist	**le/la calviniste**
he canonizes	**il canonise**
cantor	**le chantre**
Catholic	**catholique**
charismatic	**charismatique**
charity	**la charité**
Christ	**le Christ**
Christian	**chrétien[ne]**
Christianity	**le christianisme**
church	**l'église** *(f)*
commentary	**le commentaire**
conscience	**la conscience**
conversion	**la conversion**
covenant	**l'alliance** *(f)*
disciple	**le disciple**
divine	**divin**
duty	**le devoir**
ecumenism	**l'œcuménisme** *(m)*
ethical	**éthique, moral**
evil	**le mal**
faith	**la foi**
faithful	**fidèle**
the faithful	**les fidèles** *(m)*
fast	**le jeûne**
I forgive	**je pardonne (à)**
forgiveness	**le pardon**
free will	**le libre-arbitre**
fundamentalism	**l'intégrisme** *(m)*
fundamentalist	**intégriste**
god	**le dieu**
goddess	**la déesse**
Gospel	**l'évangile** *(m)*
grace	**la grâce**
heaven	**le ciel**
Hebrew	**hébreu, hébraïque**
hell	**l'enfer** *(m)*
heretical	**hérétique**
Hindu	**hindou**
Hinduism	**l'Hindouisme** *(m)*
holiness	**la sainteté**

The five pillars of Islam are belief in the One True God and that Mohammed is his Prophet, prayer, fasting, giving alms, and pilgrimage to Mecca.

Les cinq piliers de l'Islam sont l'attestation de la foi qu'il n'est de divinité que Dieu et que Mahomet est son prophète, la prière rituelle, le jeûne du ramadan, l'aumône légale, et le pèlerinage à la Mecque.

▶ FAITH AND PRACTICE 13b

IDEAS AND DOCTRINES 13a

holy **saint**
Holy Spirit **le Saint-Esprit**
hope **l'espoir** *(m)*
human **humain**
human being **l'être** *(m)* **humain**
humanism **l'humanisme** *(m)*
humanity **l'humanité** *(f)*
infallibility **l'infaillibilité** *(f)*
infallible **infaillible**
Islam **l'Islam** *(m)*
Islamic **islamique**
Jesus **Jésus**
Jew **juif, juive**
Jewish **juif [-ve]**
Judaic **judaïque**
Judaism **le judaïsme**
Lord **le Seigneur**
merciful **clément**
mercy **la miséricorde**
Messiah **le Messie**
Mohammed **Mohammed, Mahomet**
moral **moral**
morality **la moralité**
Muslim **le musulman, la musulmane**
  Muslim *(adj)* **musulman**
myth **le mythe**
New Testament **le Nouveau Testament**
nirvana **le nirvana**
Old Testament **l'Ancien Testament** *(m)*
orthodox **orthodoxe**
pagan **païen[ne]**

parish **la paroisse**
Pentateuch **le Pentateuque**
prophet **le prophète**
Q'uran/Koran **le Coran**
redemption **la rédemption**
religion **la religion**
sacred **sacré**
saint **le saint, la sainte**
Saint Peter **Saint Pierre**
he sanctifies **il sanctifie**
Satan **Satan** *(m)*
he saves **il sauve**
Scripture **l'Ecriture** *(f)*
service **le service**
Sikh **le sikh**
Sikhism **le Sikhisme**
Shintoism **le Shintoïsme**
sin **le péché**
sinful **pécheur**
soul **l'âme** *(f)*
spirit **l'esprit** *(m)*
spiritual **spirituel**
spirituality **la spiritualité**
Talmud **le Talmud**
Taoism **le Taoïsme**
theological **théologique**
theology **la théologie**
Torah **la Torah**
traditional **traditionnel**
Trinity **la Trinité**
true **vrai**
truth **la vérité**
vision **la vision**
vocation **la vocation**

Religious fundamentalism can lead to fanaticism and intolerance in any religion.

There is considerable disagreement about the ordination of women to the priesthood.

L'intégrisme religieux peut mener au fanatisme et à l'intolérance dans n'importe quelle religion.

Il existe énormément de désaccords sur la question des femmes prêtres et de leur ordination.

RELIGION

13b Faith and practice

archbishop **l'archevêque** *(m)*
baptism **le baptême**
bar mitzvah **la bar-mitzva**
I bear witness to **je témoigne de**
Bible **la Bible**
biblical **biblique**
bishop **l'évêque** *(m)*
bishopric/see **l'évêché** *(m)*
cathedral **la cathédrale**
chapel **la chapelle**
christening **le baptême**
clergy **le clergé**
clergyman **l'ecclésiastique** *(m)*
communion **la communion**
   Holy Communion **la Sainte Communion**
community **la communauté**
I confess *(sins)* **je me confesse**
   I confess *(faith)* **je confesse**
confession **la confession**
confirmation **la confirmation**
congregation **l'assemblée** *(f)*
   congregation *(of cardinals)* **la congrégation**
convent **le couvent**
I convert *(others)* **je convertis**
   I convert *(self)* **je me convertis**
diocese **le diocèse**
Eucharist **l'Eucharistie** *(f)*
evangelical **évangélique**
evangelist **évangéliste**
I give alms **je fais l'aumône** *(f)*
I give thanks (to God) **je rends grâces (à Dieu)**
Imam **l'Imam, l'Iman** *(m)*
intercession **l'intercession** *(f)*
laity **les laïcs** *(m)*
lay **laïque**
layperson **le laïc**
the Lord's Supper **la Sainte Cène**

Bishops in the Church of England are not afraid to speak about social problems.

Les évêques de l'Eglise Anglicane n'ont pas peur de se prononcer sur les problèmes sociaux.

The sacrament of Holy Communion will be celebrated on Sunday at 9 o'clock.

L'Eucharistie sera célébrée dimanche à neuf heures.

The parish council meets regularly.

Le conseil de la paroisse se réunit régulièrement.

Those who are called to ministry must demonstrate their vocation before being accepted in theological colleges.

Ceux qui ont la vocation du saint ministère doivent le démontrer avant qu'on les accepte pour faire des études en théologie.

The Baptist tradition is very strong in the American South.

La tradition baptiste est très forte dans le sud des Etats-Unis.

FAITH AND PRACTICE

mass **la messe**
I meditate **je médite**
meditation **la méditation, le recueillement**
minister **le pasteur (protestant)**
I minister to the parish **je dessers *(desservir)* la paroisse**
ministry **le saint ministère**
mission **la mission**
missionary **le missionnaire**
monastery **le monastère**
monk **le moine**
mosque **la mosquée**
mullah **le mollah**
nun **la religieuse**
parish **la paroisse**
parishioner **le paroissien, la paroissienne**
pastor **le pasteur**
pastoral **pastoral**
Pope **le Pape**
I praise **je loue**
I pray (for) **je prie (pour)**

prayer **la prière**
prayerful **recueilli, méditatif [-ve]**
priest **le prêtre**
rabbi **le rabbin**
I repent **je me repens *(se repentir)***
repentance **le repentir**
repentant **repenti**
I revere **je vénère *(vénérer)***
reverence **la révérence**
reverent **respectueux [-se]**
rite **le rite**
ritual **le rituel**
sacrament **le sacrement**
synagogue **la synagogue**
synod **le synode**
temple **le temple**
witness **le témoin**
I witness **je témoigne**
worship **le culte, l'adoration** *(f)*
I worship **j'adore**

A few Muslim schoolgirls in France have come into conflict with the authorities because they choose to wear the veil at school.

Quelques collégiennes musulmanes en France sont entrées en conflit avec les autorités pour avoir choisi de porter le foulard islamique à l'école.

Every Muslim is called to prayer five times a day.

Tout musulman est appelé à la prière cinq fois par jour.

During the holy month of Ramadan, Muslims fast from dawn to dusk. The month ends with the celebrations of the festival of Eid.

Pendant le mois sacré du Ramadan, les musulmans jeûnent dès l'aube jusqu'au coucher du soleil. Le mois se termine par les fêtes de l'Id.

Passover is a very important Jewish holiday.

La Pâque est une fête judaique trés importante.

BUSINESS AND ECONOMICS

14 Business and economics

14a Economics of work

I administer j'administre
I agree (to do) je me mets *(se mettre)* d'accord (pour faire)
agreement l'accord *(m)*
bureaucracy la bureaucratie
business les affaires *(f)*
  a business une entreprise
capacity *(industrial)* les moyens *(m)* de production
commerce le commerce
commercial commercial
company la compagnie
deal l'affaire *(f)*
I deliver je livre
demand la demande
  the product is in demand le produit est très demandé
development le développement
I earn (a living) je gagne (ma vie)
I employ j'emploie *(employer)*
employment l'emploi *(m)*
executive le cadre
I export j'exporte
exports les exportations *(f)*
fall la chute, la baisse
goods les marchandises *(f)*
it grows il se développe
I import j'importe
I increase j'augmente
increase l'augmentation *(f)*

industrial output le rendement, la production
industry l'industrie *(f)*
I invest j'investis
investment l'investissement *(m)*
layoffs des licenciements *(m)*
living standards le niveau de vie
I manage je gère *(gérer)*
management la gestion
multinational multinational
I negotiate je négocie
one-to-one face à face, seul à seul
priority la priorité
I produce je produis
producer le producteur
production line la chaîne de fabrication
productivity la productivité
quality la qualité
I raise (prices) je hausse (les prix)
reliability la fiabilité, la qualité
raise la hausse
  wage increase la hausse des salaires
semiskilled spécialisé
services les services *(m)*
I set (priorities) je décide (des priorités)
sick leave le congé de maladie

Unemployment is rising to 12%. | **Le chômage monte à douze pour cent.**

The unions called for a reduction in the average weekly hours of work. | **Les syndicats ont demandé une réduction des heures de travail hebdomadaires moyennes.**

> FINANCE & INDUSTRY 14d; BANKING AND THE ECONOMY 14e

ECONOMICS OF WORK 14a

I sign (contracts) **je signe**
skilled labor **la main- d'œuvre qualifiée**
social unrest **l'agitation** (f) **sociale, les troubles** (m) **sociaux**
social welfare **la sécurité sociale**
I strengthen **je renforce, je consolide**
supply **la provision**
trade unionism **le syndicalisme**
unemployment **le chômage**
unemployment benefit **allocation de chômage** (f)
unskilled labor **la main- d'œuvre non-spécialisée**
work ethic **l'attitude** (f) **moraliste envers le travail**
workforce **la main-d'œuvre**
working week **la semaine de travail**

Industrial/labor dispute

I am on strike **je fais grève**
I strikebreak **je brise la grève**
I boycott **je boycotte**
I cross the picket line **je traverse le piquet de grève**
demonstration **la manifestation**
dispute **le conflit**
I slow down **je fais la grève perlée**
industrial/labor dispute **le conflit social**
I join the union **je me syndique**
I lock out **je ferme l'usine aux ouvriers**
lockout **le lock-out**
minimum wage **le SMIC**
I picket **je fais partie d'un piquet de grève**
picket **le piquet de grève**
productivity bonus **la prime à la productivité**
I resume work **je reprends le travail**
settlement **l'accord** (m)
strike **la grève**
  general strike **la grève générale**
  wildcat strike **la grève sauvage**
I strike/go on strike **je fais grève**
strike ballot **le scrutin**
strikebreaker **le briseur de grève**
striker **le gréviste**
trade union **le syndicat**
unfair dismissal **le licenciement injuste**
the profession is forming a union **la profession se syndique**
unionized labor **la main-d'œuvre syndiquée**
unrest **l'agitation** (f)
I am a union member **je suis syndiqué**
wage demand **la revendication salariale**
work-to-rule **la grève du zèle**
work stoppage **l'arrêt** (m) **de travail**

The Department of Commerce hope these measures will enhance the country's competitiveness. The unions fear they will facilitate job losses.

Le Département du Commerce espère que ces mesures encourageront la compétitivité. Les syndicats craignent qu'elles rendent plus faciles les licenciements.

BUSINESS AND ECONOMICS

14b At work

I am away on business **je suis en déplacement**
boring **ennuyeux [-se]**
business trip **le voyage d'affaires**
I buy **j'achète** *(acheter)*
canteen **la cantine**
career **la carrière**
disciplinary proceedings **des mesures** *(f)* **disciplinaires**
I follow a training course **je suis/fais un stage**
free **libre**
grant **la subvention**
I grant *(someone)* **j'accorde à**
holiday/vacation **les vacances** *(f)*, **le congé**
job **le poste, l'emploi** *(m)*
job satisfaction **la satisfaction au travail**
misconduct **l'inconduite** *(f)*
occupation **l'occupation** *(f)*
I'm off work **je ne travaille pas, je ne suis pas de service**
post **le poste**
profession **la profession**
professional **professionnel[le]**
I qualify **j'obtiens** *(obtenir)* **mon diplôme/brevet**
research **la recherche, les recherches**
I sell **je vends**
tax **la taxe, l'impôt** *(m)*
I tax **j'impose**
taxes **les impôts** *(m)*
I toil **je travaille dur**
training **la formation**
training course **le stage**
vocation **la vocation**
wage-earner **le salarié, la salariée**
warning *(verbal)* **l'avertissement** *(m)*
    written warning **l'avis** *(m)*
I work **je travaille**
work **le travail, le boulot** *(fam)*
worker **l'ouvrier** *(m)*

Company personnel and structure
accounting department **le service de la comptabilité**
apprentice **l'apprenti** *(m)*
assistant **un/une assistant[e]**
associate **l'associé** *(m)*
board of directors **le conseil d'administration**
boss **le patron, la patronne**
colleague **le/la collègue**
I delegate **je délègue** *(déléguer)*
department **le département**
director **le directeur**
division **la division**
employee **un/une employé[e]**
employer **l'employeur** *(m)*
labor **le travail**
management **la direction, la gestion**
manager **le directeur**
manageress **la directrice**
managing director/CEO **le PDG**
marketing department **les responsables** *(m/f)* **du marketing**
personal assistant **le/la secrétaire particulier [-ère]**
president **le/la président[e]**
production department **les responsables** *(m/f)* **de la production**
I report to **je suis sous les ordres directs de**
I am responsible for **je suis responsable de**
sales department **les responsables** *(m/f)* **des ventes**
secretary **le/la secrétaire**
specialist **le/la spécialiste**
staff/personnel **le personnel**
supervisor **le supérieur, le chef de service, le directeur**
team **l'équipe** *(f)*
trainee **le/la stagiaire**
I transfer **je suis muté**
vice president **le vice-président**

▶ PLACES OF WORK App.14c

AT WORK 14b

In the office

business lunch   le déjeuner d'affaires
business meeting   la réunion
computer   l'ordinateur *(m)*
conference call   l'audioconférence *(f)*
conference room   la salle de conférence
desk   le bureau
I dictate   je dicte
dictating machine   le dictaphone
electronic mail   le courrier électronique
extension   le poste
fax   le fax, la télécopie
fax machine   le télécopieur
I fax   j'envoie (envoyer) par télécopie
file   le dossier
I file   je classe
filing cabinet   le classeur (vertical)
intercom   l'interphone *(m)*
open plan   non cloisonné
photocopier   la photocopieuse
photocopy   la photocopie
I photocopy   je photocopie
pigeonhole   le casier
reception   la réception
receptionist   le/la réceptionniste
swivel chair   le fauteuil pivotant
typing pool   la dactylo *(fam)*
wastebasket   la poubelle
word processor   la machine à traitement de texte
workstation   le poste de travail

In the factory and on site

automation   l'automatisation *(f)*
blue-collar worker   le col bleu
bulldozer   le bulldozer
car/automobile industry   l'industrie *(f)* automobile
component   la pièce
concrete   le béton
construction industry   la construction
crane   la grue
foreman   le contremaître, le chef d'équipe
forklift truck   le chariot de levage
I forge   je forge
industry   l'industrie *(f)*
   heavy/light   lourde/légère
I manufacture   je fabrique
manufacturing   la fabrication
mass production   la production de masse
mining   l'exploitation *(f)* minière
power industry   l'énergie *(f)*
precision tool   l'outil *(m)* de précision
prefabricated   préfabriqué
process   le processus
I process   je traite
product   le produit
raw materials   les matières *(f)* premières, le matériau
robot   le robot
scaffolding   l'échafaudage *(m)*
I smelt   je fonds
steel smelting   la sidérurgie
textile industry   le textile

While my wife works for a bank, my son works in a factory on the production line and my daughter works in an office all day, I enjoy the peace and quiet of working at home as a writer.

Pendant que ma femme travaille dans une banque, mon fils travaille à la chaîne dans une usine, et ma fille travaille toute la journée dans un bureau, moi je profite de la tranquillité chez moi pour exercer le métier d'écrivair écrivain.

▶ COMPUTERS 15d; STATIONERY App.22b

BUSINESS AND ECONOMICS

14c Working Conditons

Conditions and remuneration

I am employed   **je suis employé**
apprenticeship   **l'apprentissage** *(m)*
benefit   **l'allocation** *(f)*
I clock in   **je pointe (à l'arrivée)**
I clock out   **je pointe (à la sortie)**
company car   **la voiture de fonction**
contract   **le contrat**
expenses   **les frais** *(m)*
expense account   **les frais** *(m)* **de représentation**
flextime   **l'horaire** *(m)* **mobile**
freelance   **indépendant**
I work freelance   **je travaille en free-lance**
full-time   **à temps plein**
income   **le revenu**
overtime   **des heures** *(f)* **supplémentaires**
overworked   **surchargé de travail**
part-time   **à temps partiel**
payday   **le jour de paie/paye**
pay slip   **la feuille de paie/paye**
pay raise   **l'augmentation** *(f)* **de salaire**
payroll   **le registre du personnel**
pension   **la retraite, la pension**
permanent   **permanent**
I retire   **je prends** *(prendre)* **ma retraite**
retirement   **la retraite**
salary   **le salaire**
self-employed   **qui travaille à son compte**
sexual harassment   **le harcèlement sexuel**
shift   **la période de travail, le poste d'équipe**
 day/night shift   **le poste de jour/nuit**
temporary   **temporaire**

– The conditions in this office are not good enough for your secretary, Mr. Martin.

– What do you mean?
– The place is cold, badly lit, and poorly ventilated. And you have far too many electrical appliances plugged into one socket.
Unless you make considerable changes within three months, I shall be forced to close the office down. I shall come back next week to discuss your plans. Good-bye!

– **Les conditions de travail de ce bureau ne sont pas assez bonnes pour votre secrétaire, Monsieur Martin.**
– **Que voulez-vous dire?**
– **Les locaux sont froids, mal éclairés, et mal ventilés. Et vous avez trop d'appareils électriques branchés à la même prise.
Si vous n'effectuez pas de changements importants dans les trois mois à venir, je serai obligé de fermer ce bureau. Je reviens la semaine prochaine pour discuter de vos plans. Au revoir, Monsieur!**

WORKING CONDITIONS 14c

Job application

I advertise for a secretary   **je fais paraître une annonce pour trouver une sécretaire**
advertisement   **l'annonce** *(f)*
I have been laid off   **j'ai été licencié**
I apply for a job   **je fais une demande d'emploi, le postule**
classified ad   **la petite annonce**
curriculum vitae/resumé   **le curriculum vitae, le c.v.**
discrimination   **la discrimination**
  racial   **raciale**
  sexual   **sexuelle**
employment agency   **l'agence** *(f)* **de placement**
help wanted   **offres** *(f)* **d'emploi**
job center *(government)*   **l'Agence** *(f)* **Nationale pour l'Emploi (l'ANPE)**
I find a job   **je trouve un emploi**
interesting   **intéressant**
interview   **l'entretien** *(m)*
I interview   **je convoque pour un entretien**
job application   **la demande d'emploi**
I look for   **je cherche**
opening *(vacancy)*   **le débouché**
I promote *(someone)*   **je nomme ... à un poste**
I am promoted   **je suis promu**
promotion   **la promotion, l'avancement** *(m)*
qualification   **le diplôme, le brevet**
qualified   **qualifié, compétent**
I start work (for)   **je commence à travailler (pour)**
I take on *(employee)*   **j'embauche**
trial period   **la période d'essai**
vacancy   **le poste libre**
work experience   **le stage (non rémunéré)**

– Hello. Could I speak to the personnel manager, please.

– Speaking. What can I do for you?
– I saw your advertisement in the local paper for a sales executive: to start work next month.

– That's right.
– Could you send me the job description and application forms?
– Certainly.

– How many references are you asking for?
– Two, including your present or last employer.

– Allô. Je voudrais parler au directeur du personnel, s'il vous plaît.

– C'est moi-même. Que puis-je faire pour vous?
– J'ai vu l'annonce que vous avez fait paraître au journal régional pour chercher un cadre commercial pouvant commencer le travail le mois prochain.
– C'est ça.
– Voulez-vous m'envoyer les détails du poste et le dossier à remplir pour faire ma demande, s'il vous plaît? – Bien sûr.

– Combien de noms faut-il donner en référence?
– Deux, dont votre employeur actuel, ou le plus récent.

▶ SOCIAL SERVICES AND POVERTY 12b

BUSINESS AND ECONOMICS

14d Finance and industry

account   le compte bancaire
advance   l'avance (f)
advertising   la publicité
audit   la vérification des comptes, l'audit (m)
bill   la facture
board   le conseil
bonds   le bon, le titre
branch (of company)   la succursale, la branche
budget   le budget
capital   les capitaux (m)
capital expenditure   la dépense d'investissement
chamber of commerce   la chambre de commerce
collateral   le nantissement
company   la société, la compagnie
I consume (resources)   je consomme
consumer goods   les biens (m) de consommation
consumer spending   les dépenses (f) des ménages
cost of living   le coût de la vie
costing   l'estimation (f) du prix de revient
costs   les coûts (m)
credit   le crédit
debit   le débit
deflation   la déflation
economic   économique
economy   l'économie (f)
funds   les fonds (m)
government spending   les dépenses (f) publiques
income   le revenu
income tax   l'impôt (m) sur le revenu
installment   l'acompte (m), le versement partiel
interest rate   le taux d'intérêt
I invest in   j'investis en/dans
investment   l'investissement (m)
invoice   la facture
labor costs   les coûts (m) de la main-d'œuvre
liability   la responsabilité
manufacturing industry   la fabrication industrielle
market   le marché
market economy   l'économie (f) de marché
marketing   la commercialisation, le marketing
merchandise   la marchandise
national debt   l'endettement (m) national
I nationalize   je nationalise
notice   l'avis (m)
output   la production, le rendement

A spiraling budget deficit caused panic on the stock exchange today.

Aujourd'hui, la spirale du déficit budgétaire a causé la panique à la bourse.

The company informed shareholders that this year's operating profits will not match the level seen last year.

L'entreprise a annoncé à ses actionnaires que les profits d'exploitation de cette année seront moins avantageux que ceux de l'année dernière.

▶ ECONOMICS OF WORK 14a; ADVERTISING 18d

FINANCE AND INDUSTRY 14d

pay   le salaire, la paie
price   le prix
price war   la guerre des prix
private sector   le secteur privé
I privatize   je privatise
product   le produit
production   la production, la fabrication
public sector   le secteur public
quota   le quota
real estate/realty   l'immobilier (m)
retail sales   les ventes (f) au détail
retail trade   la vente au détail
salaries   les salaires (m), les traitements (m)
sales tax   la taxe à l'achat
service sector   le secteur tertiaire
share   l'action (f)
shares going up/down   des actions (f) en hausse/en baisse
statistics   les statistiques (f)
stock exchange/market   la bourse
stock market index   l'indice (m) de la Bourse
I subsidize   je subventionne
subsidy   la subvention
supply and demand   l'offre (f) et la demande
supply costs   les coûts (m) de l'approvisionnement
I tax   je taxe, j'impose
tax   la taxe, l'impôt (m)
tax increase   la hausse des impôts
taxation   la taxation, l'imposition (f)
taxation level   le taux d'imposition
turnover   le chiffre d'affaires
valued-added sales tax/VAT   la T.V.A.
viable   viable, qui a des chances de réussir
wages   les salaires (m)

Personnel

accountant   le/la comptable
actuary   un/une actuaire
auditor   le vérificateur de comptes
banker   le banquier
  investment banker   le banquier d'acceptation
  merchant banker   le banquier de commerce
bank manager   le directeur d'agence bancaire
broker   le courtier
  insurance broker   le courtier d'assurances
consumer   le consommateur, la consommatrice
investor   l'investisseur (m)
speculator   le spéculateur, la spéculatrice
stockbroker   l'agent (m) de change
trader *(Wall St.)*   le contrepartiste

There is no area of electrical retailing where there isn't strong competition.

The commercial store owners are embarking on a program of cuts in an effort to restore profitability.

La concurrence est très forte dans tous les domaines de l'électroménager.

Les propriétaires des commerces s'engagent dans un programme de réductions des coûts afin d'essayer de rétablir la rentabilité.

▶ BANKING, THE ECONOMY 14e

BUSINESS AND ECONOMICS

14e Banking and the economy

Banking and personal finance

account **le compte**
automatic teller **la caisse automatique**
bank **la banque, l'agence** *(f)* **bancaire**
bank loan **le crédit bancaire**
I bank (money) **je dépose en banque**
bankrupt **failli, en faillite**
cash **les espèces** *(f)*
I cash a check **je touche/j'encaisse un chèque**
cash card **la carte de retrait, la carte bleue**
cashier **la caisse, le guichet**
cashpoint **le distributeur automatique, la billetterie**
I change **je change**
check **le chèque**
credit card **la carte de crédit**
credit union **la société de crédit immobilier**
currency **la monnaie, la devise**
deposit *(in a bank)* **le dépôt**
deposit *(returnable)* **la caution**
down payment/deposit **des arrhes** *(f)*
Eurocheque **l'eurochèque** *(m)*
exchange rate **le taux de change**
installment plan **la vente à crédit**
I have a credit of **(j'ai) un crédit de**
in deficit **en déficit**
in the red **à découvert**
I lend **je prête**
loan **le prêt** *(m)*, **l'avance** *(f)*
mortgage **l'emprunt-logement** *(m)*, **l'hypothèque** *(f)*
I mortgage **j'obtiens** *(-tenir)* **un emprunt-logement, j'hypothèque**
I open (an account) **j'ouvre** *(ouvrir)* **un compte**
overdraft **le découvert**
repayment **le remboursement**
I save **je mets** *(mettre)* **de côté, je fais des économies**
savings **l'épargne** *(f)*, **les économies** *(f)*
traveler's check **le chèque de voyage**
I withdraw **je retire (de)**

– Good morning. I'd like to open an account here, if possible.

– Certainly, sir. What sort of account do you need?
– Just a normal checking account. Are overdraft facilities available for students?

– I need to check that for you, sir, but I don't think so.

– **Bonjour, madame. Je voudrais ouvrir un compte dans cette banque, si c'est possible.**

– **Certainement, monsieur. Quel genre de compte vous faut-il?**
– **Un compte courant, avec un carnet de chèques. Est-ce qu'il existe des possibilités de découvert pour les étudiants?**

– **Je dois vérifier cela pour vous, monsieur, mais je ne pense pas.**

BANKING AND THE ECONOMY 14e

Growth

amalgamation **l'amalgamation** *(f)*, **la fusion**
appreciation **la hausse, l'augmentation** *(f)*
assets **les biens** *(m)*, **le capital**
assurance **la garantie**
auction **la vente aux enchères**
boom **la montée en flèche, la forte hausse, le boom**
competition **la concurrence**
economic miracle **le miracle de l'économie**
efficiency **la capacité, l'éfficacité** *(f)*
growth **la croissance**
merger **la fusion, le fusionnement**
profit **le profit, le bénéfice**
profitable **rentable, lucratif [-ve]**
progress **le progrès**
prosperity **la prospérité**
prosperous **prospère, florissant**
quality control **le contrôle/la gestion de la qualité**
recovery **la reprise**
research and development **la recherche et le développement**
takeover **le rachat**
takeover bid **l'OPA** *(m)* **(offre publique d'achat)**

Decline

bankrupt **failli, en faillite**
credit squeeze **les restrictions** *(f)* **de crédit**
debt **la dette**
it is declining **il est en baisse**
deficit **le déficit**
depreciation **la dépréciation**
I dump **je dépose**
inflation **l'inflation** *(f)*
inflation rate **le taux d'inflation**
loss **la perte**
no-growth economy **l'économie** *(f)* **sans croissance**
slowdown **le ralentissement**
slump **la récession, la crise**
spending cuts **les compressions** *(f)* **budgétaires**
stagnant **stagnant**
stagnation **la stagnation**

– Did you hear about Woodland Toys? Unfortunately, they went bankrupt.
– Why was that?
– They borrowed too heavily in order to introduce a new line, which just didn't sell!
– And what was it?
– A range of battery-powered toys; just couldn't compete with the video and computer games !

– **Tu as entendu la nouvelle des Jouets Woodland? Malheureusement, ils ont fait faillite.**
– **Pourquoi?**
– **Ils ont trop emprunté afin de lancer un nouveau produit qui n'a pas pris.**
– **Et qu'est-ce que c'était?**
– **Une gamme de jouets fonctionnant sur piles. Ça ne pouvait pas réussir contre la concurrence des jeux vidéo et des jeux électroniques!**

▶ ECONOMICS OF WORK 14a; FINANCE AND INDUSTRY 14d; TRADE 27c

Communicating with others

15a Social discourse

Meetings

I accept **j'accepte**
appointment **le rendez-vous**
I become **je deviens *(devenir)***
ball **le bal**
banquet **le banquet**
I'm busy **je suis pris**
I celebrate **je célèbre, je fête**
celebration **la fête, les festivités** *(f)*
club **le club**
I come and see **je viens *(venir)* voir**
I dance **je danse**
date **la date**
diary/datebook **l'agenda** *(m)*
I drop in on **je passe voir**
I expect **je m'attends à**
I fetch **je vais chercher**
I have fun **je m'amuse**
I greet **je salue**
guest **un invité, une invitée**
handshake **la poignée de main**
I invite **j'invite**
invitation **l'invitation** *(f)*
I join **je rejoins *(rejoindre)***
I keep **je garde**
I meet **je rencontre**
meeting **la rencontre**
party **la réunion**
reception **la réception**
I see **je vois *(voir)***
I shake hands with **je serre la main à/de**
I spend *(time)* **je passe**
social life **la vie mondaine**
I take part **je participe**
I talk **je parle**
I visit *(someone)* **je rends visite à**
visit **la visite**

Greetings and congratulations

bow/curtsey **la révérence**
I bow/curtsey (to) **je fais une révérence (à)**
Cheers! **Santé!**
Come in! **Entrez!**
I congratulate **je félicite**
Congratulations! **Félicitations!** *(f)*
Excuse me **Excusez-moi**
Good evening **Bonsoir**
Good morning/afternoon **Bonjour**
Hallo/hello **Salut!**
Happy Christmas **Joyeux Noël**
Happy Easter **Joyeuses Pâques**
Happy New Year **Bonne Année**
Here's to . . . **A la santé de …**
Hi! **Salut!**
I toast **je porte un toast**
toast **le toast**
Well done! **Félicitations!**

Introduction

Bill, meet Jane **Bill, voici Jane**
How do you do?/How are you? **Comment allez-vous?**
I introduce myself **je me présente**
I introduce **je présente**
introduction **la présentation**
Ladies and Gentlemen **Mesdames, Messieurs**
Madam **Madame**
May I introduce . . .? **Puis-je vous présenter …?**
Miss **Mademoiselle**
Mr. **M. (Monsieur)**
Mrs. **Mme (Madame)**
Ms. **Madame**
I'd like you to meet **j'aimerais vous faire rencontrer**

SOCIAL DISCOURSE 15a

Pleased to meet you **Enchanté de faire votre connaissance**
I say! **dites donc!**
Sir **Monsieur**
This is . . . **Voici ...**
I welcome **je souhaite la bienvenue (à)**
Welcome to **Bienvenue à**

Pleasantries

I address *(someone)* **je m'adresse à**
I address as *tu* **je tutoie *(tutoyer)***
I address as *vous* **je vouvoie *(vouvoyer)***
Best regards from ... **Meilleures salutations** *(f)* **de ...**
Bless you!/Gesundheit! **A vos souhaits!**
Much better, thank you **Beaucoup mieux, merci**
I'm fine, thank you **Je vais bien, merci**
I hope you get well soon **J'espère que vous irez bientôt mieux**
How are you keeping? **Comment vous portez-vous?**
My regards to ... **Mes amitiés à ...**
so-so **comme ci, comme ça**
Very well, thank you **Très bien, merci**
Your (very good) health! **A votre santé!**

Thanking

I thank **je remercie**
No, thank you! **Non, merci!**
thanks! **merci!**
thanking **le remerciement**
I'm grateful to you for **je vous suis reconnaissant de**
Nice/good of you to . . . **C'est gentil à vous de ...**
It's a pleasure **C'est un plaisir**
Many thanks **Mille remerciements**
Not at all! **Pas de quoi!**
Thank you so much **Merci beaucoup**
With pleasure **Avec plaisir**

Apologizing

I apologize **je m'excuse**
I do apologize **je tiens *(tenir)* à m'excuser**
apology/excuse **l'excuse** *(f)*
Excuse me, please **Excusez-moi, s'il vous plaît**
I excuse **j'excuse**
Forget it! **N'en parlons plus!**
I forgive **je pardonne**
it doesn't matter (at all/a bit) **cela ne fait rien (du tout)**
it matters **c'est important**
not at all **pas du tout**
I beg your pardon **je vous demande pardon**
I'm (so very) sorry (that ...) **je suis (vraiment) désolé (que** +subj**)**
Unfortunately, I can't! **Malheureusement, je ne peux pas!**

Farewells

All the best! **Beaucoup de bonheur!**
Best wishes! **Mes/Nos meilleurs vœux!**
Bye! **Au revoir!**
Cheerio! **Salut!**
Good luck! **Bonne chance!**
Good-bye **Au revoir**
I say good-bye **je dis au revoir**
Good night! **Bonne nuit!**
Have a good time! **Amusez-vous bien!**
Have a safe journey home! **Rentrez bien!**
See you later! **A tout à l'heure!**
I will see you later/ tomorrow **Je vous verrai plus tard/demain**
Sweet dreams! **Faites de beaux rêves!**

▶ MAIL AND TELEPHONE 15c; COMPUTERS 15d

COMMUNICATING WITH OTHERS

15b Comments and interjections

Approval and disapproval

I approve **j'approuve**
Is this all right? **Est-ce que ça va?**
That's all right! **Ça va!**
Excellent! **Excellent!**
You should(n't) have . . . **vous (n')auriez (pas) dû** +inf
Tut-tut, Tsk-tsk **Allons! Allons!**
What a shameful business! **Quelle honte!**

Permission and obligation

That's (quite) all right **C'est bon**
allowed **autorisé**
I allow **j'autorise**
I am allowed to . . . **je suis autorisé à ...**
it is not allowed/permitted **ce n'est pas autorisé/permis**
Can I . . . ? **Puis-je ...?**
I can (not) **je (ne) peux (pas)**
you cannot/can't **vous ne pouvez pas**
I have to **je dois**
May I . . . ? **Pourrais-je ...?**
I may (not) **je (ne) pourrais (pas)**
I must (not) **je (ne) dois (pas)**
No **Non**
Not now/here/tonight **Pas maintenant/ici/ce soir**
obligation **l'obligation** *(f)*
I ought to . . . **je devrais ...**
you ought to . . . **vous devriez ...**
permitted **permis**
permission **la permission**
I'm (not) supposed to **je (ne) suis (pas) censé**
Have you got time to . . . ? **Avez-vous le temps de ...?**
You're welcome! **Je vous en prie!**

Surprise

oh dear! **oh mon Dieu!, oh là là!**
Fancy (that)! **Tiens!**

Good God! **Mon Dieu!**
Goodness! **Seigneur!**
Is that so? **Est-ce vrai?**
Really! **Vraiment!**
I surprise **je surprends**
surprising **surprenant**
Does that surprise you? **Est-ce que cela vous surprend?**
Ugh! **Pouah!**
Well? **Et bien?**
So what? **Et alors?**
Wow! **Super! Formidable!**

Hesitating

Just a minute/moment! **Une minute/Un moment!**
I hesitate **j'hésite**
What's his/her name? **Quel est son nom?**
How shall I put it? **Comment dire?**
Now let me think **Laissez-moi réfléchir maintenant**
or rather . . . **ou plutôt ...**
that is to say . . . **c'est-à-dire ...**
That's not what I meant to say **Ce n'est pas ce que je voulais dire**
thingamajig **le machin, le truc**
Well . . . **Et bien ...**

Listening & agreeing

I believe so/not **je crois/je ne crois pas**
Certainly (not)! **Certainement (pas)!**
definite(ly) **certain, sûr, certainement, sûrement, bien sûr**
Don't you think (that) . . . ? **Ne crois-tu pas (que) ...?**
Exactly!/Just so! **Exactement!**
Indeed **En effet**
never **jamais**
no! **non!**
of course (not)! **bien sûr (que non)!**

➤ EXPRESSING VIEWS 6d; FEELINGS AND EMOTIONS 6b

COMMENTS AND INTERJECTIONS 15b

Oh! **Oh!**
Quiet! **Silence!**
I quite agree **je suis entièrement d'accord**
Really? **Vraiment?, Ah bon?**
Rubbish! **Quelle blague!**
Shh! **Chut!**
That's correct **C'est exact**
That's not fair **Ce n'est pas juste**
That's not right **Ce n'est pas exact**
That's not so **Ce n'est pas ainsi**
That's wrong **C'est faux**
I think/don't think so **je pense que oui/non**
true **vrai**
Uh-huh! **Oui, oui!, Oh oui!**
wrong **faux**
Yes! **Oui!**
Yes, please **Oui, s'il vous plaît**
you're wrong **tu as tort**

Clarification and meaning

a kind/sort of . . . **un genre/une sorte de ...**
Can you speak more slowly, please? **Pouvez-vous parler plus lentement, s'il vous plaît?**
Could you repeat that, please? **Pourriez-vous répéter cela, s'il vous plaît?**
Did you say . . . ? **Avez-vous dit ...?**
Do you mean . . . ? **Est-ce que vous voulez dire ...?**
er . . . **euh ...**
Is that clear? **C'est clair?**
I mean **je veux dire**
I said that . . . **j'ai dit que ...**
slowly **lentement**
The same to you *(polite)* **Vous de même**
That's just what I meant **C'est exactement ce que je voulais dire**
That's just what I had in mind **C'est exactement ce à quoi je pensais**
That's not what I had in mind/meant **Ce n'est pas ce à quoi je pensais**
That's just what I need **C'est précisément ce dont j'ai besoin**
What did you say? **Qu'est-ce que vous avez dit?**
What do you mean by . . . ? **Que voulez-vous dire par ...?**
What I said was . . . **J'ai dit que ...**
What is the matter? **Qu'est-ce qui se passe?**
you know **vous savez**

– What make of computer did you want, sir?

– Wait a moment. I'll have to think about it . . .

– Was it this one?

– No, I don't think so. I need one that is easy to use and has a lot of memory.

– **Quel marque d'ordinateur désirez-vous, monsieur?**

– **Attendez un instant. Il faut que je réfléchisse ...**

– **C'était celui-ci?**

– **Non, je ne pense pas. Il me faut un ordinateur qui soit facile à utiliser, et qui ait beaucoup de mémoire.**

THOUGHT PROCESSES 6c

COMMUNICATING WITH OTHERS

15c Mail and telephone

Mail

abroad   à l'étranger
addressee   le/la destinataire
airmail letter   la lettre par avion
airmail   par avion
answer   la réponse
collection   la levée
I correspond   je corresponds
correspondence   la correspondance
correspondent   le correspondant, la correspondante
counter   le guichet
customs declaration   la déclaration de douane
envelope   l'enveloppe *(f)*
express delivery   la distribution express
I finish *(letter)*   je termine
first-class   normal
greetings   les salutations *(f)*
I hand in   je remets *(remettre)*
letter   la lettre
letter carrier   le facteur, la factrice
letter rate   le tarif d'une lettre
mail   le courrier

mailbox   la boîte aux lettres
news   les nouvelles *(f)*
package   l'emballage *(m)*
parcel   le colis
parcel-post   le tarif d'un colis
penpal   le correspondant, la correspondante
I post/mail   je poste
post office   la poste
post restante   la poste restante
post/mail   le courrier
postage   les tarifs *(m)* postaux
postage paid   port payé
postal order   le mandat postal
postcard   la carte postale
I receive   je reçois *(recevoir)*
recorded/registered mail   le courrier recommandé
reply   la réponse
sealed   cacheté
I send   j'envoie *(envoyer)*
sender   un expéditeur, une expéditrice
stamp   le timbre
I write   j'écris *(écrire)*
ZIP code   le code postal

When does the mail arrive?	**Quand est-ce que le courrier arrive?**
I haven't heard from her for ages.	**Je n'ai pas eu de ses nouvelles depuis bien longtemps.**
Dear Sir,	**Monsieur,**
I am writing on behalf of my father, concerning...	**Je vous écris de la part de mon père, en ce qui concerne ...**
I look forward to hearing from you.	**Dans l'attente de votre réponse ...**
Yours sincerely	**Je vous prie d'agréer, monsieur/madame, l'expression de mes sentiments les meilleurs**

LETTER-WRITING App.15c; STATIONERY App.22b

MAIL AND TELEPHONE 15c

Telephone and telecommunications

answering machine **le répondeur téléphonique**
button **le bouton**
call box **la cabine téléphonique**
collect call **l'appel** *(m)* **en P.C.V.**
conversation **la conversation**
dial **le cadran**
electronic mail (E-mail) **le courrier électronique**
engaged *(phone)* **occupé**
extension **le poste**
fax **la télécopie, le fax**
fax modem **le modem de fax**
local call **la communication urbaine**
long-distance call **la communication interurbaine**
operator **le/la standardiste**
out of order **en panne**
party line **le téléphone rose**
receiver **le combiné**
slot **la fente**
subscriber **un abonné, une abonnée**
telecommunications links **les liaisons** *(f)* **de télécommunications**
telegram wire **le télégramme**
telegraph **le télégraphe**
telephone **le téléphone**
telephone booth **la cabine**
telephone directory **l'annuaire** *(m)* **téléphonique**
unlisted **sur la liste rouge**
wrong number **le mauvais numéro**
zero **le zéro**

Telephoning

I call **j'appelle** *(appeler)*
I call again **je rappelle** *(rappeler)*
I connect **je mets** *(mettre)* **en communication**
I dial **je compose**
I fax **j'envoie** *(envoyer)* **une télécopie/un fax**
I hang up **je raccroche**
I hold **je patiente**
I pick up *(the phone)* **je décroche**
I press **j'appuie** *(appuyer)*
I put ... through (to) **je passe ... (à)**
I speak to **je parle à**
I telephone/phone/call **je téléphone**
I transmit **je transmets** *(transmettre)*

Do you have change for the telephone? Can I dial direct?

Avez-vous de la monnaie pour le téléphone? Puis-je appeler par l'automatique?

– This is Jean-Luc (speaking). Could you put me through to François?
– Please wait/hold! ... Are you still there? I'm afraid he's not in.

– **C'est Jean-Luc à l'appareil. Pourriez-vous me passer François?**
– **Veuillez patienter!/Ne quittez pas! ... Vous êtes toujours en ligne? Je regrette, il n'est pas ici.**

– I will call back later.

– **Je rappellerai plus tard.**

This is Cambridge 503244.

Ici Cambridge 503244. (cinquante, trente-deux, quarante-quatre).

119

COMMUNICATING WITH OTHERS

15d Computers

Computer applications

adventure game **le jeu d'aventure**
application **l'application** *(f)*
artificial intelligence **l'intelligence** *(f)* **artificielle**
bar code **le code à barres**
bar code reader **le lecteur de code à barres**
calculator **la calculatrice**
computer **l'ordinateur** *(m)*
computer control **le contrôle par ordinateur**
computer science/studies **l'informatique** *(f)*
computerized **informatisé**
desktop publishing/DTP **la publication assistée par ordinateur (PAO)**
grammar-check **le correcteur de grammaire**
information technology **la technologie de l'information**
information **une information**
office automation **la bureautique**
optical reader **le lecteur optique**
simulation **la simulation**
simulator **le simulateur**
spell-check **le correcteur d'orthographe**
synthesiser **le synthétiseur**
thesaurus **le thésaurus, le dictionnaire de synonymes**
word processor **la machine de traitement de texte**
word processing **le traitement de texte**

Word processing and operating

I access **j'accède (accéder) à**
I append **j'ajoute**
I back up **je sauvegarde**
I block *(text)* **je sélectionne**
I browse **je feuillette**
I cancel **j'annule**
I click **je clique**
I communicate **je communique**
I copy **je copie**
I count **je compte**
I create **je crée**
I cut and paste **je coupe et colle**

Which disk drive are you using?	Quel lecteur de disques utilisez-vous?
What size disks does it use?	De quelle taille de disque avez-vous besoin?
Can you repair this keyboard?	Pouvez-vous réparer le clavier?
How do you turn down the brightness?	Comment est-ce qu'on baisse l'intensité?
What do the function keys do?	A quoi servent les touches de fonction?
The Macintosh and IBM systems are not yet compatible.	Les systèmes Macintosh et IBM ne sont pas encore compatibles.
These computers are on a local area network.	Ces ordinateurs sont sur un réseau local.

COMPUTERS 15d

I debug   **je débogue**
I delete   **j'efface**
I download   **je transfère** *(transférer)*
I emulate   **j'imite**
I enter   **j'entre**
I erase   **j'efface**
I exit   **je sors**
I export   **j'exporte**
I file   **je classe**
I format   **je formate**
I handle (text)   **je traite (texte)**
I import   **j'importe**
I install   **j'installe**
keyboard   **le clavier**
keyboard operator   **un opérateur/ une opératrice de saisie**
I list   **je liste**
I log on/off   **j'entre/je sors** *(sortir)*
I log   **j'enregistre**
I make bold   **je mets** *(mettre)* **en caractères gras**
I merge   **je fusionne**
I move   **je déplace**
I open (a file)   **j'ouvre** *(ouvrir)* **(un fichier)**
I print (out)   **j'imprime**

I (word) process   **je traite**
I program   **je programme**
I quit   **j'abandonne**
I read   **je lis** *(lire)*
I reboot   **je réinitialise, je réamorce**
I receive   **je reçois** *(recevoir)*
I record   **j'enregistre**
I remove   **j'efface**
I replace   **je remplace**
I retrieve   **j'extrais**
I run   **je parcours**
I save   **je sauvegarde**
I search   **je cherche**
I send   **j'envoie**
I shift   **je décale**
I simulate   **je simule**
I sort   **je classe**
I store   **je mets** *(mettre)* **en mémoire**
I switch on/off   **j'allume/j'éteins** *(éteindre)*
I tabulate   **je mets** *(mettre)* **en colonnes**
I update   **je mets** *(mettre)* **à jour**
I underline   **je souligne**

– How easy is this spreadsheet to use?
– You can always consult the pull-down menu.

– Ce tableur est-il facile à utiliser?
– Vous pouvez toujours regarder le menu qui défile vers le bas.

This disk is corrupted. It has wiped my file!
Have you checked for a virus?

Ce disque est corrompu. Il a effacé mon fichier!
Avez-vous vérifié qu'il n'y a pas de virus?

Which operating system do you use?

Quel système d'exploitation utilises-tu?

Don't show me your password!

Ne me montrez pas votre mot de passe!

I don't like this software package.   **Je n'aime pas ce progiciel.**

▶ COMPUTER PRINTING App.15d

LEISURE AND SPORT

Leisure and sport

16a Leisure

activity **l'activité** (f)
amateur **amateur**
archeology **l'archéologie** (f)
archery **le tir à l'arc**
I begin **je commence**
I belong to **je fais partie de**
book **le livre**
boring **ennuyeux [-se]**
camera **l'appareil** (m) **photo**
card **la carte**
card game **le jeu de cartes**
card table **la table de jeu**
casino **le casino**
cinema/movie theater **le cinéma**
closed **fermé**
club **le club**
I collect **je collectionne**
coin **la pièce**
connoisseur (of) **le connaisseur/la connaisseuse (de)**
crossword puzzles **les mots** (m) **croisés**
collection **la collection**

collectors fair **la foire des collectionneurs**
I decide **je décide**
discotheque **la discothèque**
I dislike **je n'aime pas**
DIY/do-it-yourself **le bricolage**
energy **l'énergie** (f)
energetic **énergique**
enthusiasm **l'enthousiasme** (m)
entrance **l'entrée** (f)
entry fee **le prix d'entrée**
excitement **l'exaltation** (f)
exciting **passionnant**
excursion **l'excursion** (f)
exit **la sortie**
fair **la fête foraine**
fascinating **fascinant**
I fish **je pêche, je vais à la pêche**
finished **fini**
free time **le temps libre**
fun **amusant**
I gamble **je joue de l'argent**
I get in line/queue **je fais la queue**

– What is your favourite hobby?

– Well, I used to go for a drive in the country every Sunday, but I have no time for hobbies nowadays. Sometimes I go fishing, which is recommended for stressed executives.

I can meet you at the swimming pool or, if you prefer, at the gym.

– Quel est ton passe-temps préféré?

– Eh bien, tous les dimanches, je partais en voiture à la campagne, mais maintenant, je n'ai plus de temps pour les passe-temps. Parfois, je vais à la pêche, ce qui est recommandé pour les cadres stressés.

On peut se rencontrer à la piscine, ou si tu préfères, à la salle de gym/au gymnase.

➤ HOBBIES App.16a; SPORTS AND EQUIPMENT 16c

LEISURE 16a

I go out je sors *(sortir)*
guide le/la guide
guided tour la visite guidée
hobby/pastime le passe-temps
holiday/vacation les vacances *(f)*
interest l'intérêt *(m)*
interesting **intéressant**
I join je m'inscris *(s'inscrire)* à
leisure le loisir
I like j'aime
line/queue la queue
I listen to j'écoute
I look je regarde
market le marché
  antiques market le marché d'antiquités
  flea market le marché aux puces
I meet je rencontre
meeting place le lieu de rencontre
member le membre
membership l'adhésion *(f)*
nightclub la boîte de nuit
open ouvert
organization une organisation
I organize j'organise
picnic le pique-nique
place le lieu
I play je joue
pleasure le plaisir
politics la politique
I prefer je préfère
private privé
public publique
I read je lis *(lire)*
ready prêt
season la saison
season ticket l'abonnement *(m)*
secluded isolé
slide la diapositive
spectator le spectateur, la spectatrice
I start (doing) je commence (à faire)
I stop (doing) j'arrête (de faire)
I stroll je me promène
subscription l'abonnement *(m)*
television la télévision
ticket le billet
time l'heure *(f)*
theater le théâtre
tour/visit la visite
vacation les vacances *(f)*
I visit je visite, je rends visite à
visit la visite
I walk je marche
I watch je regarde
youth club le centre de jeunes
zoo le zoo

– What do you like doing on a rainy day?
– Perhaps playing cards but not with my brother: he cheats!

– Shall we take the children to the zoo?
– Good idea. If we take Eve's children and their school friends as well we can have a group rate.

– Qu'est-ce que tu aimes faire les jours de pluie?
– Peut-être jouer aux cartes mais pas avec mon frère, il triche!

– Et si nous emmenions les enfants au zoo?
– Bonne idée. Si nous emmenons les enfants d'Eve et leurs copains d'école, nous pourrons bénéficier d'un prix de groupe.

➤ SPORTS AND EQUIPMENT 16c; PHOTOGRAPHY App.16c

LEISURE AND SPORT

16b Sporting activity

against **contre**
I aim **je vise**
archer **l'archer** *(m)*
athlete **un/une athlète**
athletic **athlétique**
ball **la balle**
　ball *(large)* **le ballon**
bath towel **la serviette de bain**
bet **le pari**
boat **le bateau**
boxer **le boxeur**
I bowl **je joue aux boules**
captain **le capitaine**
I catch **j'attrape**
champion **le champion, la championne**
championship **le championnat**
I climb **je grimpe**
climber **le grimpeur, la grimpeuse**
coach **un entraîneur, une entraîneuse**
cup *(sport)* **la coupe**
cycle **le vélo**
I cycle **je fais du vélo**
defeat **la défaite**
I dive **je plonge**
I do (sport) **je fais (du sport)**
effort **l'effort** *(m)*
endurance **l'endurance** *(f)*
equipment **le matériel**
I exercise **je fais des exercices**
I fall **je tombe**
fall **la chute**
finals **la finale**
fit **en pleine forme**
fitness **la forme**

game **le jeu**
I get fit **je me mets** *(se mettre)* **en forme**
goal **le but**
ground/stadium **le terrain**
gym(nasium) **la salle de gym, le gymnase**
I hit **je frappe, je touche**
hit **la frappe**
ice rink **la patinoire**
I ice skate **je fais du patin à glace**
injury **la blessure**
instructor **le moniteur, la monitrice**
I jog **je fais du jogging**
jogger **le jogger**
I jump **je saute**
jump **le saut**
I kick (ball) **je shoote (dans le ballon)**
lawn **la pelouse**
　lawn *(tennis)* **le gazon**
league **la ligue**
locker room **le vestiaire**
I lose **je perds** *(perdre)*
I lift weights **je fais des haltères**
marathon **le marathon**
match **le match**
medal **la médaille**
　gold/silver/bronze **d'or/ d'argent/de bronze**
muscle **le muscle**
I'm not in shape **je ne suis pas en forme**
Olympic Games (winter, summer) **les Jeux** *(m)* **Olympiques**

It is a remarkable achievement for the national team, which has performed extremely well.

C'est un exploit remarquable pour l'équipe nationale qui a extrêmement bien joué.

▶ SPORTS AND EQUIPMENT 16c

SPORTING ACTIVITY 16b

(d'hiver, d'été)
opponent   un/une adversaire
pedal   la pédale
pentathlon   le pentathlon
physical   **physique**
I pitch   **je lance**
pitcher   **le lanceur**
I play   **je joue**
player   **le joueur, la joueuse**
point   **le point**
professional   **le professionnel, la professionnelle**
I race   **je fais une course**
race   **la course**
referee   **l'arbitre** (m)
rest   **le repos**
result   **le résultat**
I ride   **je fais du cheval**
riding school   **l'école** (f) **d'équitation**
roller skating   **le patinage à roulettes**
I row   **je fais de l'aviron**
I run   **je cours** (courir)
run   **la course**
runner   **le coureur**
sailing school   **l'école** (f) **de voile**
I sail   **je fais de la voile**
sail   **la voile**
I score (a goal)   **je marque (un but)**
score   **le score**
I shoot (ball, puck)   **je shoote**
I shoot (at a target)   **je tire (sur la cible)**
I shoot pool   **je joue au billard américain**
I ski   **je fais du ski**
ski slope   **la piste**

show   **le spectacle**
skier   **le skieur, la skieuse**
ski lift   **le remonte-pente**
sponsor   **le sponsor**
sponsorship   **le sponsoring**
sport   **le sport**
sports field   **le terrain de sport**
sprint   **le sprint**
stadium   **le stade**
stamina   **l'endurance** (f)
strength   **la force**
supporter   **le/la supporter**
I swim   **je nage**
table tennis   **le tennis de table**
team   **l'équipe** (f)
team sport   **le sport d'équipe**
I throw   **je lance**
I tie (draw)   **je fais match nul**
tie (draw)   **le match nul**
timing/timekeeping   **le chronométrage**
touchdown   **le but**
tournament   **le tournoi**
track   **la piste**
I train   **je m'entraîne**
trainer   **un entraîneur, une entraîneuse**
training   **l'entraînement** (m)
triumph   **le triomphe**
trophy   **le trophée**
victory   **la victoire**
I win   **je gagne**
workout   **la séance d'entraînement**
world championship   **le championnat du monde**
world cup   **la coupe du monde**

The team has been training in very trying weather conditions and each athlete was ready to give his best.

L'équipe s'est entraînée dans des conditions climatiques très pénibles et chaque athlète était prêt à donner le meilleur de lui-même.

HEALTH AND HYGIENE 11d

LEISURE AND SPORT

16c Sports and equipment

Sports

aerobics   l'aérobic *(m)*
archery   le tir à l'arc
athletics   l'athlétisme *(m)*
badminton   le badminton
baseball   le baseball
basketball   le basketball
bowling   le jeu de boules
   tenpins   le bowling (à dix quilles)
boxing   la boxe
climbing (rock)   l'escalade *(f)*
   free climbing   la libre escalade *(f)*
crew   l'équipage *(m)*
cricket   le cricket
cycling   le cyclisme
decathlon   le décathlon
diving   la plongée
   deep-sea diving   la plongée sous-marine
football   le football American
hang gliding   le delta-plane
handball   le handball
hockey   le hockey
horse racing   les courses *(f)* de chevaux
horseback riding   l'équitation *(f)*
ice hockey   le hockey sur glace
ice skating   le patinage (sur glace)
jogging   le jogging
motor racing   les courses *(f)* automobiles
parapenting   le parapente
polo   le polo
pool   le billard américain
racing   les courses *(f)*
riding   l'équitation *(f)*
rugby   le rugby
sailing   la navigation à voile
skiing   le ski
   alpine skiing   le ski alpin
   cross-country skiing   le ski de fond
   downhill skiing   le ski de descente
snooker   le billard
soccer   le football
swimming   la natation
table tennis   le tennis de table
tennis   le tennis
volleyball   le volleyball
water polo   le water-polo
weightlifting   l'haltérophilie *(f)*
weight training   la musculation (en salle)
wind surfing   la planche à voile

Leisure wear and sports clothes

anorak   l'anorak *(m)*
bathing suit   le maillot de bain
boots   les bottes *(f)*
cycling shorts   le short de cycliste
dancing shoes   les chaussures *(f)* de danse
gardening gloves   les gants *(m)* de jardinage
hiking boots   les chaussures *(f)* de marche
leotard   le collant
parka   le parka
rugby shirt   la chemise de rugby
sneakers   les chaussures *(f)* de sport, les baskets *(f)*
swimming trunks   le maillot de bain
track suit   le survêtement
waterproof jacket   la veste imperméable
Wellington boots   les bottes *(f)* en caoutchouc
wet suit   la combinaison de plongée

➤ SPORTING ACTIVITY 16b; CLOTHING 9c

SPORTS AND EQUIPMENT 16c

Leisure and sport equipment

arrow **la flèche**
backpack **le sac à dos**
ball **la balle**
bat *(cricket, baseball)* **la batte**
bat (table tennis) **la raquette de tennis de table**
binoculars **les jumelles** *(f)*
boxing gloves **les gants** *(m)* **de boxe**
bow **l'archet** *(m)*
camera **l'appareil** *(m)* **photo**
crash helmet **le casque**
equipment **le matériel**
exercise bike **le vélo de santé/d'appartement**
fishing rod **la canne à pêche**
headphone **le casque (à écouteurs)**
hi-fi **la chaîne hi-fi**
knapsack **le sac à dos**
knitting needles **les aiguilles** *(f)* **à tricoter**
javelin **le javelot**
mountain bike **le vélo tout terrain (VTT)**
net **le filet**
outrigger **l'outrigger** *(m)*
pruning shears **les sécateurs** *(m)*
puck **le palet**
racket *(tennis)* **la raquette**
rifle **le fusil**
roller skates **les patins** *(m)* **à roulettes**
rowing machine **la machine à ramer**
rowing boat **le canot (à rames)**
sailboat **le voilier**
sewing kit **la boîte à couture**
skate **le patin**
skis **les skis** *(m)*
ski boots **les chaussures** *(f)* **de ski**
ski sticks/poles **les bâtons** *(m)* **de ski**
spinning wheel **le rouet**
sports bag **le sac de sport**
stick *(hockey)* **le crosse (de hockey)**
surfboard **la planche de surf**
stopwatch **le chronomètre**
weights **les poids** *(m)*
yacht **le yacht**
zoom lens **le zoom**

– Did you watch the game?

– No, I had to leave before the end. Who won?

– We lost 3 to 1. I still cannot understand how such a capable team could lose so disastrously after a brilliant season.

All sports commentators agree that they were particularly unlucky when the referee insisted on the penalty.

– **As-tu regardé le match?**

– **Non, j'ai dû partir avant la fin. Qui a gagné?**

– **Nous avons perdu 3 à 1. Je ne peux toujours pas comprendre comment une équipe aussi compétente a pu perdre de façon aussi désastreuse après une saison remarquable.**

Tous les commentateurs sportifs sont d'accord pour dire qu'ils n'ont surtout pas eu de chance quand l'arbitre a insisté sur le penalty.

▶ FARMING AND GARDENING 24c; TOOLS App.8b; PHOTOGRAPHY App.16a

The arts

17a Appreciation and criticism

abstract **abstrait**
abstruse **obscur, abstrus**
action **l'action** *(f)*
aesthete **l'esthète** *(m)*
aesthetics **l'esthétisme**
I appreciate **j'apprécie**
appreciation **l'appréciation** *(f)*
art **l'art** *(m)*
artist **l'artiste** *(m)*
artistic **artistique**
atmosphere **l'atmosphère** *(f)*
atmospheric **atmosphérique**
author **l'auteur** *(m)*
award **le prix**
I analyze **j'analyse**
avant-guarde **d'avant-garde**
believable **croyable**
character **le personnage**
characterization **la description des personnages**
characteristic **caractéristique**
climax **le point culminant**
it closes **il termine**
comic **comique, drôle**
commentary **le commentaire**
conflict **le conflit**
contemporary **contemporain**
contrast **le contraste**
it creates **il crée**
creativity **la créativité**
credible **crédible**
critic **le critique**
criticism **la critique**
cultivated **cultivé**
culture **la culture**
it deals with **il traite de**
it describes **il décrit**
it develops **il développe**
development **le développement**
device **la technique**

dialogue **le dialogue**
disturbing **inquiétant**
empathy **l'empathie** *(f)*
ending **la fin**
endless **interminable**
it ends **il se termine**
entertaining **distrayant**
entertainment **la distraction**
epic **l'aventure** *(f)* **épique**
event **l'événement** *(m)*
eventful **plein d'aventures**
example **l'exemple** *(m)*
exciting **palpitant, passionnant**
I explain **j'explique**
explanation **l'explication** *(f)*
it explores **il explore**
it expresses **il exprime**
extravagant **extravagant, excessif**
fake *(adj)* **faux [-se]**
fantastic **fantastique**
fantasy **la fantaisie**
figure **le personnage, la figure**
funny **amusant, drôle**
image **l'image** *(f)*
imaginary **imaginaire**
imagination **l'imagination** *(f)*
inspiration **l'inspiration** *(f)*
inspired (by) **inspiré (de)**
intense **intense**
intensity **l'intensité** *(f)*
interpretation **l'interprétation** *(f)*
invention **l'invention** *(f)*
inventive **inventif [-ve]**
ironic **ironique**
irony **l'ironie** *(f)*
issue **le problème**
life **la vie**
long-winded **long[ue] et laborieux [-se]**

APPRECIATION AND CRITICISM 17a

lyrical **lyrique**
modern **moderne**
mood **l'humeur** *(f)*
moral **la morale**
  moral *(adj)* **moral**
morality **la moralité**
moving **émouvant**
mystery **le mystère**
mysterious **mystérieux [-se]**
mystical **mystique**
mysticism **le mysticisme**
nature **la nature**
obscure **obscur**
obscene **obscène**
obscenity **l'obscénité** *(f)*
opinion **l'opinion** *(f)*
optimism **l'optimisme** *(m)*
optimistic **optimiste**
parody **la parodie**
passion **la passion**
passionate **passionné**
pessimistic **pessimiste**
pessimism **le pessimisme**
poetic **poétique**
it portrays **il dresse le portrait (de)**
portrayal **le portrait**
precious **précieux [-se]**
protagonist **le protagoniste**

I read **j'étudie**
reader **le lecteur, la lectrice**
realistic **réaliste**
reference **la référence**
I reflect **je réfléchis**
reflection **la réflexion**
relationship **les rapports** *(m)*
review **la revue**
sad **triste**
satire **la satire**
it satirizes **il satirise**
satirical **satirique**
style **le style**
  in the style of . . . **à la manière de ...**
stylish **stylé, élégant**
subject **le sujet**
technique **la technique**
tension **la tension**
theme **le thème**
tone **le ton**
tragedy **la tragédie**
tragic **tragique**
true **vrai**
vivid **éclatant, vif [vive]**
viewpoint **le point de vue**
witty **spirituel[le], amusant**
work of art **l'œuvre** *(f)* **d'art**

Artistic styles and periods

Art Nouveau **l'art** *(m)* **nouveau**
Baroque **baroque**
Bronze Age **l'âge** *(m)* **de bronze**
Classical period **la période classique**
Dadaist **dada**
Enlightenment **le siècle des lumières**
expressionism **l'expressionisme** *(m)*
Futurist(ic) **futuriste**
Georgian **georgien[ne]**
Gothic **gothique**
Greek **grec[que]**
Middle Ages **le moyen âge**
moorish **mauresque, maure**
naturalistic **naturaliste**
Neolithic Age **l'âge néolithique**
Norman **normand**
Post- **post-**
realism **le réalisme**
Renaissance **la renaissance**
Rococo **rococo**
Roman Empire **l'empire** *(m)* **romain**
Romanesque **romanesque**
Romantic period **la période romantique**
structuralist **structuraliste**
surrealism **le surréalisme**
symbolism **le symbolisme**

▶ MUSIC AND DANCE 17d; THEATER AND FILM 17e

THE ARTS

17b Art and architecture

antique l'antiquité *(f)*
antiquity l'antiquité *(f)*
architect l'architecte *(m)*
art l'art *(m)*
artifact l'objet *(m)* d'art
artist l'artiste *(m)*
art student l'étudiant *(f)* des beaux-arts
auction sale la vente aux enchères
auctioneer le commissaire-priseur
balance l'équilibre *(m)*
baroque baroque
beam la poutre
bronze le bronze
brush le pinceau
I build je construis
building le bâtiment
bust le buste
caricature la caricature
I carve je sculpte, je taille
I cast je moule, je coule
ceramics la céramique
charcoal le fusain
chisel le ciseau
chiseled ciselé
classical classique
clay l'argile *(f)*
collage le collage
creative créatif [-ve]
creativity la créativité
decorated orné, décoré
decoration la décoration
decorative arts les arts *(m)* décoratifs
I design je crée
design la création, le design, le motif
dimension la dimension
I draw je dessine
drawing le dessin
easel le chevalet
elevation l'élévation *(f)*
enamel l'émail *(m)*
I engrave je grave
engraving l'estampe *(f)*
I etch je grave
etching la gravure
exhibition l'exposition *(f)*
figure la figure
figurine la figurine
fine arts les beaux-arts *(m)*
flamboyant flamboyant
form la forme
free-hand à main levée
fresco la fresque
frieze la frise
genre le genre
graphic arts les arts *(m)* graphiques
gravity la gravité
holograph l'hologramme *(f)*
interior intérieur
intricate compliqué
ironwork la ferronnerie
landscape le paysage
landscape architect l'architecte

Here, we are probably in the best place. Look, in the foreground you can see the monastery, which dates back from 1279 and which is such a good example of religious architecture and in the background the medieval towers are still visible.

Ici, nous sommes sans doute au meilleur endroit. Regardez, au premier plan on peut voir le monastère, qui date de 1279 et qui est un si bel exemple d'architecture religieuse, et à l'arrière-plan on peut encore voir les tours médiévales.

APPRECIATION AND CRITICISM 17a

ART AND ARCHITECTURE 17b

(m) paysagiste
landscape painter **le peintre paysagiste**
large-scale work **l'œuvre** *(f)* **de grande échelle**
later works **les œuvres** *(f)* **postérieures/plus récentes**
light **la lumière**
   light *(adj)* **clair**
lithography **la lithographie**
luminosity **la luminosité**
luminous **lumineux [-se]**
masterpiece **le chef-d'œuvre**
metal **le métal**
miniature **la miniature**
model **le modèle**
monochrome **monochrome**
mosaic **la mosaïque**
museum **le musée**
oil painting **la peinture à l'huile**
ornate **orné**
I paint **je peins** *(peindre)*, **je fais de la peinture**
paint **la peinture**
painting **le tableau**
pastel **le pastel**
portrait **le portrait**
potter **le potier**
pottery **la poterie**
it represents **il représente**
representation **la représentation**
reproduction **la reproduction**
restoration **la restauration**
I restore **je restaure**
restored **restauré**

restorer **le restaurateur**
roughcast **l'ébauche** *(f)*
school **l'école** *(f)*
I sculpt **je sculpte**
sculptor **le sculpteur**
sculpture **la sculpture**
seascape **le paysage marin**
shadow **l'ombre** *(f)*
shape **la forme**
I shape **je forme**
sketch(ing) **l'esquisse** *(f)*
I sketch **j'esquisse**
stained glass **le verre teint**
   stained-glass window **le vitrail**
statuary **la statuaire**
statue **la statue**
still life **la nature morte**
I stipple **je pointille**
studio **le studio**
style **le style**
tapestry **la tapisserie**
tempera **la détrempe**
town planning **l'urbanisme** *(m)*
traditional **traditionnel**
translucent **translucide**
transparent **transparent**
visual arts **les arts** *(m)* **plastiques**
water color **l'aquarelle** *(f)*
weathering **le vieillissement**
wood **le bois**
wood carving **la sculpture sur bois**
woodcut **la sculpture sur bois**
wood engraving **la gravure sur bois**

I have just been to the exhibition at the Academy, which has already attracted thousands of visitors. There is the most wonderful collection of drawings and sculptures.

Je viens de voir l'exposition à l'Académie, qui a déjà attiré des milliers de visiteurs. Il y a une collection vraiment merveilleuse de dessins et de sculptures.

▶ ARCHITECTURAL FEATURES App.17b

THE ARTS

17c Literature

autograph l'**autographe** (m)
book **le livre**
bookshop/store **la librairie**
bookseller **le libraire**
character **le personnage**
  main character **le/la protagoniste**
comic **comique**
dialogue **le dialogue**
fictional **fictif [-ve], fictionnel[le]**
hardback (adj) **relié**
I imagine **j'imagine**
imagination **l'imagination** (f)
inspiration **l'inspiration** (f)
inspired by **inspiré par/de**
it introduces **il introduit**
introduction **l'introduction** (f)
I leaf through **je feuillette**
librarian **le/la bibliothécaire**
library **la bibliothèque**
  public library **la bibliothèque municipale**
  reference library **la bibliothèque d'ouvrages à consulter**
literal(ly) **littéral(ement)**
map **la carte**
myth **le mythe**
mythology **la mythologie**
it narrates **il raconte, il narre**
narrative **le narratif**
narrator **le narrateur**
page **la page**
paperback **le livre de poche**
poem **le poème**
poetic **poétique**
poetry **la poésie**
punctuation **la ponctuation**
quote **la citation**
I quote **je cite**
I read **je lis** (lire)
I recount **je rapporte**
rhyme **la rime**
it is set in **il se situe en**
text **le texte**
title **le titre**
verse **le vers**

Types of books

adventure story **le roman d'aventure**
atlas **l'atlas** (m)
autobiography **l'autobiographie** (f)
biography **la biographie**
children's literature **la littérature enfantine**
comic novel **le roman comique**
cookbook **le livre de recettes/cuisine**
crime novel **le roman policier**
dictionary **le dictionnaire**
  bilingual **bilingue**
  monolingual **monolingue**
diary **le journal**
encyclopedia **l'encyclopédie** (f)
epic poem **le poème épique**
essay **l'essai** (m)
fable **la fable**

– What are you all reading at the moment?

– A spine-chilling story with a tragic conclusion. It is set in contemporary Los Angeles.

– Qu'est-ce que vous lisez en ce moment?

– Un récit à vous glacer le sang avec une conclusion tragique. Il se situe dans le Los Angeles d'aujourd'hui.

LITERATURE 17c

fairy tale **le conte de fée**
feminist novel **le roman féministe**
fiction **la fiction**
Greek tragedy **la tragédie grecque**
horror story **le récit d'épouvante**
letters **les lettres, la correspondance**
manual **le manuel**
memoirs **les mémoires** (m)
modern play **la pièce moderne**
nonfiction **le documentaire**
novel **le roman**
picaresque **picaresque**
poetry **la poésie**
reference book **l'ouvrage** (m) **de référence**
satirical poem **le poème satirique**
science fiction **la science-fiction**
short story **la nouvelle**
spy story **le roman d'espionnage**
teenage fiction **la littérature pour les jeunes**
travel book **le guide/le récit de voyage**
war novel **le roman de guerre**

Publishing

abridged version **la version abrégée**
acknowledgements **les remerciements** (m)
appendix **l'appendice** (m)
artwork **les illustrations**
author **l'auteur** (m)
best-seller **le best-seller, le livre à succès**
bibliography **la bibliographie**
book fair **la foire du livre**
catalog **le catalogue**
chapter **le chapitre**
contract **le contrat**
copy **l'exemplaire** (m)
copyright **les droits** (m) **d'auteur**
cover (of book) **la couverture**
deadline **la date limite**
dedicated to **dédié à**
edition **l'édition** (f)
 latest edition **l'édition la plus récente**
editor **le rédacteur**
 copy editor **le rédacteur technique**
footnotes **les annotations** (f)
illustrations **les illustrations** (f)
manuscript **le manuscrit**
paperback **le livre de poche**
preface **la préface**
proofreading **la correction**
publication date **la date de publication**
publisher **l'éditeur** (m)
publishing house **la maison d'édition**
quote **la citation**
review **la critique**
reviewer **le critique**
subtitle **le sous-titre**
table of contents **la table des matières**
translation **la traduction**
version **la version**
with a forward by **préfacé par**

– A vivid account of life in the thirties. The writer explores the theme of lost innocence.

– **Un tableau évocateur de la vie dans les années trente. L'auteur explore le thème de l'innocence perdue.**

– I'm reading a collection of modern foreign fiction.

– **Je lis un recueil d'ouvrages de fiction en langue étrangère.**

➤ APPRECIATION AND CRITICISM 17a

THE ARTS

17d Music and dance

acoustics l'acoustique *(f)*
adjudicator l'adjudicateur *(m)*
agent l'agent *(m)*, l'imprésario *(m)*
album l'album *(m)*
amplifier l'amplificateur *(m)*
audience le public, les spectateurs *(m)*
audition l'audition *(f)*
auditorium l'auditorium *(m)*
ballet la danse classique, le ballet
band leader le leader du groupe
baton la baguette
brass band la fanfare
canned music la musique d'ambiance
cassette tape la cassette audio
cassette player le lecteur de cassettes
chamber music la musique de chambre
choir le chœur
choral choral
choreography la chorégraphie
chorister le choriste
chorus le chœur
classical music la musique classique
compact disk (CD) le disque compact, le CD
competition la compétition
compilation le recueil
I compose je compose
composer le compositeur
composition la composition
concert le concert
concert hall la salle de concerts
conductor le chef d'orchestre
I conduct je dirige l'orchestre
dance la danse
I dance je danse
dancer le danseur, la danseuse
dance music la musique de ballet
discotheque la discothèque
disc jockey l'animateur *(m)*, le disc-jockey
drummer le batteur
ensemble l'ensemble *(m)*
folk music la musique folklorique
group le groupe
harmony l'harmonie *(f)*
harmonic harmonique
hit (song) le tube
hit parade le hit-parade
I hum je chantonne
instrument l'instrument *(m)*
instrument maker le luthier
instrument repairer le réparateur d'instruments de musique
instrumental music la musique instrumentale
instrumentalist le musicien instrumentaliste
I interpret j'interprète *(interpréter)*

– Do you play an instrument?
– I play the viola.
– I never learned to play an instrument but I have just bought an electric guitar.

– I like traditional jazz.
– I prefer easy listening music.

– Jouez-vous d'un instrument?
– Je joue de l'alto.
– Je n'ai jamais appris à jouer d'un instrument mais je viens d'acheter une guitare électrique.

– J'aime le jazz traditionnel.
– Je préfère la musique d'ambiance.

MUSIC AND DANCE 17d

interpretation l'interprétation (f)
jazz le jazz
jukebox le juke-box
key la clé
lesson la leçon
I listen to j'écoute
listening l'écoute (f)
microphone le micro
music la musique
musical(ly) musical(ement)
musician le musicien, la musicienne
note la note
orchestra l'orchestre (f)
orchestration l'orchestration (f)
it is performed on joue
performance la représentation
performed by interprété par
performer un/une interprète
pianist le/la pianiste
piano le piano
piece le morceau
I play je joue
player le joueur, la joueuse
popular music la musique populaire
portable portatif [-ve]
I practice je m'entraîne
promotional video la vidéo promotionnelle
I put on a record je mets (mettre) un disque
recital le récital
record le disque
I record j'enregistre
recording l'enregistrement (m)
recording studio le studio d'enregistrement
reed l'anche (f)
refrain le refrain
I rehearse je répète (répéter)
rehearsal la répétition
repertoire le répertoire
rhythm le rythme
rhythmic(ally) rythmique(ment)
rock le rock
show le spectacle
I sing je chante
singer le chanteur, la chanteuse
solo le solo
soloist le/la soliste
song la chanson
song writer le compositeur
string les cordes (f)
string quartet l'ensemble (m) à cordes
symphony la symphonie
tape la bande (sonore)
tour la tournée
  on tour en tournée
tune l'air (m)
  in tune juste
  out of tune faux [-se]
I tune j'accorde
vocal music la musique vocale
voice la voix
I whistle je siffle
whistling le sifflement
wind band l'ensemble (m) d'instruments à vent

– There is a rave concert at the Students' Union/college hall.
– What is the name of the band?
– I don't know. Their lyrics aren't bad but their music is dire.

– Il y a un concert branché dans la salle des étudiants.
– Comment s'appelle ce groupe?
– Je ne sais pas. Les paroles ne sont pas mal mais la musique est nulle.

Some people have perfect pitch.

Il y a des gens qui ont la voix très juste.

➤ MUSICAL FORMS, MUSICAL TERMS App.17d

THE ARTS

17e Theater and film

act l'acte *(f)*
I act je joue
acting school le conservatoire de théâtre
actor l'acteur *(m)*
actress l'actrice *(f)*
I applaud j'applaudis
applause les applaudissements *(m)*
assistant director le régisseur
audience le public, les spectateurs *(m)*
auditorium la salle
balcony la galerie
I book je réserve
box la loge
box office le bureau des réservations
cabaret le cabaret
camera la caméra
camera crew l'équipe *(f)* de tournage
cameraman le caméraman
cartoons les dessins *(m)* animés
choreographer le /la chorégraphe
cinema/movies le cinéma
cinema/movie buff le/la cinéphile
circus le cirque
I clap j'applaudis
cloakroom les vestiaires *(m)*

comedian le comédien
comedienne la comédienne
curtain le rideau
I design je crée
designer le créateur
I direct je dirige
director le réalisateur
drama le drame
dress rehearsal la répétition générale
dubbed doublé
dubbing le doublage
expectation l'attente *(f)*
farce la farce
farcical ridicule
film/movie le film
film/moviemaker le cinéaste
filmstar/movie star la vedette de cinéma
film/movie producer le producteur de cinéma
first night la première
floor show le spectacle de variétés
flop le navet, le fiasco
gaffer l'éclairagiste *(m)*
intermission l'entracte *(m)*
interval l'entracte *(m)*
lights l'éclairage *(m)*
limelights les projecteurs *(m)*
  in the limelight en vedette

Foreign films are usually dubbed, but some cinema/movie clubs show them in the original language.

Les films en langue étrangère sont en général doublés, mais certains ciné-clubs les passent en version originale.

Sci-fi films were popular in the sixties.

Les films de science-fiction étaient en vogue dans les années soixante.

The director has been nominated for an Oscar.

Le réalisateur a été désigné pour un Oscar.

THEATER AND FILM 17e

lobby l'entrée *(f)*
I make a film/movie je fais un film
masterpiece le chef-d'œuvre
matinée la séance en matinée
melodrama le mélodrame
mime le mime
movie le film
music hall le music-hall
offstage dans les coulisses
opening night la première
ovation l'ovation *(f)*
pantomime la pantomime
performance la représentation, le spectacle
photography la photographie
play la pièce
I play je joue
playwright l'auteur *(m)* de pièces de théâtre
premiere la première
I produce je suis le producteur/la productrice
producer le producteur, la productrice
production la production
public le public
retrospective la rétrospective
role le rôle
row la rangée
scene la scène
scenery le décor
screen l'écran *(m)*

screen test l'audition *(f)*
screening la projection
I shoot *(a film/movie)* je tourne
script le script
scriptwriter l'auteur *(m)* du script
seat le siège
   seat *(cinema/movies)* le fauteuil
sequel la suite
sequence la séquence
set *(cinema/movie)* le plateau
I show *(film/movie)* je montre, je passe
it is shown at on le passe à
it is sold out c'est complet
soundtrack la bande sonore
special effects les effets *(m)* spéciaux
stage *(theater)* la scène
stage directions les indications *(f)* scéniques
stage effects les effets *(m)* de scène
stage fright le trac
stalls places *(f)* d'orchestre
stunt person le cascadeur, la cascadeuse
trailer la présentation d'un nouveau film
understudy la doublure
usherette l'ouvreuse *(f)*
I zoom je zoome

He is playing one of the most demanding roles of his career.

Il joue l'un des rôles les plus difficiles de sa carrière.

I want to see the latest production of her three-act play. All the critics will attend the opening night.

Je veux voir la production la plus récente de sa pièce en trois actes. Tous les critiques assisteront à la première.

The matinée is sold out.

La séance en matinée est complète.

▶ APPRECIATION AND CRITICISM 17a

18 The media

18a General terms

admission l'entrée (f)
I admit je laisse entrer
I analyze j'analyse
analysis l'analyse (f)
I appeal to je fais appel à
I argue j'argumente
argument la dispute
attitude l'attitude (f)
biased partial
campaign la campagne
censorship la censure
cogent convaincant
comment le commentaire
conspiracy la conspiration
criticism la critique
critique la critique
cultural culturel[le]
culture la culture
cultured cultivé
current events l'actualité (f)
declaration la déclaration
it declares il déclare

detailed détaillé
it discriminates il fait une discrimination
disaster le désastre
disinformation la désinformation
educational pédagogique
I entertain je divertis
ethical moral
event l'événement (m)
example l'exemple (m)
expectations les attentes (f)
I exploit j'exploite
fallacious trompeur
fallacy l'illusion (f)
freedom la liberté
full/detailed rempli
gullible crédule
hidden caché
ignorance l'ignorance (f)
I ignore j'ignore
influential influent
information l'information (f)

During the recent elections it was difficult to find an example of unbiased reporting.

Pendant les récentes élections, il était difficile de trouver un exemple de reportage impartial.

In recent years many war correspondents have lost their lives while reporting from the front or have been taken hostage.

Ces dernières années, de nombreux correspondants de guerre ont péri alors qu'ils faisaient un reportage depuis le front ou ont été pris en otage.

GENERAL TERMS 18a

informative **informatif [-ve]**
it interferes **il s'ingère** *(s'ingérer)*
interview **l'entretien** *(m)*
intrusion **l'intrusion** *(f)*
intrusive **importun**
issue *(problem)* **la question**
I keep up with (news) **je me tiens** *(se tenir)* **au courant (des actualités)**
libel **la diffamation**
libelous **diffamatoire**
it is likely **il est probable**
local interest news **l'actualité** *(f)* **d'intérêt local**
material **le matériel**
meddling **indiscret [-ète]**
news **les informations** *(f)*
news item **l'information** *(f)*
partisan **partisan**
persuasive **persuasif [-ve]**
prejudice **le préjugé**
political **politique**
politics **la politique**
press **la presse**
privacy **l'intimité** *(f)*
privacy law **la loi sur la protection de la vie privée**
problem **le problème**
review **la revue**

I review **je passe en revue**
scoop **le scoop**
sensational **sensationnel[le]**
sensationalism **la recherche du sensationnel**
sexism **le sexisme**
sexist **sexiste**
silence **le silence**
silent **silencieux [-se]**
social **social**
society **la société**
specious **spécieux [-se]**
summary **le résumé**
  summary *(adj)* **sommaire**
it takes place **il a lieu**
trust **la confiance**
I trust **je fais confiance**
trustworthy **digne de confiance**
truth **la vérité**
truthful **véridique**
unbiased **impartial**
untrustworthy **indigne de confiance**
up to date **à jour**
violent **violent**
violence **la violence**
weekly *(adj)* **hebdomadaire**

European current affairs are not always reported in the British press, though all quality papers have foreign correspondents in all the European capitals.

La presse britannique ne fait pas toujours un reportage sur l'actualité européenne, bien que tous les journaux de qualité aient des correspondants étrangers dans toutes les capitales européennes.

Media barons have dominated the press in many western countries.

Les magnats des médias ont dominé la presse dans de nombreux pays occidentaux.

THE MEDIA

18b The press

article l'article *(m)*
back page la dernière page
barons les magnats *(m)*
broadsheet le journal plein format
cartoon le dessin (humoristique)
chief editor le rédacteur/la rédactrice en chef
circulation le tirage
color supplement le supplément illustré
column la colonne
comic strip la bande dessiné
correspondent le correspondant, la correspondante
foreign à l'étranger
crossword puzzle les mots *(m)* croisés
daily newspaper le quotidien
I edit je suis le rédacteur/la rédactrice en chef
edition l'édition *(f)*
editor le rédacteur, la rédactrice
editorial l'éditorial *(m)*
forgotten oublié
front page la une
glossy magazine le magazine de luxe
gutter press la presse à scandales
headline le (gros) titre, la manchette
heading la rubrique
horoscope l'horoscope *(m)*
illustration l'illustration *(f)*
it is published il est publié
journalist le/la journaliste
layout la mise en page
leader l'article *(m)* de tête
local paper la presse locale
magazine le magazine
Miss Lonely Hearts le/la journaliste responsable du courrier du cœur
monthly la revue mensuelle, le mensuel
national newspaper la grande presse
newsagent le marchand/la marchande de journaux
newspaper le journal
newsstand le kiosque (à journaux)
page la page
pamphlet la brochure
periodical le périodique

The gutter press has a surprisingly high readership.

La presse à scandales a un nombre étonnamment élevé de lecteurs.

The Sunday edition has so many supplements that I can't find the personal ads.

Il y a tellement de suppléments dans l'édition du dimanche que je ne peux pas trouver les petites annonces personnelles.

The leader in the *Examiner* breaks the sensational news. What a scoop!

L'article de tête de l'Examiner révèle la nouvelle sensationnelle. Quel scoop!

▶ GENERAL TERMS 18a

THE PRESS 18b

power le pouvoir
powerful puissant
press agency l'agence (f) de presse
press conference la conférence de presse
I print j'imprime
print les caractères (m)
printshop l'imprimerie (f)
problem page le courrier du cœur
I publish je publie
publisher un éditeur, une éditrice
publishing company la maison d'édition
quality press la presse sérieuse/de qualité
reader le lecteur
I report je fais un reportage
report le reportage
reporter le/la journaliste
short news item l'information (f) brève
small ad la petite annonce
special correspondent un envoyé spécial, une envoyée spéciale
special issue le numéro spécial
sports page la page sportive
I subscribe to je m'abonne à
subscription l'abonnement (m)
tabloid le tabloïd
type(face) le caractère

weekly l'hebdomadaire (m)

Newspaper sections

Announcements Annonces (f)
Arts Arts (m)
Classified ads petites annonces (f)
Economy Economie (f)
Editorial Editorial (m)
Entertainment Divertissements (m)
Food and drink Nourriture (f) et Boissons (f)
Games Jeux (m)
Gossip column Echos (m)
Home news Nouvelles (f) nationales
Horoscope Horoscope (m)
International news Nouvelles (f) internationales
Obituary Notices, nécrologiques (f), Nécrologie (f)
Finance Finances (f)
Problems page Courrier (m) du cœur
Property Immobilier (m)
Real estate Immobilier
Sports section Sport (m)
Travel Voyage (m)
Weather Météo (f)
Women's page Page (f) des lectrices

When is the color supplement published?

– What is the frequency, circulation, and readership of the magazine?

– It's published monthly, is aimed at motorbike enthusiasts and has over 30,000 subscribers worldwide.

Quand est-ce qu'on publie le supplément illustré?

– Quels sont la fréquence et le tirage de ce magazine, et qui sont les lecteurs?

– C'est un mensuel qui vise les fanas de la moto et qui compte plus de 30.000 abonnés dans le monde entier.

▶ LITERATURE 17c

THE MEDIA

18c Television and radio

aerial l'antenne *(f)*
anchorman le présentateur
anchorwoman la présentatrice
announcer le speaker, la speakerine
audience le public
I broadcast je diffuse
broadcasting station la station de radio
cable TV la télévision par câble, le câble
cameraman le cadreur, le cameraman
channel la chaîne
commercial la publicité
couch potato le lézard
dubbed doublé
earphones les écouteurs *(m)*
episode l'épisode *(m)*
high frequency à haute fréquence
interactive conversationnel[le], interactif [-ve]
listener un auditeur, une auditrice

live broadcast la diffusion en direct
live coverage/commentary le reportage en direct
loudspeaker le haut-parleur
low frequency à basse fréquence
microphone le microphone
body mike le micro portatif
newsreader le présentateur, la présentatrice
personal stereo le baladeur, le Walkman
production studio le studio de production
program le programme
radio la radio
on radio à la radio
I record j'enregistre
recording l'enregistrement *(m)*
remote control la télécommande
repeat la rediffusion
satellite dish l'antenne *(f)* parabolique

– What! Still glued to the set? You have been watching the box all evening! You have become a real couch potato!

– Quoi! Encore cloué devant la télé? Tu as regardé la télé toute la soirée! Tu es devenu un vrai lézard!

– I'm just going to record this film/movie, then I'll join you. Have we got a blank videocassette?

–Je vais juste enregistrer ce film et je te rejoins. Est-ce que tu as des videocassettes vierges?

Was the Pavarotti concert broadcast live from Venice?

Est-ce que le concert avec Pavarotti a été diffusé en direct de Venise?

Until recently most TV spots portrayed women in exclusively traditional roles.

Jusqu'à ces derniers temps, la plupart des publicités à la télévision représentaient les femmes dans des rôles exclusivement traditionnels.

➤ GENERAL TERMS 18a

TELEVISION AND RADIO 18c

satellite TV **la télévision satellite**
screen **l'écran** *(m)*
I show **je montre**
signal **le signal**
station **la station**
subtitles **les sous-titres** *(m)*
I switch off **j'éteins *(éteindre)***
I switch on **j'allume**
teletext **le télétexte**
television **la télévision**
    on television **à la télévision**
TV **la télé**
I transmit **je transmets (transmettre)**
TV film/movie **le téléfilm**
TV set **le téléviseur**
TV studio **le studio de télévision**
video clip **le clip vidéo**
videogame **le jeu vidéo**
video library **la vidéothèque**
video recorder **le magnétoscope**
viewer **le téléspectateur, la téléspectatrice**
I watch **je regarde**

TV and radio programs

cartoons **les dessins** *(m)* **animés**
chat show **le talk-show**
children's program **l'émission** *(f)* **pour enfants**
comedy **la comédie**
current affairs **les actualités** *(f)*
drama **le drame**
documentary **le documentaire**
feature film **le long métrage**
game show **le jeu télévisé**
light entertainment **les divertissements** *(m)* **légers**
news **les informations** *(f)*
quiz programs **le quiz, le jeu-concours**
regional news **les informations** *(f)* **régionales**
soap **le feuilleton (à l'eau de rose)**
series **la série**
show **le spectacle**
sitcom **le sitcom**
sports program **l'émission** *(f)* **sportive**
weather report **le bulletin météo**

There should be a program on student grants on this channel, but perhaps the children would prefer watching the cartoons. Where is the TV listings?

Il devrait y avoir un programme sur les bourses d'étudiants, sur cette chaîne, mais les enfants préfèrent peut-être regarder les dessins animés. Où est le programme de télé?

During the summer the traffic bulletin is broadcast every hour in four languages for the benefit of foreign visitors.

Pendant l'été, le bulletin de la circulation est diffusé toutes les heures en quatre (inv) langues au bénéfice des touristes étrangers.

– What are you watching now?
– Nothing, but I can't find the remote control to switch the TV off.

– Qu'est-ce que tu es en train de regarder? – Rien, mais je ne trouve pas la télécommande pour éteindre la télé.

– There's a good program on this channel at 9 o'clock.

– Il y a un bon programme sur cette chaîne à neuf heures.

▶ FILM GENRES App.17e

THE MEDIA

18d Advertising

I advertise **je fais de la publicité**
advertisement **la publicité**
advertising **la publicité**
advertising industry **l'industrie** (f) **de la publicité**
appeal **l'attrait** (m)
it appeals to **il plaît** *(plaire)* **à, il attire**
billboard **le panneau d'affichage**
brochure **le prospectus, la brochure**
campaign **la campagne**
catalog **la brochure**
it catches the eye **il attire l'attention**
commercial **la publicité**
   commercial *(adj)* **commercial**
competition *(rival)* **la concurrence**
competition *(game)* **le concours**
consumer **le consommateur, la consommatrice**
consumer society **la société de consommation**
copywriter **le rédacteur/la rédactrice publicitaire**
I covet **je convoite**
it creates a need **il crée un besoin**
demand **la demande**
direct mail **le mailing, le publipostage**
disposable income **le revenu net**
distributor **le concessionnaire**
ethical **éthique**
goods **la marchandise**
hidden persuasion **la persuasion cachée**
image **l'image** (f)
junk mail **les prospectus** (m) **adressés par la poste**
I launch **je lance**
life style **le mode de vie**
market **le marché**
   bear market **bas de gamme**
   bull market **haut de gamme**
market research **l'étude** (f) **de marché**
materialism **le matérialisme**
model **le modèle**
I motivate **je motive**

This has been his least successful campaign: next time we will use another agency or perhaps a freelance copywriter.

Cette campagne a été la plus désastreuse pour lui: la prochaine fois, nous utiliserons une autre agence ou peut-être un rédacteur indépendant.

– Do you think that TV advertisements are more effective than advertisements in newspapers?

– National TV reaches many more potential consumers but is extemely expensive.

– Pensez-vous que les publicités à la télévision ont plus d'effet que les publicités dans les journaux?
– Les grandes chaînes de télévision touchent un plus grand nombre de consommateurs potentiels mais elles coûtent extrêmement cher.

ADVERTISING 18d

need **le besoin**
persuasion **la persuasion**
poster **l'affiche** (f)
product **le produit**
I promote/publicize **je fais de la publicité (pour)**
promotion **la promotion**
publicity **la publicité**
public relations **les relations** (f) **publiques**
purchasing power **le pouvoir d'achat**
radio advertisements **les spots** (m) **publicitaires à la radio**
it sells **il (se) vend**
slogan **le slogan**
status symbol **le signe de prestige/richesse**
stunt **l'exploit** (m)
I target **je vise**
target group **le groupe cible**
I tempt **je tente**
trend **la mode**
trendy **dernier cri, à la dernière mode**
truthful **véridique**
TV advertisements **les spots** (m) **publicitaires à la télévision, la «pub»**
unethical **immoral**

Small ads

accommodation **les logements** (m)
appointments **les offres** (f) **d'emplois**
births **les naissances** (f)
courses and conferences **les cours** (m) **et les conférences** (f)
deaths **les décès** (m)
engagements **les fiançailles** (f)
exchange **l'échange**
exhibitions **les expositions** (f)
for sale **à vendre**
health **la santé**
holidays **les vacances** (f)
lonely hearts **les cœurs** (m) **à prendre**
marriages **les mariages** (m)
personal services **les services** (m) **personnels**
property/real estate **l'immobilier** (m)
travel **le voyage**
wanted **les demandes** (f)

Our market survey shows that customers tend to buy items at supermarket checkouts on impulse.

Notre enquête montre que les clients ont tendance à faire des achats d'impulsion aux caisses de supermarché.

SPECIAL OFFER! For one week only! Buy 2 and get 1 free! Plus 20% discount on your next purchase!

OFFRE SPECIALE! Pendant une semaine seulement! Achetez deux produits et le troisième vous est offert gratuitement! Plus 20% de réduction sur votre prochain achat!

This publicity can be offensive to some ethnic groups.

Cette publicité peut être blessante pour certains groupes ethniques.

▶ THE PRESS 18b; TELEVISION AND RADIO 18c

Travel

19a General terms

I accelerate/speed up **j'accélère** *(accélérer)*
accident **l'accident** *(m)*
adult **un/une adulte**
announcement **l'annonce** *(f)*
arrival **l'arrivée** *(f)*
I arrive (at) **j'arrive (à)**
assistance **l'aide** *(f)*
I ask for assistance **je demande de l'aide**
bag **le sac**
baggage **les bagages** *(m)*
I book **je réserve**
booking office **le guichet des réservations**
business trip **le voyage d'affaires**
I buy a ticket **j'achète** *(acheter)* **un billet**
I call at **je me présente à**
I cancel **j'annule**
I carry **je porte**
I catch **j'attrape**
I check *(tickets)* **je contrôle**
child **l'enfant** *(m)*
class **la classe**
I confirm **je confirme**
connection **la correspondance**
I cross **je traverse**
delay **le retard**
I am delayed **je suis retardé**
I depart **je pars** *(partir)*
departure **le départ**
destination **la destination**
direct **direct**
direction **la direction**
disabled **handicapé**
distance **la distance**
documents **les papiers** *(m)* **d'identité**
driver *(car)* **le chauffeur**

early **tôt**
emergency **l'urgence** *(f)*
emergency call **l'appel** *(m)* **d'urgence**
I enquire **je me renseigne**
enquiry **le renseignement**
en route **en route**
entrance **l'entrée** *(f)*
exit **la sortie**
extra charge **le supplément**
fare **le tarif**
  fare reduction **la réduction sur le prix du billet**
  reduced fare **le tarif réduit**
fast **rapide**
I fill a form **je remplis un formulaire**
free **gratuit**
information **les renseignements** *(m)*
information office **le bureau d'information, des renseignements**
insurance **l'assurance** *(f)*
help **l'aide** *(f)*
helpful (un-) **(in)utile**
late **tard**
I leave *(place)* **je quitte**
I leave *(person/object)* **je laisse**
I leave at **je pars** *(partir)* **à**
left-luggage office **la consigne**
lost **perdu**
lost and found office **les objets** *(m)* **trouvés**
loudspeaker **le haut-parleur**
luggage **les bagages** *(m)*
message **le message**
I miss the train **je rate le train**
nonsmoker **le non-fumeur**
notice **l'avis** *(m)*

TRAVEL BY BOAT 19b; BY ROAD 19c; BY AIR 19d; BY RAIL 19e

GENERAL TERMS 19a

nuisance l'ennui *(m)*
occupied occupé
on board à bord
on time à l'heure
I pack je fais mes valises
passenger le passager, la passagère
porter *(hotel)* le portier
perfect timing juste au bon moment
reduction la réduction
rescue les secours *(m)*
reservation la réservation
I reserve je réserve
I return je reviens *(revenir)*
return le retour
return/round-trip ticket le billet aller-retour
safe sûr
safety la sécurité
season ticket (weekly/monthly) la carte de transport (hebdomadaire/mensuelle)
seat le siège, la place
seatbelt la ceinture de sécurité
I set off je pars *(partir)*
signal le signal
single/one-way ticket un aller simple
slow lent
I slow down je ralentis
smoking fumeur
speed la vitesse
staff le personnel
I start from je pars *(partir)* de
stop l'arrêt *(m)*
I stop je m'arrête

on strike en grève
I take *(the bus, train)* je prends
ticket le billet
ticket desk la billetterie
ticket office le guichet
timetable l'horaire *(m)*
toilet les toilettes *(f)*
I travel je voyage
travel le voyage
travel agent/agency un agent/une agence de voyage
travel documents les documents *(m)* de voyage
travel information les informations *(f)* routières
travel pass la carte d'abonnement
travel sickness le mal des transports
traveler le voyageur, la voyageuse
tunnel le tunnel
turn le virage
I turn je tourne
I unpack je défais *(défaire)* mes bagages
valid valable
via/through par, via
visitor le visiteur, la visiteuse
warning la mise en garde
weekdays les jours *(m)* de la semaine
weekend la fin de la semaine, le week-end
window la fenêtre
window seat le fauteuil côté fenêtre

Does public transport operate after midnight? | **Y a-t-il des transports en commun après minuit?**

Have a pleasant journey. | **Faites un bon voyage.**

Where is the lost and found office? I have lost my suitcase. | **Où est le bureau des objets trouvés? J'ai perdu ma valise.**

▶ DIRECTIONS 2b; MOVEMENT 2c; MEANS OF TRANSPORT App.19a

TRAVEL

19b Going abroad and travel by boat

Going abroad

I cross (the English Channel)   **je traverse (la Manche)**
currency   **la devise**
currency exchange office   **le bureau de change**
customs   **la douane**
customs control   **le contrôle douanier**
customs officer   **l'officier** *(m)* **des douanes**
customs regulations   **les règlements** *(m)* **douaniers**
declaration   **la déclaration**
I declare   **je déclare**
duty   **la taxe douanière**
duty-free goods   **les produits** *(m)* **détaxés**
duty-free shop   **le magasin de produits détaxés**
English Channel   **la Manche**
   Channel Tunnel   **le Tunnel sous la Manche**
exchange rate   **le taux de change**
expired *(document)*   **périmé**
foreign currency   **la devise étrangère**
frontier   **la frontière**
I go through customs   **je passe la douane**
I go through passport control   **je passe le contrôle des passeports**
immigration office   **le bureau d'immigration**
immigration rules   **les lois** *(f)* **sur l'immigration**
passport   **le passeport**
I pay duty on   **je paie** *(payer)* **la taxe sur**
smuggler   **le contrebandier, la contrebandière**
smuggling   **la contrebande**
visa   **le visa**

– Here are my documents. My final destination is Palermo.
– Thank you. Have a good trip!

I have nothing to declare.
This is for my personal use.

For your comfort and safety, please fasten your seatbelts.

– **Voici mes papiers. Je descends à Palerme.**
– **Merci, et bon voyage!**

Je n'ai rien à déclarer.
C'est pour mon usage personnel.

Pour votre confort et votre sécurité, veuillez attacher vos ceintures.

GOING ABROAD AND TRAVEL BY BOAT 19b

Travel by boat

boat/ship   le bateau
bridge   le pont
cabin   la cabine
calm sea   la mer calme
captain   le capitaine
car-ferry   le bac, le ferry
coast   la côte
crew   l'équipage *(m)*
crossing   la traversée
cruise   la croisière
deck   le pont
   lower deck   **le pont inférieur**
   upper deck   **le pont supérieur**
deck chair   la chaise longue
I disembark   j'débarque
disembarkation   le débarquement
dock   les docks *(m)*
I embark   j'embarque
embarkation card   la carte d'embarquement
I go on board   je monte à bord
harbour   le port
life jacket   le gilet de sauvetage
lifeboat   le canot de sauvetage
lounge   le salon
officer   l'officier *(m)*

offshore   au large
on board   à bord
overboard   par-dessus bord
port   le port
   port of call   le port d'escale
on the port (side)   à bâbord
purser   le commissaire de bord
quay   le quai
reclining seat   le siège inclinable
sea   la mer
   calm sea   la mer calme
   choppy sea   la mer houleuse
   heavy sea   la mer agitée
   stormy sea   la mer houleuse
seasickness   le mal de mer
seaman   le marin
shipping forecast   les prévisions *(f)* marines
shipyard   la marina
smooth   calme
starboard   à tribord
storm   l'orage *(m)*
tide   la marée
waves   les vagues *(f)*
wind   le vent
windy   venteux
yachting   faire du yachting

– Have you got any remedy against seasickness?
– Yes, I have some pills in my cabin. Meet me on C deck in 10 minutes.
– I don't think I'll survive that long.

– Avez-vous un remède contre le mal de mer?
– Oui, j'ai des comprimés dans ma cabine. Retrouvez-moi sur le pont C dans dix minutes.
– Je ne crois pas que je vais tenir jusque-là.

From which pier does the ship leave?

De quel quai part le bateau?

Are passports checked on board?

Les passeports sont-ils contrôlés à bord?

SHIPS AND BOATS App.19b; THE WEATHER 24d

TRAVEL

19c Travel by road

access l'accès *(m)*
I allow j'autorise
automatic automatique
I back up/reverse je fais marche arrière
bike/bicycle le bicyclette, le vélo
black (invisible) ice le verglas
bottleneck le rétrécissement
breathalizer le ballon (de l'alcootest)
breathalizer test l'alcootest *(m)*
breakdown la panne
I breakdown je tombe en panne
breakdown service l'assistance *(f)* autoroute
broken cassé
bus l'autobus *(m)*
bus fare le tarif de bus
bus stop l'arrêt *(m)* de bus
car/automobile la voiture
car rental la location de voiture
car park/parking lot le parking
  multistoried le parking à niveaux multiples
car parts les pièces *(f)* détachées
car wash le lavage de voiture
careful driver le chauffeur prudent
careless driving la conduite négligente
caution la prudence
caution *(legal)* la réprimande

I change gear je change de vitesse
chauffeur le chauffeur
check le contrôle
I collide (with) j'entre en collision (avec)
collision la collision
company car la voiture de service
competent qualifié
conductor/conductress *(bus)* le receveur, la receveuse
I cross je traverse
dangerous dangereux [-se]
detour la déviation
diesel le gas-oil, le diesel
I do 30 mph je roule à 30 mph
I drive je conduis
drive la conduite
driver le conducteur, la conductrice
driving conduire
  driving instructor le moniteur, la monitrice
  driving lesson la leçon de conduite
  driver's license le permis de conduire
  driving school l'auto-école *(f)*
  driving test l'examen *(m)* de conduite
drunk driving la conduite en état d'ébriété

I have a flat tire. Could you also have a look at the clutch?

J'ai un pneu crevé. Pouvez-vous aussi vérifier l'embrayage?

Fill it up with unleaded, please.

Le plein d'essence sans plomb, s'il vous plaît!

I had to stop on the shoulder. Fortunately, emergency phones are found on all expressways.

J'ai dû m'arrêter sur la bande d'arrêt d'urgence. Heureusement, on trouve des bornes téléphoniques sur toutes les autoroutes.

TRAVEL BY ROAD 19c

emergency stop **l'arrêt** *(m)* **d'urgence**
engine trouble **le problème de moteur**
I fasten the seatbelt **j'attache la ceinture**
I fill up **je fais le plein**
filling station **la station-service**
fine **la contravention**
I fix/repair **je répare**
flat tire **la crevaison, le pneu crevé**
forbidden **interdit**
garage **le garage**
gasoline **l'essence** *(f)*
   super/four-star **le super**
   two-star **l'essence normale**
   unleaded **l'essence sans plomb**
gear **les vitesses** *(f)*
   I put the car in first gear **je passe la première**
   neutral **le point mort**
   reverse gear **la marche arrière**
I get in the car **je monte dans la voiture**
I get in lane **je me mets** *(se mettre)* **dans la file**
I get out **je sors** *(sortir)*
I give way **je cède** *(céder)* **le passage**
highway code **le code de la route**
highway police **la police de la route**
I hitchhike **je fais de l'auto-stop**
hitchhiking **l'auto-stop** *(m)*
hitchhiker **un auto-stoppeur, une auto-stoppeuse**
I honk **je klaxonne**
insurance **l'assurance** *(f)*
I am insured **je suis assuré**
insurance policy **la police d'assurance**
I keep my distance **je garde mes distances**
key **la clef**
keyring **le porte-clefs**
line of cars **la file de voitures**
logbook **le journal de bord**
make of car **la marque de voiture**
maximum speed **la vitesse maximum**
mechanic **le mécanicien, la mécanicienne**
mechanical **mécanique**
motel **le motel**
motorbike **le vélo**
motor show **le salon automobile**
motor vehicle certification **le certificat de contrôle**
one-way only **le sens unique**
I park **je me gare**
parking **le stationnement**
parking ban **l'interdiction** *(f)* **de stationner**
parking fine **la contravention**
parking meter **le parcmètre**
parking ticket (fine) **la contravention pour stationnement illégal**

– Here is my driver's license: as you can see it is still perfectly valid.

Voici mon permis de conduire, comme vous pouvez le voir, il est parfaitement valable.

I wonder how much the toll is for this expressway section?

Je me demande combien coûte le péage sur ce tronçon d'autoroute.

This new model has very low gas consumption.

Cette nouvelle voiture consomme très peu.

TRAVEL

parking ticket *(permit)* **le ticket de stationnement**
I pass **je passe, je double**
passing **le dépassement**
passage **le passage**
passenger **le passager, la passagère**
pedestrian **le piéton, la piétonne**
picnic area **l'aire** *(f)* **de pique-nique**
police **la police**
police station **le commissariat**
private car **la voiture privée**
public transport **le transport public**
I put on my seat belt **j'attache ma ceinture**
recreational vehicle, camper **le camping-car**
registration papers **les papiers** *(m)* **d'immatriculation**
I rent **je loue**
rental car **la voiture de location**
rental charge **les frais de location**
repair **la réparation**
I repair **je répare**
I reverse **je fais marche arrière**
right of way **la priorité**
road **la route, le chemin**
  by road **par la route**
road accident **l'accident** *(m)* **de la route**
road block **le barrage routier**
road hog **le chauffard**
road map **la carte routière**
road sign **le panneau indicateur**
road signals **la signalisation**
road works **les travaux** *(m)*
route **l'itinéraire** *(m)*
I run over **j'écrase**
rush hour **les heures** *(f)* **de pointe**
second-hand car **la voiture d'occasion**
self-service **le libre-service**
semi, tractor trailer **le semi-remorque**
service **le service**

service area **l'aire** *(f)* **de service**
I set off **je me mets** *(se mettre)* **en route**
signal **le signal**
signpost **le poteau indicateur**
slippery **glissant, du verglacé**
slow **lent**
I slow down **je ralentis**
speed **la vitesse**
I speed up **j'accélère** *(accélérer)*
speed limit **la limitation de vitesse**
I start (engine) **je démarre**
statement **la déclaration**
student driver **un élève conducteur, une élève conductrice**
I switch off **j'éteins** *(éteindre)*
I switch on **j'allume**
taxi/cab **le taxi**
taxi/cab driver **le chauffeur de taxi**
taxi station **la station de taxis**
I test **je teste**
toll **le péage**
I tow away **je remorque**
town plan **le plan de la ville**
town traffic **le trafic urbain**
traffic **la circulation**
traffic jam **l'embouteillage** *(m)*
traffic light **les feux** *(m)* **de signalisation**
traffic news **l'information** *(f)* **routière**
traffic police **la police de la route**
traffic violation **l'infraction** *(f)* **au code de la route**
traffic warden **l'agent** *(m)* **de la circulation**
traffic-free zone **la zone piétonne**
trailer **la caravane**
trip **le voyage**
truck **le camion**
truck driver **le routier**
I turn left **je tourne à gauche**
I turn right **je tourne à droite**
I turn off (engine) **j'arrête le moteur**
underground garage **le parking**

TRAVEL BY ROAD 19c

souterrain
U turn **le demi-tour**
vehicle **le véhicule**
I wait **j'attends**
warning **l'avertisseur** *(m)*
witness **le témoin**

Roads and streets

access road **la bretelle d'accès**
alley **l'allée** *(f)*
avenue **l'avenue** *(f)*
bend/curve **le virage**
bridge **le pont**
built-up area **l'agglomération** *(f)*
bump **la bosse**
bypass **la rocade**
central reservation **le terre-plein central**
closed *(road)* **barrée**
corner **le coin**
crossing **le croisement**
crossroad **le carrefour**
cul-de-sac **la voie sans issue, l'impasse** *(f)*
emergency lane, shoulder **la bande d'arrêt d'urgence**
highway, expressway **l'autoroute** *(f)*
  entry **l'entrée** *(f)* **de l'autoroute**
  exit **la sortie de l'autoroute**
inside lane **la voie de droite**
intersection **l'intersection** *(f)*
junction **la sortie**
lane **la voie**
level crossing **le passage à niveau**
main street **la rue principale**
one-way street **la rue à sens unique**
outside lane **la voie de gauche**
pedestrian crossing **le passage pour piétons**
pedestrian island **le refuge pour piétons**
ramp **la dénivellation**
rest stop **l'aire** *(f)* **de stationnement**
ring road **la rocade**
road **la route, le chemin**
rotary, traffic circle **le rond-point**
side street **la petite rue**
speed bump **le ralentisseur**
square **la place**
street **la rue**
underground passage **le passage souterrain**
white/yellow line **la ligne blanche/jaune**

There has been a serious accident on route A1 between exits 7 and 8. A truck traveling toward Paris has crashed against the central barrier. Three vehicles are involved and one of the drivers is seriously injured. I have put on the hazard lights.

Delays are expected at the next exit.

Il y a eu un sérieux accident sur l'autoroute A1 entre les sorties 7 et 8. Un camion qui voyageait vers Paris s'est écrasé contre la barrière de sécurité.
Trois véhicules sont impliqués et un des conducteurs est sérieusement bléssé. J'ai mis mes feux de détresse.

On s'attend à des encombrements à la prochaine sortie.

▶ PARTS OF THE CAR App.19c; DIRECTIONS 2b

TRAVEL

19d Travel by air

airplane **l'aéroplane** *(m)*
aircraft **l'avion** *(m)*
airline **la ligne aérienne**
airline desk **le guichet de la ligne aérienne**
air travel **le voyage en avion**
airport **l'aéroport** *(m)*
I am airsick **j'ai le mal de l'air**
baggage **les bagages** *(m)*
body search **la fouille corporelle**
I board a plane **j'embarque à bord d'un avion**
boarding card **la carte d'embarquement**
business class **la classe affaires**
by air **par avion**
cabin **la cabine**
canceled flight **le vol annulé**
carousel baggage claim **le tapis roulant à bagages**
charter flight **le vol charter**
I check in **j'enregistre**
check-in desk **l'enregistrement** *(m)*
control tower **la tour de contrôle**
copilot **le copilote**
courier **accompagnateur**
crew **l'équipage** *(m)*
desk **le guichet**
direct flight **le vol direct**
domestic flights **le vol intérieur**
during the flight **pendant le vol**
duty-free goods **les produits** *(m)* **détaxés**
economy class **la classe économique**
emergency exit **la sortie de secours**
emergency landing **l'atterrissage** *(m)* **d'urgence**
excess baggage **le surplus de bagages**
I fasten **j'attache**
flight **le vol**
flight attendant **le steward, l'hôtesse** *(f)* **de l'air**
I fly **je vole**
I fly at a height of **je vole à une altitude de**
flying **l'aviation** *(f)*

Can I make a connection to Lyons? Do I have to change flight?

Puis-je avoir une correspondance pour Lyon? Est-ce que je dois changer d'avion?

– I have some excess luggage.

– J'ai un surplus de bagages.

– Have you packed your luggage yourself?

– Avez-vous fait vos bagages vous-même?

Will Mr and Mrs Lebrun traveling on flight AZ 131 to Paris-Orly please contact the Information desk immediately.

Monsieur et Madame Lebrun voyageant sur le vol AZ 131 à destination de Paris-Orly sont priés de contacter le bureau d'informations immédiatement.

Where do I check in for flight AZ 537?

Où dois-je enregistrer mes bagages pour le vol AZ 537?

➤ GENERAL TERMS 19a; GOING ABROAD 19b

TRAVEL BY AIR 19d

fuselage **le fuselage**
gate **la porte**
instruction **les instructions** *(f)*
hand luggage **les bagages** *(m)* **à main**
headphones **les écouteurs** *(m)*
highjacker **le pirate de l'air**
immigrant **un immigré, une immigrée**
immigration **l'immigration** *(f)*
immigration rules **les lois** *(f)* **d'immigration**
I land **j'atterris**
landing **l'atterrissage** *(m)*
landing lights **les lumières d'atterrissage**
life jacket **le gilet de sauvetage**
no-smoking sign **le panneau non-fumeur**
nonstop **sans escale**
on board **à bord**
parachute **le parachute**
passenger **le passager, la passagère**
passenger lounge **la salle d'embarquement**
passport control **le contrôle des passeports**
pilot **le pilote**
plane **l'avion** *(m)*
refreshments **le repas (léger), les rafraîchissements** *(m)*
runway **la piste**
security measures **les mesures** *(f)* **de sécurité**
security staff **le personnel de sécurité**
steward **le steward**
stewardess **l'hôtesse** *(f)* **de l'air**
I take off **je décolle**
takeoff **le décollage**
terminal **le terminal, l'aérsgare** *(f)*
tray **le plateau**
turbulence **la perturbation**
view **la vue**
window seat **le fauteuil côté fenêtre**

There is some turbulence on the Alps. The expected landing time is at 11:40, local time.

Il y a des perturbations au-dessus des Alpes. L'atterrissage est prévu pour 11h40, heure locale.

Last call for passengers traveling on flight BZ 881 to Marseilles!

Dernier appel pour les passagers du vol BZ 881 à destination de Marseille!

My luggage has not yet been unloaded.

Mes bagages n'ont pas encore été déchargés.

How long is the delay?

Combien de temps va durer le retard?

What is the flight number?

Quel est le numéro du vol?

HOLIDAYS AND VACATIONS 20

TRAVEL

19e Travel by rail

announcement l'annonce *(f)*
barrier la barrière
buffet le buffet
coach le wagon
compartment le compartiment
connection la correspondance
dining car le wagon-restaurant
exemption l'exemption *(f)*
fare le prix du billet
inspector le contrôleur
I lean out je me penche à la fenêtre
level crossing le passage à niveau
luggage rack le porte-bagages
I miss je rate
nonrefundable non-remboursable
nonsmoker le non-fumeur

occupied occupé
on time à l'heure
platform le quai
porter le porteur
I punch (ticket) je poinçonne
railroad le chemin de fer
 elevated railway le métro aérien
railroad station la gare
railroad tracks les rails
ramp la rampe
reduction la réduction
reservation la réservation
reserved réservé
sleeper la couchette
sleeping car le wagon-lit
smoker le fumeur, la fumeuse
snack car la voiture-bar

A special announcement:
On Sundays and holidays the service to Toulon does not operate and on weekdays after 9 a.m. fares are subject to supplementary charges.
In addition, reservations are required for seats in the non-smoking compartments on the Bordeaux service.

We apologise for any inconvenience.

The 11:45 to Orleans is now leaving from platform 10.

The express train to Lille will depart from platform 4 in 5 minutes.

Une annonce spéciale:
Le service de Toulon ne circule pas les dimanches et jours fériés, et est sujet à supplément les jours de la semaine après neuf heures.
D'autre part, une réservation est obligatoire pour les places assises dans les compartiments non-fumeurs sur le service de Bordeaux.

Nous vous prions de nous excuser pour tout désagrément.

Le train de 11h45 à destination d'Orléans au départ quai numéro 10.

Le train express à destination de Lille partira dans 5 minutes, quai numéro 4.

➤ GENERAL TERMS 19a

TRAVEL BY RAIL 19e

speed la vitesse
stairs les escaliers *(m)*
stationmaster le chef de gare
stop un arrêt
subway le métro
supplement le supplément
ticket le billet
   first/second-class ticket **un billet de première/deuxième classe**
   group ticket **un billet de groupe**
   single/one-way ticket **un aller simple**
   return ticket un aller-retour
ticket collector **le contrôleur de billets**
ticket office le guichet
timetable l'horaire *(m)*
   summer/winter timetable l'horaire d'été/d'hiver
timetable changes **les changements** *(m)* **d'horaire**
track la voie
traveler **le voyageur, la voyageuse**
train le train
   direct train le train direct
   express train l'express *(m)*
   Intercity train l'interurbain *(m)*
   local train le train de banlieue
   night train le train de nuit
trolley/cart le chariot
underground le métro
user l'usager *(m)*
I wait j'attends *(attendre)*
waiting room la salle d'attente
warning **la mise en garde, un avertissement**
window la fenêtre

– Where do I have to change?
– To go to the Eiffel Tower, you need to change at the next stop. Take the line to Nation and get off at Champ de Mars.

Excuse me, this a nonsmoking compartment.

This is a public announcement for all passengers traveling to Geneva. We are sorry to announce that this service is subject to delays. There will also be a platform change.

There are no facilities for disabled travelers on this train.

– **Où dois-je changer?**
Pour aller à la tour Eiffel, il faut changer au prochain arrêt. Prenez la direction Nation et descendez à Champ de Mars.

Excusez-moi, ceci est un compartiment non-fumeur.

Ceci est un message pour tous les passagers à destination de Genève. Nous sommes désolés de vous annoncer que cette ligne sera sujette à des retards. Il y aura également un changement de quai.

Ce train n'est pas aménagé pour les handicapés.

HOLIDAYS AND VACATIONS

 # Holidays and vacations

20a General terms

abroad   à l'étranger
accommodation   le logement
alone   seul
area   la région
arrival   l'arrivée (f)
available   libre
backpack/knapsack   le sac à dos
beach   la plage
camera   l'appareil-(m) photo
clean   propre
climate   le climat
closed   fermé
clothes   les vêtements (m)
cold   froid
comfort   le confort
comfortable   confortable
congested   encombré
cost   le coût
country   le pays
countryside   la campagne
dirty   sale
disadvantage   l'inconvénient (m)
disorganized   désorganisé
exchange   l'échange (m)
fire   le feu
folding chair   la chaise pliante
folding table   la table pliante
food   la nourriture
free   gratuit
full   plein
I go   je vais (aller)
group   le groupe
group travel   le voyage en groupe
guide   le/la guide
guide book   le guide (de voyage)
guided tour   la visite guidée
guided walk   la promenade guidée
holidays/vacation   les vacances (f)
land   le terrain
landscape   le paysage

journey   le trajet
mild (climate)   doux [-se]
money   l'argent (m)
no vacancy   complet
open   ouvert
organization   l'organisation (f)
I organize   j'organise
   organized   organisé
plan (town)   le plan (de la ville)
I plan   j'envisage
portable   portable
I return (to a place)   je retourne (à un lieu)
sea   la mer
seascape   le panorama marin
seaside resort   la station balnéaire
show   un spectacle
I show   je montre
sight   la vue
I spend time   je passe du temps à
stay   le séjour
I stay   je reste
sun   le soleil
sunny   ensoleillé
I sunbathe   je prends (prendre) un bain de soleil
I tan/go brown   je bronze
tour   la visite
tourism   le tourisme
tourist   le/la touriste
tourist menu   le menu touristique
tourist office   l'office (m) du tourisme
town   la ville
town plan   le plan de la ville
travel   le voyage
I travel   je voyage
travel adaptor   l'adaptateur (m)
trip   l'excursion (f)
I understand   je comprends

➤ TRAVEL 19; TOURIST SIGHTS, COUNTRIES App.20a;

GENERAL TERMS 20a

I unpack **je défais (*défaire*) mes bagages**
visit **la visite**
I visit **je visite**
visiting hours **les heures** *(f)* **de visite**
visitors **les visiteurs** *(m)*
welcome **la bienvenue**
worth seeing **qui vaut la peine d'être vu**

Holiday and vacation activities

beach holiday/vacation **à la plage**
boating holiday/vacation **les vacances** *(m)* **en bateau**
camping **faire du camping**
canoing **faire du canoë**
coach holiday/vacation **les vacances** *(m)* **en car**
cruise **faire une croisière**
cycling **faire du vélo**
fishing **la pêche**
fruit picking **cueillir des fruits**
home exchange **l'échange** *(m)* **de maison**
hunting **la chasse**
motoring holiday/vacation **les vacances** *(f)* **en voiture/auto**
mountain climbing **l'alpinisme** *(m)*
rock climbing **l'escalade** *(f)*
safari **faire un safari**
sailing **la voile**
shopping **les courses** *(f)*
sightseeing **le tourisme**
skiing **faire du ski**
study holiday/vacation **le voyage/ les vacances** *(f)* **d'études**
sunbathing **le bain de soleil**
trekking **le voyage-randonnée**
volunteer work **le travail bénévole**
walking **la marche**
wine tasting **la dégustation de vins**

Dear coworkers,

Having a wonderful holiday/vacation. The weather is hot (I've a great tan), the campsite is clean, and the local food is excellent.

The kids are having a great time too, enjoying playing in the water, building sandcastles, and making lots of friends.

I'm not looking forward to coming home!

Best wishes, Sarah.

Chers collègues,

Vacances merveilleuses. Il fait chaud (je suis bien bronzée), le camping est propre, et la cuisine locale excellente.

Les enfants aussi s'amusent beaucoup, ils aiment jouer dans l'eau, faire des châteaux de sable et se sont fait beaucoup d'amis.

La perspective du retour ne me réjouit pas!

Meilleurs vœux, Sarah.

➤ LEISURE 16a; ON THE BEACH App. 20a; THE WEATHER 24d

HOLIDAYS AND VACATIONS

20b Accommodation and hotel

Accommodation

apartment   l'appartement *(m)*
bed and breakfast   la chambre d'hôte
camper/trailer   la caravane
campsite   le camping
chalet   le chalet
country cottage   le gîte rural
farm   la ferme
full board   la pension complète
half board   la demi-pension
home exchange   l'échange *(m)* de maison
hotel   l'hôtel *(m)*
mobile home   le mobile home
inn   l'auberge *(f)*, l'hôtel *(m)*
vacation rental property   le meublé, les vacances *(f)* en location
villa   la villa *(f)*
youth hostel   l'auberge *(f)* de jeunesse

Booking and payment

affordable   qu'on peut se permettre
all included   tout compris
bill   la note
I book   je réserve
brochure   la brochure
I cash   j'encaisse
cheap   bon marché
check   le chèque
cost   le coût
credit card   la carte de crédit
credit   le crédit
economical   économique, pas cher [chère]
Eurocheque   l'eurochèque *(m)*
expensive   cher [chère]
excluding   non compris
exclusive   en sus
extra charge   le supplément
extravagant   exorbitant
fee   les droits *(m)*
I fill in   je remplis
form   le formulaire
free   libre, gratuit
inclusive   (y) compris
I pay   je paie *(payer)*
payment   le paiement
price list   le tarif
receipt   le reçu
reduction   la réduction
refund   le remboursement
I reserve   je réserve
reservation   la réservation
I sign   je signe
signature   la signature
traveler's check   le chèque de voyage

Hotel

air-conditioning   la climatisation
amenities   les aménagements *(m)*
balcony   le balcon
bath   le bain
bed   le lit
bedding   la literie

I'd like to complain.
The hot water tap does not work and the elevator is out of order. There is only one coat hanger in the wardrobe; and I asked for a room with a view.

**Je veux faire une réclamation.
Le robinet d'eau chaude ne fonctionne pas et l'ascenseur est en panne. Il n'y a qu'un porte-manteau dans l'armoire, et j'avais demandé une chambre avec vue.**

➤ CAMPING, SELF SERVICE 20c; CURRENCIES App.9a

ACCOMMODATION AND HOTEL 20b

bedspread **le couvre-lit**
billiard room **la salle de billard**
board **la pension**
   full board **la pension complète**
   half board **la demi-pension**
breakfast **le petit déjeuner**
broken **cassé**
call **l'appel** (m)
I check in **je remplis une fiche**
I check out **je règle ma note**
comfortable **confortable**
I complain **je me plains**
complaint **la plainte**
conference **la conférence**
conference facilities **les falles pour, les facilités pour conférence**
damage **les dégâts** (m)
dining room **la salle à manger**
early-morning call **le réveil matinal**
elevator **l'ascenseur** (m)
en-suite bathroom **la salle de bains attenante**
evening meal **le dîner**
facilities **les locaux** (m)
fire exit **la sortie de secours**
fire extinguisher **l'extincteur** (m)
guest **le client, la cliente**
hairdresser **le coiffeur, la coiffeuse**
hairdryer **le sèche-cheveux**
hall **le hall**
heating **le chauffage**
hotel **l'hôtel** (m)
laundry **le linge**
laundry bag **le bac à linge**
laundry service **le service de blanchisserie**
meal **le repas**
night porter **le portier de service de nuit**
noisy **bruyant**
overnight bag **le nécessaire de voyage**
pants press **le presse-pantalon**
parking space **la place de parking**
plug (bath) **la bonde**
   plug (electric) **la prise**
porter **le porteur**
privacy **l'intimité** (f)
private toilet **les toilettes** (f) **privées**
reception **la réception**
receptionist **le/la réceptionniste**
room **la chambre**
   double room **la chambre double/pour deux personnes**
   family room **la chambre familiale**
   room with twin beds **la chambre à lits jumeaux**
room service **le service des chambres**
service **le service**
shower **la douche**
showercap **le bonnet de douche**
stay **le séjour**
I stay **je reste**
view **la vue**
water **l'eau** (f)
   hot water **l'eau chaude** (f)
welcome **la bienvenue**

I'd like to reserve a room with a double bed and attached bathroom for three days from March 4th.

Je voudrais réserver une chambre avec un lit pour deux personnes et salle de bains pour trois jours à partir du 4 mars.

DO NOT DISTURB!
PRESS BUTTON!

NE PAS DERANGER!
APPUYEZ SUR LE BOUTON!

HOLIDAYS AND VACATIONS

20c Camping and vacation rentals

Camping

air bed   **le matelas pneumatique**
antihistamine cream   **la crème antihistaminique**
ants   **les fourmis** *(f)*
ashcan   **la poubelle**
barbeque   **le barbecue**
battery   **la pile**
camp bed   **le lit de camp**
camper   **le campeur, la campeuse**
camper/trailer   **la caravane**
camping equipment/gear   **l'équipement** *(m)* **de camping**
camping   **faire du camping**
camping gas   **le butane**
campsite   **le terrain de camping**
connected   **branché**
cooking facilities   **les cuisines** *(f)*
disconnected   **débranché**
drinking water   **l'eau** *(f)* **potable**
extension lead   **la rallonge**
flashlight   **la lampe de poche**
forbidden   **interdit**
gas cooker   **la cuisinière à gaz**
gas cylinder   **la bouteille de gaz**
groundsheet   **le tapis de sol**
I camp   **je campe**
I pitch/put up my tent   **je plante/dresse la tente**
I take down my tent   **je démonte la tente**
in the dark   **dans le noir**
laundromat   **la laverie automatique**
mosquito bite   **la piqûre de moustique**
mosquito net   **la moustiquaire**
mosquitos   **les moustiques** *(m)*
pans   **les casseroles** *(f)*
potty chair   **le pot (de bébé)**
registration   **l'inscription** *(f)*
services   **les services** *(m)*
sheet   **le drap**
showers   **les douches** *(f)*

– Where shall we put up the tent?
– Away from the main block.
– I'll pitch it in the shade.
– No, it is a bit damp there. This is better here and there are no mosquitos.

– **Où va-t-on dresser la tente?**
– **Loin du pavillon principal.**
– **Je la planterai à l'ombre.**
– **Non, c'est un peu humide là. Ici c'est mieux; il n'y a pas de moustiques.**

– Where's the flashlight? It's not in the tent.
– It was in your knapsack just now.

– **Où est la lampe de poche? Elle n'est pas dans la tente.**
– **Elle était dans ton sac à dos à l'instant.**

– Keep your voice down, please, we are trying to sleep!

– **Taisez-vous un peu, s'il vous plaît, nous essayons de dormir!**

Do you have a few spare clothespegs?

Avez-vous des pinces à linge en trop?

Did you bring a bottle opener?

As-tu apporté un ouvre-boîtes?

➤ FURNISHINGS 8c; COOKING UTENSILS App.10d

CAMPING AND VACATION RENTALS 20c

site/space l'emplacement *(m)*
sleeping bag **le sac de couchage**
space **la place**
tent **la tente**
tent peg **le piquet**
tin opener **l'ouvre-boîtes** *(m)*
toilet/restroom **les toilettes** *(f)*
vehicles **les véhicules** *(m)*
washing facilities **les sanitaires** *(m)*, **le bloc sanitaire**
water filter **le filtre d'eau**

Vacation rentals

agency l'agence *(f)*
agreement l'accord *(m)*
amenities **les aménagements** *(m)*
apartment l'appartement *(m)*
clean **propre**
I clean **je nettoie** *(nettoyer)*
I cook **je fais la cuisine**
damaged **endommagé**
damages **les dégâts** *(m)*
dangerous **dangereux**
electricity l'électricité *(f)*
equipment **le matériel**
farm **la ferme**
maid **la bonne**
meter *(electricity, etc.)* **le compteur**
owner **le/la propriétaire**
rent **le loyer**
I rent **je loue**
I rent out **je donne en location**
repair **la réparation**
I repair **je répare**
I return *(give back)* **je rends**
ruined **en ruine**
self-service **le libre-service**
set of keys **le jeu de clés**
I share **je partage**
shutters **les volets** *(m)*
smelly **malodorant**
spare keys **le double des clés**
water supply **la provision d'eau**
well **le puit**
well kept **bien entretenu**

The apartment is close to all amenities, just a few kilometers from the nearest shops and convenient to the swimming pool.

L'appartement est proche de tous les aménagements; il se situe à quelques kilomètres des magasins les plus proches, et est commode pour la piscine.

There are no blankets, the stove doesn't work, and there is a frog in the bathroom.

Il n'y a pas de couvertures, le four ne marche pas, et il y a une grenouille dans la salle de bains.

How do you lock the door?

Comment fermez-vous la porte à clé?

Are there any spare bulbs?

Y a-t-il des ampoules de rechange?

You will find the electricity meter under the stairs.

Vous trouverez le compteur d'électricité sous les escaliers.

▶ GENERAL TERMS 20a

LANGUAGE

 # Language

21a General terms

accuracy **la fidélité**
accurate **fidèle**
I adapt **j'adapte**
I adopt **je choisis**
advanced **supérieur**
aptitude **l'aptitude** *(f)*
artificial language **le langage artificiel**
based on **basé sur**
bilingual **bilingue**
bilingualism **le bilinguisme**
borrowing **l'emprunt** *(m)*
branch **le rameau**
classical languages **les langues** *(f)* **classiques**
it is derived from **il dérive de**
development **le développement**
difficult **difficile**
easy **facile**
error **l'erreur** *(f)*
foreign language **la langue étrangère**
   foreign language *(to learn)* **une langue d'apprentissage**
I forget **j'oublie**
French speaker **le francophone**
French-speaking countries **les pays** *(m)* **francophones**
grammar **la grammaire**
grammatical **grammatical**
I improve **je fais des progrès**
influence **l'influence** *(f)*
known **connu**
language **la langue**
   language course **le cours de langues**
   language family **la famille linguistique**
   language school **l'école** *(m)* **de langues**
   language skills **les compétences** *(f)* **linguistiques**
Latin **le latin**
I learn **j'apprends** *(apprendre)*
learning **l'apprentissage** *(m)*
level **le niveau**
linguistics **la linguistique**
link **la liaison, le lien**
living **vivant**
major languages **les langues** *(f)* **principales**
it means **il signifie**
I mime **je mime**
minor languages **les langues** *(f)*

I am not very good at languages, but my sister is a gifted linguist.

Je ne suis pas très doué pour les langues, mais ma sœur est une excellente linguiste.

She learned French and Italian in school, then she traveled extensively and picked up Bulgarian and Urdu while working as a volunteer.

Elle a appris le français et l'italien à l'école, puis le bulgare et l'ourdou à l'occasion des nombreux voyages qu'elle a faits quand elle travaillait en tant que volontaire/bénévole.

GENERAL TERMS 21a

   secondaires
mistake   la faute
modern languages   les langues *(f)* vivantes
monolingual   monolingue
mother tongue   la langue maternelle
mutation   la mutation
name   le nom
nation   la nation
national   national
native speaker   le locuteur natif, la locutrice native
natural   naturel[le]
official   officiel[le]
offshoot   la conséquence
origin   l'origine *(f)*
phenomenon   le phénomène
I practice   je m'exerce
preserved   entretenu
question   la question
register   le registre
self-assessment   l'auto-évaluation *(f)*
separate   distinct
sign language   le langage par signes
survival   la survivance
it survives   il survit *(survivre)*
target language   la langue cible
I teach   j'enseigne
teacher   un enseignant, une enseignante
teaching   l'enseignement *(m)*
test   l'interrogation *(f)*
I test   j'interroge
I translate   je traduis *(traduire)*
translation   la traduction
I understand   je comprends
unknown   inconnu
widely   généralement

Words and vocabulary

antonym   l'antonyme *(m)*
colloquial   familier [-ère]
consonant   la consonne
dictionary   le dictionnaire
expression   l'expression *(f)*
idiom   l'idiome *(m)*
idiomatic   idiomatique
jargon   le jargon
lexicographer   le lexicographe
lexicon   le lexique
phrase   la locution
phrase book   le guide de conversation
sentence   la phrase
slang   l'argot *(m)*
syllable   la syllabe
synonym   le synonyme
vocabulary   le vocabulaire
vowel   la voyelle
witticism   le mot d'esprit
word   le mot
word game   le jeu de mots

Lesser languages may disappear. However, thanks to the oral tradition in some communities, a few have been preserved.

Les langues moins importantes ont peut-être tendance à disparaître. Toutefois, grâce à la tradition orale de certaines communautés, quelques-unes ont pu être préservées.

LANGUAGE

21b Using language

Speaking and listening

accent l'accent *(m)*
   regional accent l'accent régional
articulate bien articulé
I articulate j'articule
clear clair
I communicate je communique
conversation la conversation
I converse je converse
dialect le dialecte
diction la diction
I express myself je m'exprime
fluent qui parle couramment
fluently couramment
I interpret je fais l'interprète
interpreter un/une interprète
intonation l'intonation *(f)*
lisp le zézaiement
I lisp je zézaie
I listen j'écoute
listener un auditeur, une auditrice
listening l'écoute *(f)*
listening skills la compréhension orale
I mispronounce je prononce mal
mispronunciation la faute de prononciation
oral(ly) oral, à l'oral
phonetics la phonétique
I pronounce je prononce
pronunciation la prononciation
rhythm le rythme
sound le son
he sounds French il a un accent français
I speak je parle
speaker un interlocuteur, une interlocutrice
speaking parlant
speaking skills l'art *(m)* oratoire
speech l'élocution *(f)*
speed la vitesse
spoken parlé
spoken language le langage parlé
stress l'accentuation *(f)*
stressed (un-) (in)accentué
I stutter/stammer je bégaie *(bégayer)*
unpronounceable imprononçable
verbally verbalement

– I have no difficulty in reading French, but I don't understand it when people speak very fast or with a strong regional accent.

– Do you practice French with a native speaker?
– No, I prefer to attend a class.

Do you have any previous knowledge of Russian?

– Je lis le français sans problème, mais je ne le comprends pas quand on parle très vite ou avec un fort accent régional.

– Pratiquez-vous le français avec un francophone?
– Non, je préfère suivre des cours.

Connaissez-vous déjà le russe?

USING LANGUAGE 21b

Writing & reading

accent   l'**accent** *(m)*
   grave/acute/circumflex
   grave/aigu/circonflexe
alphabet   l'**alphabet** *(m)*
alphabetically   **par ordre alphabétique**
in bold   **en gras**
Braille   **braille**
character   **le caractère**
code   **le code**
I correspond (with)   **je corresponds (avec)**
correspondence   **la correspondance**
I decipher   **je déchiffre**
graphic   **graphique**
handwriting   l'**écriture** *(f)*
icon   l'**icône** *(f)*
ideogram/ideograph   l'**idéogramme** *(m)*
illiterate   **analphabète**
in italics   **en italique**
I italicize   **je mets** *(mettre)* **en italique**
letter *(of alphabet)*   **la lettre**
literate   **instruit, qui sait lire et écrire**

literature   **la littérature**
note   **la note**
paragraph   **le paragraphe**
philology   **la philologie**
philologist   **le/la philologue**
pictograph   l'**idéogramme** *(m)*
plain text   **le texte simple**
I print   **j'imprime**
I read   **je lis** *(lire)*
reading   **la lecture**
reading skills   l'**aptitude** *(f)* **à lire**
I rewrite   **je récris** *(récrire)*
scribble   **la gribouillage**
I scribble   **je gribouille**
sign   **le signe**
I sign   **je signe**
signature   **la signature**
I spell   **j'épelle** *(épeler)*
spelling   l'**orthographe** *(f)*
text   **le texte**
I transcribe   **je transcris**
transcription   **la transcription**
I underline   **je souligne**
I write   **j'écris** *(écrire)*
writing   l'**écriture** *(f)*
writing skills   l'**art** *(m)* **d'écrire**
written language   **la langue écrite**

Which languages have a Cyrillic alphabet?

Quelles langues ont un alphabet slave?

– Which is the easiest language to learn for an English speaker? – French, of course!

– Quelle est la langue la plus facile à apprendre pour un anglophone? – Le français, naturellement!

Portuguese spoken here.

Ici on parle portugais.

Don't worry about spelling mistakes for the moment.

Ne vous souciez pas des fautes d'orthographe pour l'instant.

➤ GRAMMAR, PUNCTUATION App.21b; MAIL 15c

EDUCATION

22 Education

22a General terms

achievement **la réussite**
admission **l'admission** *(f)*
　I am admitted to school **je suis admis** *(admettre)* **à l'école**
absent **absent**
age group **le groupe d'âge**
I am away **je suis absent**
aptitude **l'aptitude** *(f)*
I analyze **j'analyse**
answer **la réponse**
I answer **je réponds (à)**
I ask (a question) **je pose (une question)**
　I ask *(someone)* **je demande (à)**
I attend (a school) **je suis élève (à l'école)**
boring **ennuyeux [-se], barbant**
career **la carrière**
career advice **le conseil d'orientation**
caretaker **le/la concierge**
I catch up **je rattrape**
chapter **le chapitre**
cheat **le tricheur, la tricheuse**
class **la classe**
class council **le conseil de classe**
class representative **le délégué de classe**
class teacher **le professeur**
class trip **le voyage scolaire**
club **le club**
I complete **je termine**
comprehension **la compréhension**
compulsory schooling **la scolarité obligatoire**
concept **le concept**

I copy (out) **je recopie**
copy **l'exemplaire** *(m)*
course **des cours** *(m)*
I cut classes/play hooky **je sèche** *(sécher)* **les cours** *(fam)*, **je fais l'école buissonnière** *(fam)*
deputy head **le directeur-adjoint**
detention **la retenue, la colle**
　I am in detention **je suis en retenue, je suis collé**
difficult **difficile**
I discuss **je discute**
easy **facile**
education **l'éducation** *(f)*, **l'enseignement** *(m)*
educational system **le système pédagogique**
I encourage **j'encourage**
essay **la dissertation, la rédaction**
example **l'exemple** *(m)*
excellent **excellent**
favorite **préféré**
favorite subject **la matière préférée**
I forget **j'oublie**
governing body **l'administration**
guidance counselor **le conseiller/la conseillère d'orientation professionnelle**
holidays/vacation **les vacances** *(f)*
homework **les devoirs** *(m)*
interesting **intéressant**
I learn **j'apprends** *(apprendre)*
I leave **je quitte**
lesson *(class)* **le cours**
　lesson *(chapter)* **la leçon**

GENERAL TERMS 22a

I listen j'écoute
local education authority le rectorat, l'académie (f)
I look at je regarde
I misunderstand je ne comprends pas
mixed-ability group le groupe de plusieurs niveaux
modular par module
module le module
oral oral
outdoor à l'extérieur, en plein air
extracurricular activity les activités (m) parascolaires
parent-teacher meeting la réunion parents-enseignants
I pass/qualify je suis qualifié
pastoral care l'éducation (f) religieuse
I praise j'admire
principal (n) le directeur, la directrice, le principal
principal (adj) principal
project la recherche
punctual ponctuel[le]
I punctuate je ponctue
punctuation mark la ponctuation
I punish je punis
punishment la punition
pupil un/une élève
qualification les qualifications (f)
question la question
I question je mets (mettre) en doute
I read je lis (lire)
reading la lecture
I repeat a year je redouble
repeating a year le redoublement
report le bulletin
research la recherche
I research je fais de la recherche
resources center le centre de documentation
scheme of work le plan de travail
school book le livre de classe

school council le conseil d'administration
school friend le/la camarade
set le groupe de niveau
setted (by ability) classés par groupes de niveau
skill l'aptitude (f)
specialist teacher le professeur (m) spécialisé
spelling l'orthographe (f)
staff le personnel (enseignant)
I stay in je reste
I stay down (a year) je ne passe pas
stream le groupe de niveau
strict sévère
I study j'étudie
sum la somme
I summarize je résume
I work hard je bûche (fam)
syllabus, courses les cours (m)
task l'exercice (m)
I teach j'enseigne
teacher l'enseignant (m), l'enseignante (f)
teaching l'enseignement (m)
term/semester le trimestre
I train je suis (suivre) une formation (de)
training la formation
I translate je traduis
translation la traduction
tutor le tuteur
I understand je comprends
understanding la compréhension
unit (of work) le chapitre
I work je travaille
   I work hard (at) je travaille dur, je bosse (sur)
work experience l'expérience (f) professionnelle
I write j'écris (écrire)
written (work) (le travail) écrit

▶ HIGHER EDUCATION 22d

EDUCATION

22b School

blackboard   **le tableau**
book   **le livre**
break   **la récréation**
briefcase   **le cartable**
canteen   **la cantine**
cassette (audio/video)   **la cassette (audio/vidéo)**
cassette recorder   **le magnétophone**
classroom   **la salle de classe**
computer   **l'ordinateur** *(m)*
desk   **le bureau**
dormitory   **le dortoir**
gym(nasium)   **le gymnase**
headphone   **les écouteurs** *(m)*
interactive TV   **la télévision interactive**
(language) laboratory   **le laboratoire (de langues)**
library   **la bibliothèque**
lunch hour   **l'heure** *(f)* **du repas**
note   **le message**
office   **le bureau**
playground   **la cour de récréation**
radio   **la radio**
ruler   **la règle**
slide   **la diapositive**
satellite TV   **la télévision par satellite**
school hall   **le hall de réunion**
schoolbag/bookbag   **le cartable**
sports field   **le terrain de sport**
staff room   **la salle des professeurs**
studio   **le studio**
timetable   **l'emploi** *(m)* **du temps**
video camera   **le caméscope**
videocassette   **la vidéocassette**
video recorder   **le magnétoscope**
workshop *(place)*   **l'atelier** *(m)*
workshop *(course)*   **le cours**

Type of school

boarding school   **le pensionnat**
boarder   **le/la pensionnaire**
comprehensive school   **le collège**
day school   **le collège (pour externes)**
further education   **la formation continue**
grammar school   **l'école** *(f)* **primaire**
high school   **le lycée**
infant/nursery school   **l'école** *(f)* **maternelle**
playgroup   **la garderie**
primary school   **l'école** *(f)* **primaire**
school   **l'école** *(f)*
school type   **le type d'école**
of school age   **d'âge scolaire**
secondary   **secondaire**
secondary school/high school   **le lycée, l'école** *(f)* **secondaire**
senior year   **la términale**

– At what age do children start school?
– They have to go to school when they are six.
Our son already goes to the kindergarten and is looking forward to school.
Our daughter goes to the primary school/elementary school.

– **A quel âge les enfants commencent-ils l'école?**
– **Ils doivent aller à l'école dès l'âge de six ans.**
Notre fils va déjà à l'école maternelle et il lui tarde d'aller à l'école primaire.
Notre fille va à l'école primaire.

➤ GENERAL TERMS 22a; SCHOOL SUBJECTS 22c

SCHOOL 22b

special school l'école (f) spécialisée
technical school le collège technique

Classroom commands

Answer the question! **Répondez à la question!**
Ask your friend a question! **Posez une question à votre camarade!**
Be careful! **Attention!**
Be quiet! **Silence!**
Be quick! **Dépêchez-vous!**
Bring me your work! **Apportez-moi votre travail!**
Clean the blackboard! **Effacez le tableau!**
Close the door! **Fermez la porte!**
Come here! **Venez ici!**
Come in! **Entrez!**
Copy these sentences! **Ecrivez ces phrases!**
Do your homework! **Faites vos devoirs!**
Don't talk/chatter! **Taisez-vous!**
Fast forward! (tape) **Faites avancer rapidement la bande!**
Go out! **Sortez!**
Learn by heart! **Apprenez par cœur!**
Learn the vocabulary! **Apprenez le vocabulaire!**
Listen carefully! **Ecoutez bien!**
Make less noise! **Faites moins de bruit!**
Make notes! **Prenez des notes!**
Open the window! **Ouvrez la fenêtre!**
Pay attention! **Ecoutez bien!**
Put on the headphones! **Mettez vos écouteurs!**
Read the text! **Lisez le texte!**
Rewind the tape! **Rembobinez la cassette!**
Take this to the office! **Apportez ceci au secrétariat!**
Show me your notebooks! **Montrez-moi vos cahiers!**
Sit down! **Asseyez-vous!**
Stand up! **Levez-vous!**
Switch off the cassette recorder! **Eteignez le magnétophone!**
Switch on the OHP! **Allumez le rétroprojecteur!**
Tick the boxes! **Cochez les cases!**
Work in pairs! **Travaillez par deux!**
Work in groups! **Travaillez en groupes!**
Write an essay! **Ecrivez une dissertation/rédaction!**
Write it down! **Ecrivez ceci!**
Write out in neat/neatly! **Ecrivez-le au propre!**
Write out in rough! **Ecrivez-le au brouillon!**

She reads to her teacher every day and can read well now.

– Do you move up a class every year?
– No, last year I had to stay down a year.

Elle fait de la lecture en classe tous les jours et elle sait bien lire maintenant.

– Est-ce que vous passez d'une classe à l'autre tous les ans?
– Non, l'année dernière j'ai dû redoubler.

▶ EXAMINATIONS 22c; STATIONERY App.22b

EDUCATION

22c School subjects and examinations

School subjects

arithmetic   l'arithmétique *(f)*
art   le dessin
biology   la biologie
business studies   les études *(f)* commerciales
careers education   l'orientation *(f)*
chemistry   la chimie
commerce   le commerce
compulsory subject   la matière obligatoire
computer studies   l'informatique *(f)*
cooking   la cuisine
design technology   la technologie (du design)
economics   l'économie *(f)*
foreign language   la langue étrangère
French   le français
geography   la géographie
gymnastics   la gymnastique
history   l'histoire *(f)*
home economics   les arts *(m)* ménagers
information technology   l'informatique *(f)*
main subject   la matière principale
mathematics   les mathématiques *(f)*
music   la musique
needlework   la couture
option(al subject)   la matière facultative
philosophy   la philosophie
physical education   l'éducation *(f)* physique
physics   la physique
religious education   l'éducation *(f)* religieuse
science   les sciences *(f)*
sex education   l'éducation *(f)* sexuelle
social studies   les études *(f)* sociales
sociology   la sociologie
sport   le sport

– Which school do you go to?
– I go to the comprehensive/public school. I enjoy it a lot. There are lots of clubs and activities.
– Which is your favorite subject?

– I like math, but prefer physics. My favorite subject is PE. I don't like history, it is so boring.

I'm good at English, since I did an exchange. I work very hard at it.

– A quelle école vas-tu?
– Je vais au collège. Je m'y plais beaucoup. Il y a beaucoup de clubs et d'activités.
– Quelle est ta matière préférée?

– J'aime bien les maths, mais je préfère la physique. Ma matière préférée, c'est l'éducation physique. Je n'aime pas l'histoire, c'est tellement barbant.

Je suis fort en anglais depuis que j'ai fait un échange. Je travaille beaucoup dans cette matière.

SCHOOL SUBJECTS AND EXAMINATIONS 22c

subject **la matière**
subsidiary subject **la matière secondaire**
technical drawing **le dessin technique**
vocational training **les travaux manuels/pratiques**
woodwork **la menuiserie**

Examinations

I assess **j'évalue**
assessment **l'évaluation** *(f)*
certificate **le certificat**
degree **la licence**
   higher degree **la maîtrise, le doctorat**
diploma **le diplôme**
dissertation **la dissertation**
distinction **la mention**
doctorate **le doctorat**
examination **l'examen** *(m)*
   external **public/national**
   final **de fin d'études**
grade **la mention**
I grade **je classe**

grade system **le barême/le système de notation**
graduate (engineer) **(l'ingénieur) diplômé**
listening comprehension **l'examen** *(m)* **oral, la compréhension orale**
mark **la note**
masters **la maîtrise**
merit **la mention (bien/très bien)**
oral **oral**
postgraduate course **la maîtrise, le doctorat**
reading comprehension **l'explication** *(f)* **de texte**
I pass (an exam) **je suis reçu** *(recevoir)* **(à un examen)**
I take an exam **je passe un examen**
syllabus **le programme**
I test **je teste**
test **le contrôle**
thesis **la thèse**
trainee **le stagiaire**
written test **le contrôle écrit**

– Here are your marks!
Marie-Claire, you have done excellent work. Well done!
Jerome, you will need to work harder. Your spelling is very poor.

Anna, this is very satisfactory, but please improve your handwriting. Your work is so sloppily presented.

In June we are going on a class trip to the Vosges. You will do a project on the geography and wildlife of the area.

– **Voici vos notes!**
Marie-Claire, ton travail était excellent. Très bien!
Jérôme, il faut t'appliquer davantage, tu fais beaucoup de fautes d'orthographe.

Anna, c'est très satisfaisant, mais fais un effort pour améliorer ton écriture. Ton travail est si mal présenté.

En juin nous ferons un voyage scolaire dans les Vosges. Vous ferez un projet d'études sur la géographie et la faune de la région.

➤ SCHOOL 22b; HIGHER EDUCATION 22d

EDUCATION

22d Higher education

adult **adulte**
adult education **la formation continue**
alumnus **un ancien élève, une ancienne élève**
apprentice **un apprenti, une apprentie**
apprenticeship **l'apprentissage** *(m)*
chair **la chaire**
college **la faculté**
 college of further education **le centre de formation continue**
course of study **des études** *(f)*
diploma **le diplôme**
faculty **la faculté**
further education **des études** *(f)* **supérieures**
residence hall **la résidence/cité universitaire, le foyer**
higher education **les études** *(f)* **supérieures**
in-service training **le stage de formation**
lecture **la conférence**
lecture hall **l'amphithéâtre** *(m)*
lecturer **un (maître) assistant**
master's degree **la maîtrise**
part-time education **des études** *(f)* **à temps partiel**
postgraduate/graduate **le licencié/ la licenciée (de lettres/de sciences)**
professor/college professor **le professeur**
quota *(for university entry)* **le nombre de places à l'université**
research **la recherche**
retraining **le recyclage**
I retrain **je me recycle**
scholarship **la bourse**
seminar **le séminaire**
student **un étudiant, une étudiante**
student grant **la bourse d'étude**
student union **le syndicat des étudiants**
teacher training college **le centre**

I would like to go to college to study environmental science.

J'aimerais aller en faculté pour étudier les sciences de l'environnement.

We have increased the number of universities and are aiming for a broader provision.

Nous avons augmenté le nombre des universités et nous visons de plus amples effectifs.

The technical colleges now belong to the university sector and we now speak of a comprehensive university.

Les instituts techniques font maintenant partie de l'université et nous parlons maintenant d'études universitaires globales.

The course length is four years (eight semesters).

Les études prennent quatre ans (huit semestres).

Many students want job qualifications. They can easily transfer between courses.

De nombreux étudiants désirent une formation spécialisée. Ils peuvent facilement changer de filière.

GENERAL TERMS 22a; EXAMINATIONS 22c

HIGHER EDUCATION 22d

de formation pédagogique
technical college   l'institut *(m)* technique
university/college   l'université *(f)*
university entrance qualification   les qualifications requises pour entrer à l'université
vocational route   la formation spécialisée

Faculties and subjects

accountancy/accounting   la comptabilité
anthropology   l'anthropologie *(f)*
architecture   l'architecture *(f)*
business management   la gestion
catering   la restauration
classics   les lettres classiques
civil engineering   le génie civil
commerce   le commerce
computer studies   l'informatique *(f)*
construction   la construction
education   l'enseignement *(m)*
electronics   l'électronique *(f)*
electrical engineering   (des études) d'ingénieur en électronique
economics   l'économie, les sciences économiques
engineering   (des études) d'ingénieur
environmental sciences   les sciences de l'environnement
geology   la géologie
history of art   l'histoire *(f)* de l'art
hotel management   l'hôtellerie *(f)*
languages   les langues *(f)*
law   le droit
leisure and tourism   le tourisme et les loisirs *(m)*
literature   la littérature
mechanical engineering   le génie mécanique
medicine   la médecine
pharmacy   la pharmacie
nuclear science   les sciences *(f)* nucléaires
philosophy   la philosophie
psychology   la psychologie
sociology   la sociologie
theology   la théologie

Financial support is of the greatest importance. Many students get a state grant.

Many students apply for places, but they cannot all be admitted to university.

There is now an entrance restriction. The right to a place depends on marks in the *baccalauréat*. They require particularly high marks for medicine. Our results are always outstanding.

Le financement des études est primordial. Beaucoup d'étudiants reçoivent une bourse d'état.

De nombreux étudiants posent leur candidature, mais ils ne peuvent pas tous être admis à l'université.

Il y a maintenant des restrictions pour l'entrée á l'université. Le droit d'entrée dépend des résultats au baccalauréat. Il faut de très bonnes notes surtout en médecine. Nos résultats sont toujours excellents.

➤ SCHOOL SUBJECTS 22c; SCIENTIFIC DISCIPLINES App.23a

23 Science: the changing world

23a Scientific method and life sciences

Scientific method

academic paper l'exposé *(m)*, la communication
I analyze j'analyse
authentic authentique
I challenge je mets *(mettre)* en question
I check je vérifie
classification la classification
I classify je classe
I conduct (an experiment) je fais une expérience
control le cas témoin
I discover je découvre *(découvrir)*
discovery la découverte
experiment l'expérience *(f)*
I experiment je fais une expérience
flask le ballon
hypothesis l'hypothèse *(f)*
I identify j'identifie
I investigate j'examine, j'étudie
laboratory le laboratoire
material le matériau
measurement le mesurage
I observe j'observe
origin l'origine *(f)*
pipette la pipette
process le processus
research la recherche, les recherches
I research je fais des recherches
result le résultat
I solve *(a problem)* je résouds *(résoudre)*
test l'analyse *(f)*
I test je fais une analyse
test tube l'éprouvette *(f)*
theory la théorie
I transfer je transfère *(transférer)*

Biology

bacteria la bactérie
botanical botanique
I breathe je respire
cell la cellule
chlorophyll la chlorophylle
it circulates il circule
decay le pourrissement
decline le déclin
it declines il décline
it excretes il excrète *(excréter)*, il sécrète *(sécréter)*

The researcher took a sample, mounted it on a slide and put it under the microscope for examination. All the results from the experiments support her hypothesis.

La chercheuse a pris un échantillon qu'elle a posé sur une plaquette. Elle l'a examiné sous le microscope. Tous les résultats des expériences confirment son hypothèse.

SCIENTIFIC METHOD AND LIFE SCIENCES 23a

excretion l'excrétion *(f)*, la sécrétion
it feeds il mange
food chain la chaîne alimentaire
gene le gène
genetic génétique
genetic disorder la maladie/malformation d'origine génétique
it grows il croît *(croître)*
growth la croissance
habitat l'habitat *(m)*
it inherits il hérite
membrane la membrane
it mutates il subit une mutation
nucleus le nucléus
organic organique
organism l'organisme *(m)*
photosynthesis la photosynthèse
population la population
it reproduces il se reproduit *(se reproduire)*
respiration la respiration
sensitivity la sensibilité
survival la survie
it survives il survit *(survivre)*
virus le virus

Medical science and research

cosmetic/plastic surgery la chirurgie esthétique
DNA l'ADN *(m)*
donor le donneur, la donneuse
embryo l'embryon *(m)*
embryo research les recherches *(f)* sur l'embryon
ethical consideration la considération éthique
ethics of human reproduction la bioéthique
experiments on animals les expériences *(f)* sur des animaux
hereditary illness la maladie héréditaire
IVF (in vitro fertilisation) FIV (la fécondation in vitro)
I justify je justifie
microorganism le micro-organisme
organ transplant la greffe d'organe
pacemaker le stimulateur (cardiaque)
I permit je permets *(permettre)*
prenatal tests *(on fetus)* le diagnostic prénatal (le DPN)
psychology la psychologie
recipient la personne qui reçoit
I reject (an organ) je rejette
risk le risque
I risk je risque
survival rate *(death rate)* le taux de mortalité
test-tube baby le bébé-éprouvette
transplant la greffe
x-ray le rayon X

A girl of seventeen was today given a new heart in a transplant operation that lasted ten hours.

Une jeune fille de dix-sept ans a reçu une greffe du cœur au cours d'une intervention qui a duré dix heures.

Research on human embryo tissue is likely to remain highly controversial.

La possibilité de faire des recherches sur l'embryon humain tend à rester un sujet de controverse.

▶ ANIMAL WORLD 24b; MEDICAL TREATMENT 11c; FARMING 24c

SCIENCE: THE CHANGING WORLD

23b Physical sciences

Chemistry

acid   **l'acide** *(m)*
air   **l'air** *(m)*
alkali   **l'alcali** *(m)*
alkaline   **alcalin**
alloy   **l'alliage** *(m)*
I analyze   **j'analyse**
Bunsen burner   **le bec Bunsen**
I calculate   **je calcule**
chemical   **chimique**
compound   **le composé**
composition   **la composition**
it dissolves   **il dissoud**
  (dissoudre)
  it dissolves in water   **il se dissoud dans l'eau**
element   **l'élément** *(m)*
emulsion   **l'émulsion** *(f)*
equation   **l'équation** *(f)*
gas   **le gaz**
inorganic   **inorganique**
insoluble   **insoluble**
liquid   **le liquide**
  liquid *(adj)*   **liquide**
litmus paper   **le papier de tournesol**
matter   **la matière**
metal   **le métal**
natural gas   **le gaz naturel**
opaque   **opaque**
periodic table   **le tableau de classification périodique des élements**
physical   **physique**
pure   **pur**
it reacts   **il réagit**
reaction   **la réaction**
salt   **le sel**
solid *(adj)*   **solide**
soluble   **soluble**
solution   **la solution**
stable   **stable**
substance   **la substance**
transparent   **transparent**

Physics and mechanics

it accelerates   **il accélère** *(accélérer)*
acceleration   **l'accélération** *(f)*
acoustics   **l'acoustique** *(f)*
analysis   **l'analyse** *(f)*
artificial   **artificiel[le]**
boiling point   **le point d'ébullition**
circuit   **le circuit**
conservation   **la conservation**
density   **la densité**
distance   **la distance**
electron microscope   **le microscope électronique**
energy input   **l'énergie** *(f)*
energy output   **la puissance de sortie**
it expands   **il se dilate**
fiber   **la fibre**
force   **la force**
it freezes   **il gèle** *(geler)*
formula   **la formule**
freezing point   **le point de congélation**
friction   **la friction**
gravity   **la pesanteur**
I heat   **je fais chauffer**
it heats   **il chauffe**
heat   **la chaleur**
heat loss   **la perte calorifique**
invention   **l'invention** *(f)*
laser   **le laser**
laser beam   **le rayon laser**
light   **la lumière**
light beam   **le rayon de lumière**
magnetism   **le magnétisme**
magneto   **la magnéto**
mass   **la masse**
I measure   **je mesure**
mechanics   **la mécanique**
metallurgy   **la métallurgie**
microscope   **le microscope**
microwave   **la micro-onde**
mineral   **le minéral**

➤ CHEMICAL ELEMENTS, COMPOUNDS AND ALLOYS App.23b

PHYSICAL SCIENCES 23b

missile **le missile**
model **le modèle (réduit)**
motion **le mouvement**
observation **l'observation** *(f)*
optics **l'optique** *(f)*
pressure **la pression**
property **la propriété**
proportional **proportionnel[le]**
ray **le rayon**
reflection **la réflexion**
refraction **la réfraction**
relativity **la relativité**
resistant **résistant**
solid **le solide**
I sort **je trie, je classe**
sound **le son**
speed **la vitesse**
structure **la structure**
synthetic **synthétique**
temperature **la température**
theory **la théorie**
time **le temps**
transmission **la transmission**
vapor **la vapeur**
it vibrates **il vibre**
vibration **la vibration**
wave **l'onde** *(f)*
　　long waves **grandes ondes**
　　medium/short waves **ondes moyennes/courtes**
wavelength **la longueur d'ondes**

Electricity

battery *(large)* **la batterie**
　　battery *(small)* **la pile**
charge **la charge**
I charge the battery **je mets (mettre) la batterie en charge**
current **le courant**
electrical **électrique**
electricity **l'électricité** *(f)*
electricity grid **le réseau électrique**
electrode **l'électrode** *(f)*
electron **l'électron** *(m)*
electronic **électronique**
electronics **l'électronique** *(f)*
negative **négatif [-ve]**
positive **positif [-ve]**
pylon **le pylône**
resistance **la résistance**
voltage **le voltage, la tension**

Nuclear physics

atom **l'atome** *(m)*
atomic **atomique**
electron **l'électron** *(m)*
fission **la fission**
fusion **la fusion**
molecular **moléculaire**
molecule **la molécule**
neutron **le neutron**
nuclear **nucléaire**
nuclear energy **l'énergie** *(f)* **nucléaire**
nucleus **le noyau**
particle **la particule**
proton **le proton**
quantum theory **la théorie des quanta**
radiation **la radiation**
reactor **le réacteur**

Water has a boiling point of 100 degrees centigrade. It freezes at zero degrees.

What is the voltage of this equipment?

Le point d'ébullition de l'eau est de cent degrés Celsius. Elle gèle à zéro degré Celsius.

Quel est le voltage de cet appareil?

▶ MEASURING 4b; DESCRIBING THINGS 5c; ENERGY AND FUELS 23c

SCIENCE: THE CHANGING WORLD

23c The earth and space

Geology and minerals

bauxite **la bauxite**
carbon dating **la datation au carbone 14**
chalk **la craie**
chalky **crayeux [-se], calcaire**
clay **l'argile** *(f)*
diamond **le diamant**
geologist **le géologue**
gemstone **la pierre gemme**
granite **le granit**
graphite **le graphite, la mine de plomb**
layer **la couche**
lime **la chaux**
limestone **le calcaire**
loam **le terreau**
marble **le marbre**
mine **la mine**
I mine **j'extrais** *(extraire)*
ore **le minerai**
quartz **le quartz**
quarry **la carrière**
sand **le sable**
sandstone **le grès**
sediment **le sédiment**
silica **la silice**
slate **l'ardoise** *(f)*
soil **le sol**
stalactite **la stalactite**
stalagmite **la stalagmite**

Energy and fuels

atomic energy **l'énergie** *(f)* **atomique**
coal **le charbon, la houille**
concentration **la concentration**
consumption **la consommation**
energy **l'énergie** *(f)*
energy conservation **les économies** *(f)* **d'énergie**
energy consumption **la consommation d'énergie**
energy crisis **la crise d'énergie**
energy saving **qui économise l'énergie**
energy source **la source d'énergie**
fossil fuels **le combustible fossile**
fuel **le combustible**
fuel consumption **la consommation de combustibles**
gasoline **l'essence** *(f)*
it generates **il produit** *(produire)*
geothermal energy **l'énergie** *(f)* **géothermique**
global warming **le réchauffement de l'atmosphère**
greenhouse effect **l'effet** *(m)* **de serre**
hydroelectric dam **le barrage** *(m)* **hydro-électrique**
hydroelectric power **l'énergie** *(f)* **hydro-électrique, la houille blanche**
insulation **l'isolation** *(f)*
natural gas **le gaz naturel**
nuclear power station **la centrale nucléaire**
nuclear reactor **le réacteur nucléaire**
oil **le pétrole, l'huile** *(f)*
oil production **la production de pétrole**
oil-producing countries **les pays** *(m)* **producteurs de pétrole**
petroleum **le pétrole**
raw materials **la matière première**
solar cell **la pile solaire**
solar energy **l'énergie** *(f)* **solaire**
thermal energy **l'énergie** *(f)* **thermique**
wave power **l'énergie** *(f)* **des vagues**
tidal power station **l'usine** *(f)* **marémotrice**
wind energy/power **l'énergie** *(f)* **éolienne**

➤ COMPOUNDS App.23b; PRECIOUS STONES AND METALS App.9c; ELECTRICITY 23b

THE EARTH AND SPACE 23c

Space

asteroid   l'astéroïde *(m)*
big bang theory   la théorie du big-bang
eclipse   l'éclipse *(f)*
it eclipses   il éclipse
galactic   galactique
galaxy   la galaxie
gravitational pull   la gravitation
light-year   l'année-lumière *(f)*
meteorite   le météore
moon   la lune
  full moon   la pleine lune
  new moon   la nouvelle lune
orbit   l'orbite *(f)*
planet   la planète
solar system   le système solaire
solstice   le solstice
star   l'étoile *(f)*
sun   le soleil
sunspot   la tache solaire
the heavens   le ciel
universe   l'univers *(m)*

Space research and travel

antenna   l'antenne *(f)*
astrologer   l'astrologue *(m)*
astronomer   l'astronome *(m)*
astronaut   l'astronaute *(m)*
cosmonaut   le cosmonaute
I launch   je lance
launch pad   la rampe de lancement
lunar module   le module lunaire
moon buggy   la jeep lunaire
moon walk   la marche lunaire
observatory   l'observatoire *(m)*
orbit   l'orbite *(f)*
planetarium   le planétarium
it reenters   il rentre (dans l'atmosphère)
relativity   la relativité
rocket   la fusée (interplanétaire)
rocket fuel   le combustible
satellite   le satellite
  communications   le satellite de télécommunications
  spy   le satellite d'espionnage
  weather   le satellite météorologique
sky lab   le laboratoire spatial
space   l'espace *(m)*
spaceflight   le voyage spatial
space probe   la sonde spatiale
space shuttle   la navette spatiale
spacecraft   le vaisseau spatial
space-suit   le scaphandre
stratosphere   la stratosphère
telescope   le télescope
time warp   la distorsion du temps
touchdown on land   l'atterrissage *(m)*
  on sea   l'amerrissage *(m)*
  on moon   l'alunissage *(m)*
zodiac   le zodiaque

By studying the light received from stars many millions of light years away, scientists hope to discover the origins of the universe.

Les scientifiques espèrent découvrir les origines de l'univers en étudiant la lumière qui provient des étoiles distantes de plusieurs millions d'années-lumière.

The earth orbits the sun.

La terre reste en orbite autour du soleil.

▶ PLANETS AND STARS, THE ZODIAC App.23c

THE ENVIRONMENT: THE NATURAL WORLD

24 The environment: the natural world

24a Geography

archipelago l'archipel *(m)*
area la région
bank (river) le bord
bay la baie
beach la plage
bog le marais
bottom le fond
canyon le cañon, la gorge
clean propre, net[te]
cliff la falaise, l'escarpement *(m)*
coast la côte
coastline le littoral
continent le continent
coppice, copse le taillis, le boqueteau
country le pays
  in the country à la campagne
countryside le paysage
creek le ruisseau
crest la crête
dangerous dangereux [-se]
deep profond
delta le delta
desert le désert
dirty sale
dune la dune
earth tremor la secousse sismique
earthquake le tremblement de terre
equator l'équateur *(m)*
equatorial équatorial
eruption l'éruption *(f)*
it erupts il entre en éruption
escarpment l'escarpement *(m)*
estuary l'estuaire *(m)*
field le champ
fjord le fjord
flat plat
it flows il coule

foothills les contreforts *(m)*
forest la forêt
friendly accueillant
geographical géographique
geography la géographie
geyser le geyser
globe le globe
gradient la pente, l'inclinaison *(f)*
hemisphere l'hémisphère *(f)*
high haut
hill la colline
incline/slope la déclivité
it is situated il est situé
island l'île *(f)*
jungle la jungle
lake le lac
land la terre
it is located il se trouve
location l'emplacement *(m)*, la situation
map la carte
marsh le marais, le marécage
meridian le méridien
mountain la montagne
mountain range la chaîne de montagnes
national national
national park le parc national
nature la nature
nice/pleasant agréable
ocean l'océan *(m)*
ocean floor le fond sous-marin
peaceful paisible
peak le pic, le sommet
peninsula la péninsule
plateau le plateau
pole le pôle
province la province
reef le récif
region la région

182 ➤ COUNTRIES, OCEANS, SEAS App.20a; DIRECTION AND LOCATION 2b

GEOGRAPHY 24a

regional **régional**
ridge **l'arête** *(f)*, **la crête**
river **la rivière**
river (major) **le fleuve**
riverbed **le lit de la rivière/du fleuve**
rockpool **la flaque d'eau (dans les rochers)**
sand **le sable**
scenery **le paysage**
sea **la mer**
seaside **le bord de la mer**
shore **le rivage, le bord**
spring **le printemps**
steep **raide**
steppe **la steppe**
stream **le ruisseau**
summit **le sommet**
tall **haut, élevé**
territory **le territoire**
top **le sommet**
the tropics **les tropiques** *(m)*
tundra **la toundra**
unfriendly **froid, hostile**
valley **la vallée**
volcano **le volcan**
water **l'eau** *(f)*
    freshwater **l'eau** *(f)* **douce**
waterfall **la chute d'eau**
wood **le bois**
woodland **la région boisée**
zenith **le zénith**
zone **la zone**

Man-made features

aqueduct **l'aqueduc** *(m)*
bridge **le pont**
canal **le canal**
capital (city) **la capitale**
city **la ville, la cité**
country road **la petite route de campagne**
dam **le barrage**
embankment/levee **le talus, le remblai**
factory **l'usine** *(f)*, **la fabrique**
farm **la ferme**
farmland **les terres** *(f)* **cultivées**
hamlet **le hameau**
harbor **le port**
industry **l'industrie** *(f)*
marina **la marina**
nature trail **l'itinéraire** *(m)* **aménagé pour amateurs de la nature**
oasis **l'oasis** *(f)*
reclaimed land **le terrain asséché**
reservoir **le réservoir**
town **la ville**
track **la trace**
village **le village**
well **le puits**

Wallonia, in the south of Belgium, is dominated by the forest uplands of the Ardennes.

The Water Authority plans to create a new reservoir. This will involve submerging several dwellings.

The area was marshy and unsuitable for development.

La Wallonie, dans le sud de la Belgique, est une région dominée par les collines boisées des Ardennes.

Le service des eaux a un projet pour créer un nouveau réservoir. Il faudra submerger plusieurs habitations.

La région était marécageuse et inadaptée au développement.

➤ ANIMAL WORLD 24b; FARMING 24c; THE WEATHER 24d; POLLUTION 24e

THE ENVIRONMENT: THE NATURAL WORLD

24b The animal world

Animals

animal l'animal *(m)*
it barks il aboie *(aboyer)*
it bites il mord *(mordre)*
it bounds il bondit
it breeds il se reproduit *(se reproduire)*
burrow/hole le terrier
cage la cage
carnivore le carnivore
cat le chat
it crawls il rampe
den la tanière
dog le chien
I feed je donne à manger à
it feeds il se nourrit
food la nourriture
fox le renard
frog la grenouille
gerbil la gerbille
goldfish le poisson rouge
guinea pig le cochon d'Inde
habitat l'habitat *(m)*
hamster le hamster
hare le lièvre
hedgehog le hérisson
herbivore l'herbivore *(m)*
it hibernates il hiberne
it howls il hurle
hut/hutch le clapier
I keep a cat j'ai un chat
kitten le chaton
lair le repaire
it leaps il saute
litter la portée
mammal le mammifère
it miaows il miaule
mole la taupe
mouse la souris
omnivore l'omnivore *(m)*
pack la meute
parakeet la perruche
pet l'animal *(m)* familier
predator le prédateur
prey la proie
puppy le chiot
rabbit le lapin
rabies la rage
reptile le reptile
it roars il rugit
safari park la réserve
snake le serpent
it squeaks il couine
squirrel l'écureuil *(m)*
I stroke je caresse
toad le crapaud
tortoise la tortue
I walk (the dog) je promène *(promener)* (le chien)
wildlife park la réserve naturelle
wolf le loup
zoo le zoo

Birds

claw la griffe
it crows il chante
it flies il vole
flock la volée
it hovers il plane
it migrates il migre
nest le nid
it nests il se niche
it pecks at il picore

Sealife/Waterlife

alligator l'alligator *(m)*
anemone l'anémone *(f)*
angling la pêche (à la ligne)
coral le corail
crab le crabe
crocodile le crocodile
dolphin le dauphin
fish le poisson
I fish je vais à la pêche
harpoon le harpon
hook l'hameçon *(m)*
marine marin
mollusc le mollusque
net le filet

➤ WILD ANIMALS, BIRDS, THE ANIMAL BODY App.24b; POULTRY 10b

THE ANIMAL WORLD 24b

octopus la pieuvre, le poulpe
plankton le plancton
rod la canne (à pêche)
seal le phoque
shark le requin, le squale
shoal le banc (de poissons)
starfish l'étoile *(f)* de mer
it swims il nage
turtle la tortue marine
whale la baleine
whaling la pêche à la baleine

Insects

ant la fourmi
bee l'abeille *(f)*
   queen bee la reine, la reproductrice
   worker bee l'ouvrière *(f)*
bedbug la punaise
beetle le scarabée *(m)*
bug l'insecte *(m)*, la bestiole
butterfly le papillon
it buzzes il bourdonne
caterpiller la chenille
cocoon le cocon
cockroach le cafard
cricket le grillon

dragonfly la libellule
flea la puce
fly la mouche
grasshopper la sauterelle
hive la ruche
insect l'insecte *(m)*
invertebrate l'invertébré *(m)*
ladybird/ladybug la coccinelle, la bête à bon Dieu
larva la larve
locust la locuste
it metamorphoses il se métamorphose
mosquito le moustique
moth le papillon de nuit
scorpion le scorpion
silkworm le ver à soie
slug la limace
snail l'escargot *(m)*
spider l'araignée *(f)*
it spins (a web) il tisse la toile
it stings il pique
termite le termite
tick la tique
web la toile
wasp la guêpe
worm le ver

Guinea pigs and hamsters are popular pets in Britain.

Le cochon d'Inde et le hamster sont très populaires comme animaux familiers en Grande-Bretagne.

Don't forget to walk the dog and feed the cat!

N'oublie pas de promener le chien et de donner à manger au chat!

The campaign to save the whale is increasing in popularity.

La campagne pour la sauvegarde de la baleine devient de plus en plus populaire.

The panda is in danger of extinction in the wild.

Le panda est en danger d'extinction à l'état sauvage.

▶ FISH AND SEAFOOD 10c; FARM ANIMALS, FARMING 24c

THE ENVIRONMENT: THE NATURAL WORLD

24c Farming and gardening

Farm animals

bull **le taureau**
cattle **le bétail**
chicken **la poule**
cock **le coq**
cow **la vache**
it crows **il chante**
dairy *(adj)* **laitier [-ère]**
duck **le canard, la cane**
it eats **il mange**
feed **la nourriture**
it feeds **il se nourrit**
foal **le poulain**
fodder **le fourrage**
food *(for animals)* **l'aliment** *(m)*
it gallops **il galope**
goat **la chèvre**
goose **l'oie** *(f)*
it grazes **il broute, il pâture**
it grunts **il grogne**
horse **le cheval**
horseshoe **le fer à cheval**
it kicks **il rue**
kid **le chevreau**
I milk **je trais** *(traire)*
it moos **il meugle, il beugle**
it neighs **il hennit**
ox **le bœuf**
pasture **le pâturage**
it pecks **il picore**
pig **le cochon**
pony **le poney**
poultry **la volaille**
produce **les produits** *(m)*
it quacks **il cancane**
I ride (a horse) **je monte à cheval**
rooster **le coq**
I shear **je tonds** *(tondre)*

sheep **le mouton**
sheep dog **le chien de berger**
I slaughter **j'abats** *(abattre)*
stallion **l'étalon** *(m)*
it trots **il trotte**

On the farm

agricultural **agricole**
agriculture **l'agriculture** *(f)*
arable **arable**
barn **la grange**
combine harvester **la moissonneuse-batteuse**
crop **la culture**
 crop *(amount)* **la récolte**
dairy **la laiterie**
farm **la ferme**
farmhouse **la maison de ferme**
farm laborer **l'ouvrier** *(m)* **agricole**
farmyard **la cour de ferme**
fence **la barrière, la clôture**
I groom **je panse**
harvest **la moisson, la récolte**
I harvest **je moissonne, je récolte**
hay **le foin**
haystack **la meule de foin**
irrigate **j'irrigue**
milk churn **le bidon à lait**
milking machine **la trayeuse (mécanique)**
orchard **le verger**
pen **l'enclos** *(m)*
pigsty **la porcherie**
silage **le fourrage ensilé, l'ensilage** *(m)*
slaughterhouse **l'abattoir** *(m)*
stable **l'écurie** *(f)*
stud farm **le haras**

➤ FRUIT, VEGETABLES 10c; HERBS App.10c; POULTRY 10b

FARMING AND GARDENING 24c

Agriculture and gardening

acorn **le gland**
allotment **le lopin de terre**
barley **l'orge** *(f)*
bloom **la fleur**
bouquet **le bouquet**
bud **le bouton**
bulb **le bulbe**
bush **le buisson**
cactus **le cactus**
compost **le compost**
corn **le maïs**
I cultivate **je cultive**
cutting **la bouture**
I dig **je creuse**
   I dig (with spade) **je bêche**
fir **le sapin**
flax **le lin**
flower **la fleur**
it flowers/blooms **il fleurit**
flowerbed **le parterre de fleurs**
foliage **le feuillage**
garden/yard **le jardin**
gardening **le jardinage**
I gather **je cueille** *(cueillir)*
grain **la céréale**
grass **l'herbe** *(f)*
I grow **je cultive**
it grows **il pousse**
hedge **la haie**
horticulture **l'horticulture** *(f)*
lawn **la pelouse**
leaf **la feuille**
maize **le maïs**
I mow **je fauche**
   I mow *(lawn)* **je tonds** *(tondre)*
oats **l'avoine** *(f)*
patio **le patio**
petal **le pétale**
I pick **je cueille** *(cueillir)*
pine **le pin**
pine forest **la pinède**
I plant **je plante**
plant **la plante**
pond **l'étang** *(m)*
pollen **le pollen**
I reap **je moissonne**
ripe **mûr**
it ripens **il mûrit**
rockery **la rocaille**
root **la racine**
rotten **pourri**
rye **le seigle**
sap **la sève**
seed **le grain**
shed **l'abri** *(m)*
sorghum **le sorgho**
species **l'espèce** *(f)*
stem **la tige**
sweet chestnut **le marron, la châtaigne**
thorn **l'épine** *(f)*
I transplant **je transplante**
tree **l'arbre** *(m)*
tuber **le tubercule**
undergrowth **les broussailles** *(f)*
vegetable(s) **le légume**
vegetable garden **le potager**
vegetation **la végétation**
I water **j'arrose**
weed **la mauvaise herbe**
I weed **je désherbe**
wheat **le blé**
wild flower **la fleur sauvage**
it wilts **il se flétrit**

I must mow the lawn, plant some bulbs, weed the flower bed and trim the hedge.	**Il faut que je tonde la pelouse, plante quelques bulbes, désherbe le parterre de fleurs et coupe la haie.**

▶ FLOWERS AND WEEDS, TREES App.24c; TOOLS App.8b

THE ENVIRONMENT: THE NATURAL WORLD

24d The weather

avalanche **l'avalanche** *(f)*
average temperature **la température moyenne**
bad weather **le mauvais temps**
bright **éclairci**
bright period **l'éclaircie** *(f)*
centigrade **Celsius**
changeable **variable**
climate **le climat**
climatic **climatique**
cloud **le nuage**
clouded over **couvert**
cloudless **sans nuages**
cloudy **nuageux [-se]**
cold **le froid**
it is cold **il fait froid**
cold front **le front froid**
it is cool **il fait frais**
daily temperature **la température**
damp **humide**
degree **le degré**
   above zero **au-dessus de zéro**
   below zero **au-dessous de zéro**
depression **la dépression**
drizzle **la bruine, le crachin**

dry **sec [sèche]**
dull (weather) **(le temps) maussade**
it's fine **il fait beau**
flash **l'éclair** *(m)*
fog **le brouillard, la brume**
it is foggy **il fait du brouillard**
it's freezing **il gèle** *(geler)*
freezing fog **le brouillard givrant**
frost **le givre**
frosty **glacial**
gale **le grand vent**
gale warning **l'avis** *(m)* **de coup de vent**
it's hailing **il grêle**
hailstones **des grêlons** *(m)*
heat **la chaleur**
heat wave **la vague de chaleur, la canicule**
high pressure **la haute pression (atmosphérique)**
highest temperature **la température maximale**
it's hot **il fait chaud**
ice **la glace**
Indian summer **l'été** *(m)* **indien/de la St Martin**

It will be cold tomorrow, maximum temperatures 4–6 Celsius/(39–43 Fahrenheit).

Il fera froid demain, températures maximales de 4 à 6 degrés Celsius/(39-43 Fahrenheit).

Freezing fog patches in parts of eastern Quebec should clear by midday.

Le brouillard givrant qu'on trouvera dans l'est du Québec devrait se dissiper avant midi.

The whole country will be affected by rain, turning to sleet in the mountains. Snow will fall in the west, drifting in places.

Sur tout le pays, il y aura de la pluie qui sera transformée en neige fondue en altitude. Il y aura des chutes de neige dans l'ouest, avec des amoncellements possibles.

▶ TEMPERATURE 4b; SEASONS 3b

THE WEATHER 24d

lightning l'éclair *(m)*, des éclairs
low pressure la basse pression
lowest temperature la température minimale
mild doux [-ce]
mist la brume
misty brumeux [-se]
monsoon la mousson
moon la lune
occluded front le front occlus
rain la pluie
it's raining il pleut *(pleuvoir)*
rainy pluvieux [-se]
shade l'ombre *(f)*
it shines il brille
shower l'averse (f)
snow la neige
snowball la boule de neige
snowdrift la congère, l'amoncellement *(m)* de neige
snowfall la chute de neige
snowflake le flocon de neige
snowman le bonhomme de neige
snow report *(for skiing)* le bulletin d'enneigement
it's snowing il neige
snowstorm la tempête de neige
star l'étoile *(f)*

storm la tempête
stormy orageux [-se]
sultry lourd, étouffant
sun/sunshine le soleil
sunny ensoleillé
thunder le tonnerre
it's thunder il tonne
thunderbolt le coup de foudre
thunderstorm l'orage *(m)*
torrent le torrent
torrential torrentiel[le]
tropical tropical
warm chaud
warm front le front chaud
weather le temps qu'il fait
weather conditions les conditions *(f)* météorologiques
weather forecast la météo, les prévisions *(f)* de la météo
weather report le bulletin météorologique, la météo
wet pluvieux [-se]
What's the weather like? Quel temps fait-il?
wind le vent
it is windy il fait du vent, il vente
wonderful merveilleux [-se]

The northeast monsoon is now well established over southeast Asia.

Heavy rain has caused several rivers in southern Ohio to burst their banks.

The south of the country may be affected by tropical storms later tonight.

Tomorrow's temperatures will rise to over 40°C (104°F) in the shade.

La mousson du nord-est est désormais bien établie sur l'Asie du Sud-Est.

Plusieurs rivières du sud de l'Ohio ont rompu leurs digues à cause des pluies abondantes.

Sur le sud du pays, dans la soirée, il y aura une possiblité d'orages tropicaux.

Demain les températures dépasseront les quarante degrés Celsius (104° F) à l'ombre.

THE ENVIRONMENT: THE NATURAL WORLD

24e Pollution

On the earth

artificial fertilizer l'engrais (m) chimique
balance of nature l'équilibre (m) de la nature
biodegradable bio-dégradable
conservation la préservation, la défense de l'environnement
conservationist le défenseur de l'environnement
deforestation le déboisement
disaster le désastre, la catastrophe
ecology l'écologie (f)
ecosystem l'écosystème (m)
environment l'environnement (m)
natural resources les ressources (f) naturelles
nature reserve la réserve naturelle
nitrates les nitrates (m)
pesticide le pesticide
quality of life la qualité de la vie
radioactive radioactif [-ve]
radioactive waste les déchets (m) radioactifs
rain forest la forêt tropicale humide
soil erosion l'érosion (f) du sol
weedkiller le désherbant, l'herbicide (m)

In the atmosphere

acid rain les pluies (f) acides
aerosol(system) l'aérosol (m)
aerosol can la bombe
air pollution la pollution atmosphérique
catalytic convertor le pot catalytique
CFCs les CFC
emission (of gas) l'émission (f)
skin cancer le cancer de la peau
unleaded gasoline l'essence (f) sans-plomb
waste gases les gaz (m) d'échappement

In the rivers and seas

detergent le détergent
drought la sécheresse
flooding l'inondation (f)
groundwater la nappe phréatique
oil slick la nappe de pétrole, la marée noire
phosphates les phosphates (m)
sea level le niveau de la mer
water level le niveau de l'eau
water pollution la pollution de l'eau
water suppply system le réseau hydrographiqe
water supply l'alimentation (f) en eau

Recent studies suggest the hole in the ozone layer will have serious consequences in the Northern Hemisphere.

Des études récentes suggèrent que le trou dans la couche d'ozone aura de graves conséquences dans l'hémisphère nord.

The city council provides facilities for recycling glass, cans, and newspapers.

Le conseil municipal offre l'opportunité de recycler verres, boîtes en métal, et vieux journaux.

▶ THE EARTH 23c; NUCLEAR POWER 23b

POLLUTION

Problems of pollution

it becomes extinct **il disparaît** *(disparaître)*
I conserve **j'économise**
I consume **je consomme**
consumption **la consommation**
I damage **j'abîme**
danger (to) **le danger (pour)**
I destroy **je détruis** *(détruire)*
disposal **l'enlèvement** *(m)* **(des ordures ménagères)**
I dispose of **je me débarrasse de**
I do without **je me prive de**
emission **l'émission** *(f)*
it emits **il émet** *(émettre)*, **il dégage**
I improve **j'améliore**
I insulate **j'isole**
I poison **j'empoisonne**
pollutant **le polluant**
I pollute **je pollue**
pollution **la pollution**
I predict **je prédis** *(prédire)*, **je prévois** *(prévoir)*
I protect **je protège** *(protéger)*
it runs out **il s'épuise**
I store **je mets** *(mettre)* **en réserve**
I throw away **je jette** *(jeter)*

Waste and recycling

corrosion **la corrosion**
damaging **nuisible**
drainage **le drainage**
exhaust pipe **le tuyau d'échappement**
garbage dump **la déchetterie, la décharge publique**
harmful **nuisible**
incinerator **l'incinérateur** *(m)*
industrial effluent **l'effluent** *(m)* **industriel**
industrial waste **les déchets** *(m)* **industriels**
litter **les déchets** *(m)*, **les ordures** *(f)*
nuclear waste **les déchets** *(m)* **nucléaires**
poison **le poison**
recyclable **recyclable**
I recycle **je recycle**
recycled paper **le papier recyclé**
recycling skip **le conteneur de collecte de verre/papier etc.**
refuse **les ordures** *(f)*
reprocessing **le retraitement**
residue **les restes** *(m)*
scrap metal **la ferraille**
sewage **les vidanges**
treatment **le traitement**
waste (domestic) **les ordures** *(f)* **(ménagères)**
waste disposal **le traitement des ordures**
waste disposal unit **le broyeur d'ordures**
waste products **les déchets** *(m)*

– Do you think this awful weather is normal? Don't you think it's because of global warming?

– Well, I think it's a combination of the greenhouse effect and nuclear testing.

– **Vous croyez que c'est normal, ce temps affreux? Vous ne croyez pas que ce soit à cause du réchauffement de l'atmosphère?**

– **Eh bien, moi je pense que c'est le résultat de l'effet de serre combiné avec les effets des essais nucléaires.**

GOVERNMENT AND POLITICS

 Government and politics

25a Political life

I abolish **je supprime**
act (of parliament) **la loi**
administration **l'administration** *(f)*
I appoint **je nomme**
appointment **la nomination, la désignation**
asylum seeker **le réfugié politique**
it becomes law **il devient *(devenir)* loi**
bill **le projet de loi**
I bring down **je fais tomber**
citizen **le citoyen, la citoyenne**
civil disobedience **la résistance passive**
civil servant **le fonctionnaire**
civil war **la guerre civile**
coalition **la coalition**
it comes into effect **il entre en vigueur**
common **commun**
constitution **la constitution**
cooperation **la coopération**
corruption **la corruption**
county **le comté**
coup **le coup d'état**
crisis **la crise**
debate **le débat**
decree **le décret**
delegate **le délégué**
I demonstrate **je manifeste**
demonstration **la manifestation**
I discuss **je discute de**
discussion **la discussion**
I dismiss **je congédie**
I dissolve **je dissouds *(dissoudre)***
I draw up (a bill) **je rédige un projet de loi**
duty **le devoir**
I emigrate **j'émigre**
equality (in-) **l'(in)égalité** *(f)*

executive **l'exécutif** *(m)*
 executive *(adj)* **exécutif [-ve]**
foreign policy **la politique extérieure**
I form a pact with **je signe un pacte avec**
freedom **la liberté**
freedom of speech **la liberté de parole**
I govern **je gouverne**
government **le gouvernement**
I immigrate **j'immigre**
immigration **l'immigration** *(f)*
I introduce (a bill) **je présente (un projet de loi)**
judiciary **le pouvoir judiciaire**
law **la loi**
I lead **je dirige**
legislation **la législation**
legislature **le législatif**
liberty **la liberté**
local affairs **les affaires** *(f)* **locales**
local government **l'administration** *(f)* **locale**
long-term **à long terme**
majority **la majorité**
meeting **le meeting, la réunion**
middle class **la bourgeoisie, la classe moyenne**
 middle-class *(adj)* **bourgeois**
ministry **le ministère**
minority **la minorité**
moderate **modéré**
nation **la nation**
national **national**
national flag **le drapeau national**
 French national flag **le drapeau tricolore**
I nationalize **je nationalise**
I oppose **je m'oppose à**

▶ INTERNATIONAL RELATIONS 27c; WAR 27a; ELECTIONS 25b

POLITICAL LIFE 25a

opposition l'opposition *(f)*
I organize j'organise
I overthrow je renverse
pact le pacte
I pass (a bill) j'adopte (un projet de loi)
policy/politics la politique
political politique
power le pouvoir
I privatize je privatise
I protest je proteste
public le public
public *(adj)* public [-que]
public opinion l'opinion *(f)* publique
I ratify je ratifie
reactionary réactionnaire
I reform je réforme
reform la réforme
I reject je rejette *(rejeter)*
I repeal *(a law)* j'abroge, je révoque
I represent je représente
I repress je réprime
I resign je démissionne
responsible responsable

responsiblity la responsabilité
reunification la réunification
revolt la révolte
I rule je gouverne
sanction la sanction
seat le siège (parlementaire)
short-term à court terme
solidarity la solidarité
speech le discours
state l'état *(m)*
statesman l'homme *(m)* d'Etat
I support je soutiens *(soutenir)*
I take power je m'empare du pouvoir
(4-year) term of office la durée/période (de 4 ans)
I throw out (a bill) je rejette *(rejeter)* (un projet de loi)
unconstitutional inconstitutionnel[le]
unilateral unilatéral
unity l'unité *(f)*
veto le veto
I veto j'exerce le droit de veto
welfare le bien-être
working class la classe ouvrière

The deputy introduced a bill to legalize the use of marijuana.

Le député a présenté un projet de loi pour légaliser l'usage de la marijuana.

The Lower Chamber voted on the question of immigration controls.

La Chambre des Députés a voté sur la question des contrôles de l'immigration.

The Treasury promised to cut the proportion of national income taken in taxes to 30 percent.

Le Ministère des Finances a promis de réduire la proportion de la taxe sur le revenu à trenté pour cent.

French government funding for the arts is to be cut next year.

Les subventions données par le gouvernement français aux arts doivent être réduites l'année prochaine.

▶ POLITICAL INSTITUTIONS; POLITICIANS App.25a

GOVERNMENT AND POLITICS

25b Elections and ideology

Elections

ballot **le scrutin**
ballot box **les urnes** *(f)*
ballot paper **le bulletin de vote**
by-election **l'élection** *(f)* **partielle**
I hold an election **je procède** *(procéder)* **à une élection**
campaign **la campagne**
candidate **le candidat**
constituency **la circonscription**
count **le dépouillement (des votes d'un scrutin)**
I elect **j'élis**
election **l'élection** *(f)*
electorate **l'électorat** *(m)*
enfranchised **admis au suffrage**
entitled to vote **qui a le droit de vote**
floating vote **le vote flottant**
general election **les élections** *(f)* **législatives**

I go to the polls **je me rends** *(se rendre)* **aux urnes**
opinion poll **le sondage d'opinion**
poll **le scrutin**
primary **primaire**
recount **le deuxième compte (des suffrages)**
I recount **je compte de nouveau**
referendum **le référendum**
right to vote **le droit de vote**
seven-year term of office *(French presidency)* **le septennat**
I stand for election **je me présente aux élections**
suffrage **le suffrage**
swing **le revirement d'opinion**
universal suffrage **le suffrage universel**
vote **le vote**
I vote (for) **je vote (pour)**
voter **l'électeur** *(m)*

Parliamentary elections are held every five years. Presidential elections in the USA occur every four years.

Les élections législatives ont lieu tous les cinq ans. Les élections présidentielles aux Etats-Unis ont lieu tous les quatre ans.

The voters went to the polls today; it was a record turnout.

Aujourd'hui les électeurs se sont rendus aux urnes; c'était un scrutin record.

An opinion poll taken yesterday gave the Democrats a two-point lead over the Republicans.

Un sondage d'opinion effectué hier a révélé que les Démocrates ont deux points d'avance sur les Républicains.

In the local elections, the Liberal Democrat Party won a majority of seats on the town council.

Aux élections municipales, le Parti Libéral-Démocrate a gagné une majorité de sièges au conseil municipal.

▶ POLITICAL LIFE 25a

ELECTIONS AND IDEOLOGY 25b

Political ideology

anarchist l'anarchiste *(m)*, l'anar *(m) (fam)*
anarchy l'anarchie *(f)*
anti-Semitism l'antisémitisme *(m)*
anti-Semitic l'antisémite *(m)*
aristocracy l'aristocratie *(f)*
aristocrat l'aristocrate *(m)*
aristocratic aristocrate
capitalism la capitalisme
capitalist capitaliste
center ground le centre
communism le communisme
communist communiste
conservatism le conservatisme
conservative le conservateur
democracy la démocratie
democrat le démocrate
democratic démocrate
dictator le dictateur
dictatorship la dictature
duke le duc
empire l'empire *(m)*
emperor/empress un empereur, une impératrice
extremist un/une extrémiste
fascism le fascisme
fascist le fasciste
I gain independence je gagne l'indépendance
Green party le parti des Ecologistes/Ecolos, les Verts
ideology l'idéologie *(f)*
imperialism l'impérialisme *(f)*
imperialist impérialiste
independence l'indépendance *(f)*

independent indépendant
king le roi
Labor party le parti Travailliste
left la gauche
left-wing de la gauche
liberal libéral
Liberal Democrats les Démocrates-Libéraux *(m)*
liberalism le libéralisme
Liberals les Libéraux *(m)*
Marxism le marxisme
Marxist le marxiste
monarchy la monarchie
nationalism le nationalisme
nationalist nationaliste
patriotic patriote
patriotism le pariotisme
prince le prince
princess la princesse
queen la reine
racism le racisme
racist raciste
radicalism le radicalisme
radical radical
republic la république
republican républicain
republicanism le républicanisme
revolutionary révolutionnaire
right la droite
right-wing de la droite
royal royal
royalist royaliste
socialism le socialisme
socialist socialiste
Socialist le/la socialiste

French political parties

le Mouvement des Radicaux de Gauche (MRG) Radical Left
le Parti Communiste Français (PCF) Communist Party
le Parti Socialiste (PS) Socialist Party
le Rassemblement pour la République (RPR) Gaullist Republican Assembly
L'Union pour la Démocratie Française (UDF) Democrats
les Verts Green Party
le Front National National Front

▶ POLITICAL INSTITUTIONS, POLITICIANS App.25a

Crime and justice

26a Crime

accomplice   le complice
armed   armé
assault   l'agression *(f)*
assault and battery   coups *(m)* et blessures *(f)*
battered baby   l'enfant *(m)* martyre
burglar   le cambrioleur
burglary   le cambriolage, le vol avec effraction
I burglarize   je cambriole, je dévalise
car theft   le vol de voiture
theft *(from car)*   le vol à la roulotte
child abuse   les mauvais traitements *(m)* infligés à un enfant
I come to blows   j'en viens *(venir)* aux mains
I commit   je commets *(commettre)*
crime   le crime
crime rate   le taux de la délinquance
crime wave   la vague de criminalité
criminal   le criminel, la criminelle
I deceive   je trompe
delinquency   la délinquance
drug abuse   la toxicomanie
drug addict   le toxicomane, le drogué
drug barons   les gros trafiquants *(m)*
drug dealer   le trafiquant
drug pusher   le revendeur/la revendeuse de drogue
drugs   la drogue
drug-trafficking   le trafic de la drogue
I embezzle   je détourne (de l'argent)
embezzlement   le détournement de fonds
extortion   l'extorsion *(f)*
I fight   je me bats *(se battre)*
fight   la bagarre
firearm   une arme à feu
I forge *(banknote)*   je contrefais *(contrefaire)*
I forge *(signature)*   je falsifie
forged   faux [fausse]
forgery   la contrefaçon
fraud   la supercherie, la fraude
gang   la bande, le gang
gang warfare   la guerre entre les bandes
grievous bodily harm (GBH)   coups *(m)* et blessures *(f)*
gun   le fusil
handbag snatching   le vol à l'arraché
handcuffs   les menottes *(f)*
Help!   Au secours!
hoax (call)   la mauvaise plaisanterie
I hi jack   je détourne un avion
hi jacker   le pirate de l'air
hold up   le hold-up
hooker   la putain *(fam)*, la prostituée
hostage   l'otage *(m)*
I importune   j'importune
I injure/wound   je blesse
I joyride   je fais une virée/une balade (dans une voiture volée)
joyriding   la balade (dans une voiture volée)
I kidnap   j'enlève *(enlever)*
kidnapper   le kidnappeur, le ravisseur

▶ TRIAL 26b; PUNISHMENT, CRIME PREVENTION 26c

CRIME 26a

kidnapping **le kidnapping, le rapt**
I kill **je tue**
killer **le tueur**
knifing **l'agression** *(f)* **à coups de couteau**
legal (il-) **(il)légal**
living off immoral earnings **le proxénétisme**
mafia **la mafia**
menace to society **un danger public**
I mug **j'agresse**
mugger **l'agresseur** *(m)*
mugging **l'agression** *(f)*
murder **le meurtre**
I murder **j'assassine**
murderer **l'assassin** *(m)*
I offend **je commets** *(commettre)* **une infraction**
pickpocket **le voleur à la tire, le pickpocket**
pickpocketing **le vol à la tire**
pimp **le proxénète, le maquereau** *(fam)*

pimping **le proxénétisme**
poison **le poison**
I poison **j'empoisonne**
procuring **le proxénétisme**
prostitute **la prostituée**
prostitution **la prostitution**
public enemy No.1 **l'ennemi** *(m)* **public numéro un**
I rape **je viole**
rape **le viol**
receiver **le receleur, la receleuse**
reprisals **les représailles** *(f)*
shoplifting **le vol à l'étalage**
I steal **je vole**
stolen goods **la marchandise volée**
terrorist **le terroriste**
torture **la torture**
thief **le voleur**
traffic violation **la contravention**
trafficking **le trafic**
I traffick **je trafique**
underworld **le milieu**
victim **la victime**

Pablo Escobar, the world's most infamous drug baron, was killed in a shootout with police and the army.

Pablo Escobar, le narcotrafiquant le plus infâme du monde, a été tué au cours d'une fusillade contre la police et l'armée.

He was stopped by the police for speeding in a residential area.

La police l'a arrêté pour excès de vitesse dans un quartier résidentiel.

Members of the public have begun to give information to the police about the rape of two teenage girls by a gang last week.

Le public a commencé à donner des informations à la police sur le viol de deux jeunes filles, commis la semaine dernière par une bande de voyous.

Many inner-city areas have seen an increase in crimes against the person as well as breakins.

Beaucoup de quartiers déshérités ont connu une augmentation de crimes contre la personne et des cambriolages.

▶ WEAPONS 27b; ADDICTION AND VIOLENCE 12d

CRIME AND JUSTICE

26b Trial

accusation l'accusation *(f)*
I accuse j'accuse
accused person l'accusé *(m)*
I acquit j'acquitte
I acquit for lack of evidence je rends *(rendre)* une ordonnance de non-lieu
appeal le pourvoi, l'appel *(m)*
I appeal je fais appel
case for the defense les arguments *(m)* en faveur de l'accusé
compensation la compensation, la rémunération
confession l'aveu *(m)*
I confess je passe aux aveux
I convince je convaincs *(convaincre)*, je persuade
costs les dépens *(m)*, les frais *(m)* judiciaires
counsel for the defendant/defense (l')avocat *(m)* de) la défense
court la cour, le tribunal
court of appeal la cour d'appel
courtroom la salle du tribunal
criminal court le tribunal correctionnel
I cross-examine je fais subir un interrogatoire à
I debate le débat
defense la défense
I defend je défends
I defend (myself) je me défends
defendant un accusé, une accusée
diminished responsibility la responsabilité atténuée
I disagree je ne suis pas d'accord
I discuss je discute
district attorney *(US)* le représentant du ministère public
I enquire j'enquête sur
evidence la preuve

examining magistrate le juge d'instruction
extenuating circumstances des circonstances *(f)* atténuantes
I extradite j'extrade
eye witness le témoin oculaire
I find guilty je déclare coupable
he was found guilty il a été déclaré coupable
I give evidence je témoigne
I give evidence for the defense je témoigne pour la défense
guilt la culpabilité
guilty coupable
high court of appeal la cour de cassation
impeach je mets *(mettre)* en accusation
impeachment la mise en accusation
indictment l'acte *(f)* d'accusation
indictment in court le réquisitoire
innocence l'innocence *(f)*
innocent innocent, non coupable
judge le juge
juror le juré
jury le jury
jury box le banc des jurés
justice la justice
lawsuit le procès
lawyer l'avocat *(m)*
leniency la clémence
life imprisonment la peine de prison à vie, la réclusion à vie, à perpétuité
litigation le litige
magistrate le magistrat
magistrate's court le tribunal d'instance
mercy la pitié, l'indulgence *(f)*
minor offense le délit mineur
miscarriage of justice l'erreur *(f)* judiciaire
motive le motif, l'intention *(f)*

TRIAL 26b

not guilty   **non coupable**
oath   **le serment**
offence   **le délit, l'infraction** (f)
on remand   **en détention préventive, en prévention**
I pass judgment   **je prononce, je rends** (rendre) **un jugement**
perjury   **le faux serment, le parjure**
plea   **la défense, l'argument** (m)
I plead (not) guilty   **je plaide (non) coupable**
premeditation   **la préméditation**
I prosecute   **je poursuis** (poursuivre) **en justice**
prosecution   **l'accusation** (f)
public prosecutor   **le procureur (de la République)**
public prosecutor's office   **le parquet**
I question   **je questionne**
I interrogate   **j'interroge**
retrial   **le nouveau procès**
I rescue   **je sauve**
reward   **la récompense**
speech for the defense   **le plaidoyer, la plaidoirie**

I stand accused   **je suis accusé**
I stand bail for (someone)   **je me porte garant pour**
statement   **la déposition**
I sue/I take to court   **j'intente un procès à**
summing up   **le résumé**
summons   **la citation**
I suspect   **je soupçonne, je suspecte**
suspect   **le suspect, la suspecte**
Supreme Court   **la Cour suprême**
sustained!   **accordée!**
I swear   **je jure**
I take legal proceedings   **je poursuis** (poursuivre) **en justice**
I take prisoner   **je fais prisonnier**
trial   **le procès**
unanimous   **unanime**
verdict   **le verdict**
I witness   **je suis témoin de, j'assiste à**
witness   **le témoin**
witness stand   **le banc des accusés**
writ   **l'acte** (m) **judiciaire**

The case against the accused was dismissed on grounds of insufficient evidence.

On a déclaré un non-lieu pour insuffisance de preuves.

The accused had strong connections in the underworld.

L'accusé avait des relations importantes dans le milieu.

The judge imposed a fine of 5,000 French francs and ordered the accused to pay costs.

Le juge a imposé une amende de 5.000 francs et a condamné l'accusé aux dépens.

A man will appear in court today charged with the attempted murder of a 14-month-old baby boy.

Un homme, inculpé d'une tentative de meurtre d'un enfant de quatorze mois, comparaîtra ce matin devant la Cour d'Assises.

199

CRIME AND JUSTICE

26c Punishment and crime prevention

Punishment

confinement/imprisonment **la réclusion (criminelle)**
  in solitary confinement **en isolement**
I convict **je déclare coupable**
convict **le détenu**
death penalty **la peine de mort**
I deport **je déporte**
I escape **je m'échappe, je m'évade**
fine **l'amende** *(f)*
I fine **je condamne à une amende**
I free **je libère** *(libérer)*
hard labor **les travaux** *(m)* **forcés**
I imprison **j'emprisonne, je mets** *(mettre)* **en prison**
jail sentence **la peine de prison**
life sentence **la réclusion à perpétuité**
prison **la prison**
prisoner **le détenu, la détenue, le prisonnier, la prisonnière**
I punish **je punis**
punishment **la punition, le châtiment**
I release on bail **je mets** *(mettre)* **en liberté provisoire sous caution**
I reprieve a condemned prisoner **j'accorde une remise de peine au condamné**
I sentence to death **je condamne à mort**
I serve a sentence **je purge une peine**
sentence **la sentence, la peine**
severity **la sévérité**
suspended sentence **la condamnation avec sursis**
a term of 10 years **une peine de dix ans**

Crime prevention

alarm **l'alarme** *(f)*
  burglar/car alarm **la sonnerie d'alarme**
autopsy **l'autopsie** *(f)*
arrest **l'arrestation** *(f)*
I arrest **j'arrête**
baton **la matraque**
(hearing) in camera **à huis clos**
chief of police **le commissaire de police**
civil law **le code civil**
crime prevention **la lutte contre le crime**
criminal law **le droit pénal**
criminal record **le casier judiciaire**
  clean *(record)* **vierge**
customs **la douane**
customs officer **le douanier**
deportation **la déportation**
detective **le détective**

– What was the verdict in the trial?

– He was sentenced to four years' imprisonment.
– Will he serve that long?
– No, nothing like it. He'd already spent 8 months awaiting trial. He'll probably be out in two years.

– **Quel a été le verdict à la fin du procès?**

– **On l'a condamné à une peine de quatre ans.**
– **Et il en purgera autant?**
– **Pas du tout! Il avait déjà passé huit mois en détention préventive, avant le procès. Il en sortira probablement dans deux ans.**

▶ CRIME 26a; TRIAL 26b

PUNISHMENT AND CRIME PREVENTION

drug raid la rafle, la saisie de drogues
drug squad la Brigade des Stupéfiants, les Stups *(fam)*
enquiry/inquiry l'enquête *(f)*
error l'erreur *(f)*, la bavure
escape la fuite, l'évasion *(f)*
I escape (to) j'échappe, je m'échappe (de)
examination l'examen *(m)*
I examine j'examine
extradition l'extradition *(f)*
fingerprints les empreintes *(f)* digitales
fugitive le fugitif, la fugitive
guard dog le chien de garde
handcuff les menottes *(f)*
identikit/photofit picture le portrait-robot
informer le délateur, la délatrice
interview l'entrevue *(f)*
I interview j'interroge
I investigate je fais une enquête
investigation l'enquête *(f)*
investigator un investigateur, une investigatrice
  private investigator le détective privé
key la clé, la clef
law la loi
lock la serrure
I lock je ferme à clef
misdemeanor l'infraction *(f)*, le délit

padlock le cadenas
plainclothes *(adj)* en civil
police la police
police officer l'agent *(m)* de police
policewoman la femme agent (de police)
police badge la plaque
police constable *(UK)* l'agent *(m)*, le gendarme
police record le casier judiciaire
  clean *(record)* vierge
police station le commissariat
reward la récompense
riot police les CRS (la Compagnie Républicaine de Sécurité)
security la sécurité
security firm la société de surveillance
I set bail at $5,000 je fixe la caution à $5.000
speed trap le piège de police pour contrôle de vitesse
station le commissariat
traffic police la police de la route/circulation
traffic warden le contractuel, la contractuelle
truncheon la matraque
warrant le mandat
  search warrant le mandat de perquisition

– Did he plead guilty?
– Yes, to manslaughter on grounds of diminished responsibility/insanity.

He was convicted of breaking and entering and given a suspended sentence of two years.

– Il a plaidé coupable?
– Oui, à l'homicide involontaire, pour raison de responsabilité atténuée.

Il a été déclaré coupable de vol avec effraction, et on l'a condamné à une peine de deux ans avec sursis.

▶ ADDICTION AND VIOLENCE 12d

27 War and peace

27a War

I abduct j'enlève *(enlever)*
aggression l'agression *(f)*
aerial bombing le bombardement aérien
air force l'armée *(f)* de l'air
I airlift l'évacue par pont aérien
air-raid l'attaque *(f)* aérienne, le raid aérien
air-raid shelter l'abri *(m)*
air-raid warning l'alerte *(f)* (aérienne)
ambush l'embuscade *(f)*
anti-aircraft antiaérien[ne]
army l'armée *(f)*
I assassinate j'assassine
assault l'assaut *(m)*
atomic atomique
atrocity l'atrocité *(f)*
I attack j'attaque
attack l'attaque *(f)*
barracks la caserne
battle la bataille
battlefield le champ de bataille
blast l'explosion *(f)*, le souffle
I blockade je bloque
blockade le blocus
I blow up je fais sauter
bomb alert l'alerte *(f)* à la bombe
bombardment le bombardement
brave courageux [-se]
war breaks out la guerre éclate
I call up j'appelle *(appeler)* sous les drapeaux
camp le camp
campaign la campagne
I capture je capture
causes of war les causes *(f)*
I claim responsibility for je revendique

I commit *(an act)* je commets *(commettre)*
conflict le conflit
confrontation l'affrontement *(m)*
I contaminate je contamine
conventional *(weapon)* classique
court-marshal le conseil de guerre
cowardly lâche
the plane crashes l'avion *(m)* s'écrase
I crush *(opposition)* j'écrase
I declare (war) je déclare (la guerre)
defeat la défaite
I defeat je bats *(battre)*
I am defeated je suis vaincu *(vaincre)*
defense la défense
I defend je défends
I destroy je détruis *(détruire)*
I detain je détiens *(détenir)*
I detect je détecte, je découvre *(découvrir)*
devastating dévastateur [-trice]
enemy l'ennemi *(m)*
espionage l'espionnage *(m)*
ethnic cleansing le nettoyage/ l'épuration *(f)* ethnique
I evacuate j'évacue
evacuation l'évacuation *(f)*
I fight a battle je livre bataille
I fight off je repousse
I flee je fuis *(fuir)*, je m'enfuis *(enfuir)*
front le front
genocide le génocide
guerrilla warfare la guérilla
harmful nuisible

WAR 27a

headquarters **le quartier général**
hostilities **les hostilités** (f)
I interrogate **j'interroge**
interrogation **l'interrogation** (f)
I intervene **j'interviens** *(intervenir)*
intervention **l'intervention** (f)
intimidation **l'intimidation** (f)
I invade **j'envahis**
invasion **l'invasion** (f)
I issue an ultimatum **je lance un ultimatum**
I liquidate **j'anéantis**
maneuvers **les manœuvres** (f)
massacre **le massacre**
missing in action **porté disparu**
military service **le service militaire**
mobilization **la mobilisation**
I mobilize **je mobilise**
morale **le moral**
multilateral **multilatéral**
navy **la marine**
nuclear **nucléaire**
occupation **l'occupation** (f)
I occupy **j'occupe**
offensive **l'offensive** (f)
I patrol **je fais une patrouille**
peace **la paix**
propaganda **la propagande**
I provoke **je provoque**
battle rages **la bataille fait rage**
raid **le raid**
rank **le grade, le rang**

reinforcements **les renforts** (m)
reprisals **les représailles** (f)
I resist **je résiste à**
resistance **la résistance**
review **la revue** (f)
I revolt **je me révolte**
revolution **la révolution**
riot **l'émeute** (f)
rubble **les décombres** (f)
shelter **l'abri** (m)
skirmish **l'accrochage** (m)
I spy **je fais de l'espionnage**
I start a war **je déclare la guerre**
strategy **la stratégie**
striking power **la force de frappe**
the vessel submerges **le vaisseau plonge/s'immerge**
the vessel surfaces **le vaisseau fait surface**
survival **la survie**
tactics **la tactique**
terrorist attack **l'attentat** (m) **terroriste**
I threaten **je menace**
trench **la tranchée**
underground **clandestin**
war **la guerre**
war crime **le crime de guerre**
warmongering **belliciste**
I win **je gagne, je suis victorieux [-se]**

Hitler invaded Poland on September 1, 1939. Two days later, Britain and France declared war on Germany.

Hitler envahit la Pologne le 1er septembre 1939. Deux jours après, la Grande-Bretagne et la France déclarèrent la guerre à l'Allemagne.

The Christmas truce was broken as hostilities broke out again in Bosnia.

La trêve de Noël a été rompue, alors que des hostilités ont de nouveau éclaté en Bosnie.

Civil wars are the bloodiest of all.

Les plus ensanglantées de toutes sont les guerres civiles.

▶ PEACE, INTERNATIONAL RELATIONS 27c

WAR AND PEACE

27b Military personnel and weaponry

aggressor l'agresseur *(m)*
ally un allié, une alliée
archer l'archer *(m)*
assassin l'assassin *(m)*
casualty *(dead)* le mort
   casualty *(injured)* le blessé
cavalry la cavalerie
civilian le civil, la civile
commandos les commandos *(m)*
conscientious objector l'objecteur *(m)* de conscience
conscript le conscrit, l'appelé *(m)*
convoy le convoi
deserter le déserteur
division la division
foot soldier le fantassin
general le général
guard le garde
guerrilla le guerrillero
hostage l'otage *(m)*
infantry l'infanterie *(f)*
intelligence officer l'officier *(m)* de renseignements
marines *(UK)* les fusiliers marins *(m)*
marines *(US)* les marines *(m)*
NCO le sous-officier
orderly le planton
parachutist le parachutiste
prisoner of war le prisonnier de guerre
rebel le/la rebelle
recruit la recrue
regiment le régiment
seaman/sailor le marin
secret agent l'agent *(m)* secret
Secretary of Defense le Ministre de la Défense
sentry la sentinelle
sniper le tireur isolé, le sniper
soldier le soldat
spy l'espion *(m)*
squadron l'escadron *(m)*
staff l'état-major *(m)*

terrorist le terroriste
traitor le traître
troops les troupes *(f)*
victor le vainqueur

Weaponry and its effects

I aim (at) je vise (sur)
aircraft carrier le porte-avions
ammunition les munitions *(f)*
armaments les armements *(m)*
armored blindé
arms les armes *(m)*
arms manufacturer le fabricant d'armes
arms race la course aux armements
artillery l'artillerie *(f)*
bacteriologic bactériologique
barbed wire les barbelés *(m)*
bayonet la baïonnette
I bomb(ard) je bombarde
bomb la bombe
bombardment le bombardement
bomber *(aircraft)* le bombardier
bullet la balle
car bomb la voiture piégée
crossbow l'arbalète *(f)*
chemical chimique
destroyer *(ship)* le contre-torpilleur, le destroyer
I execute j'exécute
I explode a bomb je fais exploser une bombe
explosive l'explosif *(m)*
fallout les retombées *(f)*
fighter plane l'avion *(m)* de chasse, le chasseur
I fire (at) je tire (sur)
frigate la frégate
gas le gaz
gas attack l'attaque *(m)* au gaz
gun le fusil
handgrenade la grenade
H-bomb la bombe-H
it hits il frappe, il atteint

MILITARY RANKS App.27b

MILITARY PERSONNEL AND WEAPONRY 27b

(atteindre) **le but**
jet *(plane)* **le réacteur**
I kill **je tue**
knife **le couteau**
laser **le laser**
letter bomb **la lettre piégée**
machine gun **la mitrailleuse**
minefield **le champ de mines**
mine sweeper **le dragueur de mines**
missile **le missile**
missile launcher **le lance-missiles**
mortar **le mortier**
neutron bomb **la bombe à neutrons**
nuclear test **l'essai** *(m)* **nucléaire**
nuclear warhead **la tête** *(f)* **nucléaire, l'ogive** *(f)* **nucléaire**
pistol **le pistolet**
poison gas **le gaz toxique/ asphyxiant**
radar **le radar**
radar screen **l'écran** *(m)* **du radar**
radiation **la radiation**
radiation sickness **le mal des rayons**
radioactive **radioactif [-ve]**
revolver **le revolver**
rifle **le fusil**

rocket **la fusée**
rocket attack **l'attaque** *(f)* **à la roquette**
sabotage **le sabotage**
shell **l'obus** *(m)*
I shoot dead **j'abats** *(abattre)*
shotgun **le fusil de chasse**
shrapnel **le shrapnel, les éclats** *(m)* **d'obus**
siege **le siège**
I sink the ship **je fais couler le navire**
the ship sinks **le navire coule/ sombre**
I stock-pile **je constitue des réserves**
submachine gun **la mitraillette**
submarine **le sous-marin**
tank **le char**
target **la cible**
I test **je teste, j'examine**
torpedo **la torpille**
torpedo attack **une attaque à la torpille**
I torpedo **je torpille**
warship **le vaisseau de guerre**
weapon **l'arme** *(f)*
wound **la blessure, la plaie**
I wound **je blesse**

Yesterday a man was shot dead by a sniper.

Hier, un homme a été abattu par un tireur isolé.

The explosion was several miles away, but it knocked everyone to the ground. Then the alert sounded for chemical weapons.

L'explosion s'est produite à plusieurs kilomètres de distance, mais la force a jeté tout le monde au sol. Puis, on a sonné l'alerte aux armes chimiques.

The event that has most marked the twentieth century is the Second World War.

L'événement qui a le plus marqué le vingtième siècle, c'est la Deuxième Guerre Mondiale.

▶ CRIME 26a

WAR AND PEACE

27c Peace and international relations

Peace

ban-the-bomb campaign **la campagne contre la bombe**
ceasefire **le cessez-le-feu**
control **le contrôle**
I demobilize **je démobilise**
deterrent **la force de dissuasion**
I diminish tension **je travaille pour diminuer la tension**
disarmament **le désarmement**
exchanges of information **des échanges** *(m)* **d'informations**
free **libre**
I free **je libère** *(libérer)*
human rights **les droits** *(m)* **de l'homme**
I make peace **je conclus** *(conclure)* **la paix**
I mediate **je sers** *(servir)* **d'intermédiaire**
national service **le service national**
negotiable **négociable, à débattre**
negotiation **la négociation, les** *(m)* **pourparlers**
neutral **neutre**
neutrality **la neutralité**
pacifist **le/la pacifiste**
pacifism **le pacifisme**
peace agreement **l'accord** *(m)*
peace plan **le plan pour la paix**
peace protester **le militant pour la paix**
peace talks **les pourparlers** *(m)* **de paix**
peacekeeping force **les forces** *(f)* **de maintien de la paix**
surrender **la capitulation**
I surrender **je me rends** *(se rendre)*, **je capitule**
test ban **l'interdiction** *(f)* **des essais (nucléaires)**
treaty **le traité**
uncommitted **neutraliste**
victory **la victoire**

International relations

aid **l'aide** *(f)*
ambassador **l'ambassadeur** *(m)*
arms reduction **la réduction des armements**
attaché **un attaché, une attachée**
citizen **le citoyen, la citoyenne**
citizenship **la citoyenneté**
consul **le consul**
consulate **le consulat**
developing countries **les pays** *(m)* **en voie de développement**
diplomacy **la diplomatie**
diplomat **le/la diplomate**
diplomatic immunity **l'immunité** *(f)* **diplomatique**

Emergency food aid was dropped on the mountains by UN Forces.

Les forces de l'ONU ont parachuté une aide alimentaire d'urgence dans les montagnes.

The French government was in danger of being embroiled in a diplomatic row.

Le gouvernement français risquait de se laisser entraîner dans une dispute diplomatique.

Importers continue to take advantage of the lowest possible tariff rates.

Les importateurs continuent de bénéficier des droits de douane les plus bas possibles.

PEACE AND INTERNATIONAL RELATIONS 27c

embassy **l'ambassade** *(f)*
emergency **d'urgence**
envoy **un envoyé, une envoyée**
famine **la famine**
foreign **extérieur, étranger [-ère]**
foreigner **un étranger, une étrangère**
foreign relations **les relations** *(f)* **extérieures**
gap between rich and poor **l'écart** *(m)* **entre les riches et les pauvres**
I impose sanctions (against) **je prends** *(prendre)* **des sanctions** *(f)* **économiques (contre)**
international aid **l'aide** *(f)*
I join (organization) **je deviens** *(devenir)* **membre de**
national security **la sécurité nationale**
non aligned **non-aligné**
overseas **outre-mer**
partner **le/la partenaire**
relief organization **l'organisation** *(f)* **humanitaire**
relief supplies **les secours** *(m)*
I represent **je représente**
I ratify (treaty) **je ratifie**
sanctions **les sanctions** *(f)*
summit meeting **la rencontre au sommet**
Third World **le Tiers-Monde**

Trade

agricultural policy **la politique agricole**
balance of payments **la balance des paiements**
balance of trade **la balance commerciale**
currency **la monnaie, la devise**
customs **la douane**
customs union **l'union** *(f)* **douanière**
exchange rate **le taux de change**
exports **les exportations** *(f)*
floating currency **la devise flottante**
it floats **il flotte**
foreign investment **l'investissement** *(m)* **étranger**
free trade **le libre-échange**
free-trade zone **la zone franche**
import controls **les limites** *(f)* **sur les importations**
imports **les importations** *(f)*
tariff barriers **la barrière douanière**
tariffs **les tarifs** *(m)* **douaniers**
trade **le commerce**
trade gap **le déficit extérieur**
trade talks **les négociations** *(f)* **commerciales**
trading partner **la partenaire commercial**

The Secretary of State left this morning for a meeting with his opposite number in London.

Le Ministre des Affaires Etrangères est parti ce matin pour une entrevue avec son homologue à Londres.

The European Commission is looking into allegations of unfair trading practices/practises.

La Commission Européenne va faire une enquête sur certaines allégations de pratiques commerciales frauduleuse.

▶ COUNTRIES App.20a; THE ECONOMY 14e

C
APPENDIXES

APPENDIXES

Appendixes

Appendixes are numbered by the vocabulary to which they most closely relate.

3b Clocks and watches

alarm clock   **le réveil**
clock   **la pendule l'horloge** *(f)*
cuckoo clock   **le coucou**
dial   **le cadran**
digital watch   **la montre à affichage numérique**
egg timer   **le sablier**
grandfather clock   **l'horloge** *(f)* **comtoise/de parquet**
hand (of a clock)   **l'aiguille** *(f)*
  second hand   **la trotteuse**
  minute hand   **la grande aiguille**
  hour hand   **la petite aiguille**
hourglass   **le sablier**
pendulum   **le balancier**
stopwatch   **le chronomètre**
sundial   **le cadran solaire**
timer *(cooker/lighting)*   **la minuterie**
watch   **la montre**
watch strap   **le bracelet de montre**
I wind up   **je remonte**

4d Mathematical and geometric terms

acute   **aigu**
algebra   **l'algèbre** *(f)*
algebraic   **algébrique**
Arabic numerals   **les nombres** *(m)* **arabes**
arithmetic   **l'arithmétique** *(m)*
arithmetical   **arithmétique**
average   **la moyenne**
axis   **l'axe** *(m)*
circumference   **la circonférence**
complex   **complexe**
constant   **la constante**
cube   **le cube**
cube root   **la racine cubique**
cubed   **au cube**
decimal   **la décimale**
equality   **l'égalité** *(f)*
factor   **le facteur**
I factor   **je factorise**
fraction   **la fraction**
function   **la fonction**
geometry   **la géométrie**
geometrical   **géométrique**
imaginary   **imaginaire**
integer   **le nombre entier**
irrational   **irrationnel**
logarithm   **le logarithme**
mean   **la moyenne**
median   **la médiane**
multiple   **le multiple**
nine is to three as . . .   **neuf est à trois ce que ...**
natural   **naturel**
numerical   **numérique**
obtuse   **obtus**
prime   **premier [-ère]**
product   **le produit**
probability   **la probabilité**
I raise to a power   **j'élève à la puissance**
  to the fifth power   **puissance cinq**
  to the nth power   **puissance** n
radius   **le rayon**
rational   **rationnel**
quotient   **le quotient**
real   **réel**
reciprocal   **réciproque**
Roman   **Romain**
set   **l'ensemble** *(m)*
square   **le carré**
square root   **la racine carrée**
symmetry   **la symétrie**
symmetrical   **symétrique**
table   **la table**

APPENDIX 6a

tangent   **la tangente**
trigonometry   **la trigonométrie**
variable   **la variable**
vector   **le vecteur**

5b Parts of the body

ankle   **la cheville**
arm   **le bras**
back   **le dos**
backbone   **la colonne vertébrale**
bladder   **la vessie**
blood   **le sang**
blood pressure   **la tension artérielle**
body   **le corps**
bone   **l'os** *(m)*
bowel   **l'intestin** *(m)*
brain   **le cerveau**
breast   **la poitrine, le sein**
buttock   **les fesses** *(f)*
cheek   **la joue**
chest   **la poitrine**
chin   **le menton**
ear   **l'oreille** *(f)*
elbow   **le coude**
eye   **l'œil** *(m)*, **les yeux**
eyebrow   **le sourcil**
eyelash   **le cil**
face   **le visage**
finger   **le doigt**
fingernail   **l'ongle** *(m)*
foot   **le pied**
forehead   **le front**
genitalia   **les organes** *(m)* **génitaux**
gland   **la glande**
hair   **les cheveux** *(m)*
hand   **la main**
head   **la tête**
heart   **le coeur**
hip   **la hanche**
hormone   **l'hormone** *(f)*
index finger   **l'index** *(m)*
jaw   **la mâchoire**
kidney   **le rein**
knee   **le genou**
knuckle   **l'articulation** *(f)*
leg   **la jambe**
lid   **la paupière**
lip   **la lèvre**
liver   **le foie**
lung   **le poumon**
mouth   **la bouche**
muscle   **le muscle**
nape of neck   **la nuque**
neck   **le cou**
nose   **le nez**
nostril   **la narine**
organ   **l'organe** *(m)*
part of body   **la partie du corps**
penis   **le pénis**
sex organs   **les organes** *(m)* **sexuels**
shoulder   **l'épaule** *(f)*
skin   **la peau**
stomach   **l'estomac** *(m)*
thigh   **la cuisse**
throat   **la gorge**
thumb   **le pouce**
toe   **l'orteil** *(m)*
tongue   **la langue**
tooth   **la dent**
vagina   **le vagin**
waist   **la taille**
womb   **l'utérus** *(m)*
wrist   **le poignet**

6a Human characteristics

absentminded   **distrait**
active   **actif [-ve]**
adaptable   **capable de s'adapter**
affection (-ate)   **l'affection** *(f)*, **affectueux [-se]**
aggression   **l'agression** *(f)*
aggressive   **agressif [-ve]**
ambition   **l'ambition** *(f)*
ambitious   **ambitieux [-se]**
amusing   **amusant**
anxious   **anxieux [-se]**
arrogant   **arrogant**
artistic   **artistique**
attractive   **attrayant**

APPENDIXES

6a Human characteristics (cont.)

bad-tempered	**qui a mauvais caractère**
bad/evil	**méchant**
boring	**ennuyeux [-se]**
brave	**brave**
care	**le soin**
careful	**soigneux [-se]**
careless	**négligent**
charm	**le charme**
charming	**charmant**
cheek	**l'insolence** *(f)*
cheeky	**insolent**
cheerful	**joyeux [-se]**
clever	**intelligent**
cold	**froid**
comic	**comique**
confidence	**la confiance**
confident	**confiant**
conscientious	**consciencieux [-se]**
courage	**le courage**
courtesy	**la courtoisie**
cowardly	**lâche**
creative	**créatif [-ve]**
critical	**critique**
cruel	**cruel[le]**
cruelty	**la cruauté**
cultured	**cultivé**
cunning	**l'habileté** *(f)*
curiosity	**la curiosité**
decisive (in-)	**(in)décisif [-ve]**
demanding	**exigeant**
dependence	**la dépendance**
dependent (in-)	**(in)dépendant**
dishonest	**malhonnête**
dishonesty	**la malhonnêteté**
disobedience	**la désobéissance**
distrustful	**méfiant**
eccentric	**excentrique**
energetic	**énergique**
envious	**envieux**
envy	**l'envie** *(f)*
extroverted	**extraverti**
faithful (un-)	**(in)fidèle**
faithfulness	**la fidélité**
friendly (un-)	**(in)amical**
frivolous	**frivole**
generosity	**la générosité**
generous	**généreux [-se]**
gentle	**gentil[le]**
gentleness	**la gentillesse**
good-tempered	**qui a bon caractère**
gluttony	**la gourmandise**
greed *(for money)*	**l'avidité** *(f)*
greedy	**gourmand**
hardworking	**travailleur**
helpful	**serviable**
honest	**honnête**
honesty	**l'honnêteté** *(f)*
honor	**l'honneur** *(m)*
humane (in-)	**(in)humain**
humble	**humble**
humorous	**humoristique**
hypocritical	**hypocrite**
idealistic	**idéaliste**
imagination	**l'imagination** *(f)*
imaginative	**imaginatif [-ve]**
independence	**l'indépendance** *(f)*
individualistic	**individualiste**
innocence	**l'innocence** *(f)*
innocent	**innocent**
inquisitive	**curieux [-se]**
intelligence	**l'intelligence** *(f)*
intelligent	**intelligent**
introverted	**introverti**
ironic	**ironique**
kind	**gentil[le]**
kindness	**la gentillesse**
laziness	**la paresse**
lazy	**paresseux [-se]**
liberal	**libéral**
likable	**sympathique**
lively	**vivant**
lonely	**seul**
lovable	**adorable**
mad	**fou [folle]**
madness	**la folie**
malicious	**méchant**
mature (im-)	**(im)mature**
mean/stingy	**avare**
modest	**modeste**

APPENDIX **6a**

modesty **la modestie**
moody **lunatique, ténébreux [-se]**
moral (im-) **(im)moral**
naive **naïf [-ve]**
naïvité **la naïveté**
natural **naturel[le]**
naughty **méchant**
nervous **nerveux [-se]**
nervousness **la nervosité**
nice **gentil[le]**
niceness **la gentillesse**
obedience **l'obéissance** *(f)*
obedient (dis-) **(dés)obéissant**
open **franc[he]**
openness **la franchise**
optimistic **optimiste**
original (-ity) **original**
originality **l'originalité** *(f)*
patience (im-) **la patience (l'impatience** *(f)***)**
patient (im-) **(im)patient**
pessimistic **pessimiste**
pleasant **agréable**
polite (im-) **(im)poli**
politeness **la politesse**
possessive **possessif [-ve]**
prejudiced (un-) **(im)partial**
pride **la fierté**
proud **fier [-ère]**
reasonable (un-) **(de')raisonnable**
rebellious **rebelle**
reserved **réservé**
respect **le respect**
respectable **respectable**
respectful **respectueux [-se]**
responsible (ir-) **(dé)responsable**
rude **vulgaire**
rudeness **la vulgarité**
sad **triste**
sarcastic **sarcastique**
scornful **méprisant**
self-confident **sûr de soi**
self-esteem **l'amour** *(m)* **propre**
selfish (un-) **égoïste (généreux [-se])**
selfishness **l'égoïsme** *(m)*

self-sufficient **autosuffisant**
sensible **sensé**
sensitive (in-) **(in)sensible**
serious **sérieux [-se]**
shy **timide**
silent **silencieux [-se]**
silly **bête**
sincerity **la sincérité**
skilful **doué**
sociable (un-) **(in)sociable**
strange **bizarre**
strict **sévère**
stubborn **têtu**
stupid(ity) **stupide (la stupidité)**
suspicious **suspect**
sweet **adorable**
sympathetic (un-) **compatissant (peu compatissant)**
sympathy **la compassion**
tact **le tact**
he is tactful/tactless **il est plein de tact/il manque de tact**
talented **talentueux [-se]**
talkative **bavard**
temperamental **capricieux [-se]**
thoughtful **attentionné**
thoughtless **étourdi**
tidy (un-) **(dés)ordonné**
tolerance (in-) **la tolérance (l'intolérance** *(f)***)**
tolerant (in-) **(in)tolérant**
traditional (un-) **(non-)traditionnel[le]**
trust **la confiance**
trusting **confiant**
vain **vaniteux [-se]**
vanity **la vanité**
violent **violent**
virtuous **virtueux [-se]**
warm **chaleureux [-se]**
well-adjusted **bien adapté**
well-behaved *(child)* **sage**
wisdom **la sagesse**
wise **sage**
wit **l'esprit** *(m)*
witty **spirituel[le]**

213

APPENDIXES

8b Tools

ax   la hache
bit   le foret
blade   la lame
bolt   le boulon
bucket   le seau
chainsaw   la tronçonneuse
chisel   le ciseau
crowbar   la pince-monseigneur *(m)*
drill   le foret, la mèche
file   la lime
garden gloves   les gants *(m)*
garden shears   la cisaille de jardinier, le sécateur
hammer   le marteau
hedge clippers   le sécateur à haie
hoe   l'houe *(f)*, la binette
hose   le tuyau d'arrosage
ladder   l'échelle *(f)*
lawnmower   la tondeuse (à gazon)
mallet   le maillet
nail   le clou
nut   l'écrou *(m)*
paint   la peinture
paintbrush   le pinceau
pick   la pioche
plane   le rabot
pliers   la pince, la tenaille
rake   le râteau
roller   le rouleau de jardin
sandpaper   le papier de verre
saw   la scie
screw   la vis
screwdriver   le tournevis
shovel   la pelle
spade   la bêche
spirit level   le niveau à bulle
stepladder   l'escabeau *(m)*
toolbox   la boîte à outils
trowel   le déplantoir
varnish   le vernis
vice   l'étau *(m)*
weedkiller   le désherbant, l'herbicide *(m)*
wrench (adjustable)   la clé à molette

9a Shops, stores, and services

antique shop   **(chez) l'antiquaire** *(m)*
art store   la boutique d'objets d'art
bakery   la boulangerie
bank   la banque
bookmaker's   le PMU
bookshop/store   la librairie
boutique   la boutique
butcher's   la boucherie
camera store   le magasin de matériel photographique
candy store   le magasin de bonbons
car parts store   le magasin de pièces détachées
clothes store   la boutique de prêt-à-porter
cosmetics shop/store   la parfumerie
covered market   le marché couvert
dairy   la crèmerie
delicatessen   la charcuterie, le traiteur
department store   le grand magasin
dress shop/store   la boutique de prêt-à-porter
drugstore   le drugstore
dry cleaners   la blanchisserie
electronics store   le comptoir électrique
fast-food restaurant   le restaurant à service rapide
fish store   la poissonnerie
fish-sellers stall   le poissonnier (au marché)
florist's   chez le/la fleuriste
furniture store   le magasin de meubles

APPENDIX 9a

garden center **la pépinière**
greengrocer's **le magasin de fruits et légumes**
grocer's **l'épicerie** *(f)*
hairdresser **le coiffeur, la coiffeuse**
hairdresser's **le salon de coiffure**
hardware store **la quincaillerie**
health-food store **le magasin de diététique**
hypermarket **l'hypermarché** *(m)*
indoor market **le marché couvert**
jewelry store **la bijouterie**
Laundromat **la laverie**
lottery **le kiosque de PMU**
mail-order house **la maison de vente par correspondance**
market **le marché**
men's wear store **le magasin de prêt-à-porter masculin**
model (craft) store **le magasin d'aéromodélisme**
music store **le magasin de musique**
newsstand **la maison de la presse, le kiosque à journaux**
optician's **chez l'opticien**
outdoor market **le marché en plein air**
pastry shop **la patisserie**
pet store **le magasin pour animaux domestiques**
pharmacy **la pharmacie**
post office **la poste**
pottery store **le magasin de poterie**
shoe repair store (cobbler's) **la cordonnerie**
shoe store **le magasin de chaussures**
shop **le magasin**

shopping mall/center/arcade **le centre commercial, la galerie marchande**
souvenir shop **le magasin de souvenirs**
sporting goods store **le magasin de sport**
stationery store **la papeterie**
store **le magasin**
superstore **la grande surface**
supermarket **le supermarché**
take-out food store **le magasin de plats à emporter**
thriftshop **la boutique d'une œuvre de bienfaisance**
tobacconist **le bureau de tabac**
toy store **le magasin de jouets**
travel agent **l'agence** *(f)* **de voyages**
vendor **le vendeur, la vendeuse**
vending machine **le distributeur**
video store **le magasin de vidéocassettes**

9a Currencies

dollar **le dollar**
escudo **l'escudo** *(m)*
euro **l'euro** *(m)*
franc **le franc**
lira **la lire**
mark **le mark**
pence **les pence**
penny **le penny**
peseta **la peseta**
peso **le peso**
pound sterling **la livre sterling**
ruble **le rouble**

APPENDIXES

9c Jewelry

bangle   **le bracelet**
chain bracelet   **la gourmette**
brooch   **la broche**
carat   **le carat**
chain   **la chaînette**
charm   **la breloque**
cufflinks   **les boutons** *(m)* **de manchette**
earring   **les boucles** *(f)* **d'oreilles**
engagement ring   **la bague de fiançailles**
eternity ring   **la bague de fidélité**
jewel   **le bijou**
jewelry box   **le coffret à bijoux**
jewelry   **les bijoux** *(m)*
medallion   **le médaillon**
necklace   **le collier**
pendant   **le pendentif**
precious stone/gem   **la pierre précieuse**
real   **véritable**
ring   **la bague**
semiprecious   **la pierre fine/semi-précieuse**
tiara   **le diadème**
tie pin   **l'épingle** *(f)* **à cravate**
wedding ring   **l'alliance** *(f)*

9c Precious stones and metals

agate   **l'agate** *(f)*
amber   **l'ambre** *(m)*
amethyst   **l'améthyste** *(f)*
chrome   **le chrome**
copper   **le cuivre**
coral   **le corail**
crystal   **le cristal**
diamond   **le diamant**
emerald   **l'émeraude** *(f)*
gold   **l'or** *(m)*
gold plate   **plaqué or**
ivory   **l'ivoire** *(m)*
mother of pearl   **la nacre**
onyx   **l'onyx** *(m)*
opal   **l'opale** *(f)*
pearl   **la perle**
pewter   **l'étain** *(m)*
platinum   **le platine**
quartz   **le quartz**
ruby   **le rubis**
sapphire   **le saphir**
silver plate   **plaqué argent**
silver   **l'argent** *(m)*
topaz   **la topaze**
turquoise   **la turquoise**

10c Herbs and spices

aniseed   **l'anis** *(m)*
basil   **le basilic**
bay leaf   **la feuille de laurier** *(m)*
caper   **la câpre**
caraway   **le cumin**
chives   **la ciboulette**
cinnamon   **la cannelle**
clove   **le clou de girofle** *(m)*
dill   **l'aneth** *(m)*
garlic   **l'ail** *(m)*
ginger   **le gingembre**
marjoram   **la marjolaine**
mint   **la menthe**
mixed herbs   **les fines herbes** *(f)*
mustard   **la moutarde**
nutmeg   **la noix (de) muscade** *(f)*
oregano   **l'origan** *(m)*
parsley   **le persil**
pepper   **le poivre**
rosemary   **le romarin**
saffron   **le safran**
sage   **la sauge**
tarragon   **l'estragon** *(m)*
thyme   **le thym**

10d Cooking utensils

aluminum foil   **le papier d'aluminium**
baking tray   **la plaque à gâteaux**
carving knife   **le couteau à découper**
can opener   **l'ouvre-boîtes** *(m)*
colander   **la passoire**

APPENDIX **11c**

food processor   le robot de cuisine
fork   la fourchette
frying pan   la poêle
grater   la râpe
grill   le gril
kettle   la bouilloire
knife   le couteau
lid   le couvercle
pot   la marmite
rolling pin   le rouleau (à pâtisserie)
saucepan/casserole dish   la cocotte
scales   la balance
sieve   le tamis
skewer   la brochette
spatula   la spatule
spoon   la cuiller, la cuillère
tablespoon   la cuiller de service
tablespoonful   la cuillerée à soupe
teaspoon   la petite cuiller, la cuiller à thé/café
teaspoonful   la cuillerée à café
tenderizer   l'attendrisseur *(m)*
wax paper   le papier sulfurisé

10d Smoking

ashtray   le cendrier
box of matches   la boîte d'allumettes
cigar   le cigare
cigarette   la cigarette
lighter   le briquet
matches   les allumettes *(f)*
pipe   la pipe
smoke   la fumée
I smoke   je fume
smoking   fumer
tobacco   le tabac
tobacconist's   les bureaux *(m)* de tabac

11c Hospital departments

admissions   l'accueil *(m)*
casualty/emergency   les urgences *(f)*
consulting room   la salle de consultation
coronary care   la cardiologie
dialysis unit   le service de dialyse
ear, nose and throat (ENT)   **ORL** *(f)*, l'oto-rhino-laryngologie *(f)*
eye clinic   le service d'ophtalmologie
geriatrics   la gérontologie
gynaecology ward   le service de gynécologie
infectious diseases   les maladies *(f)* infectieuses
intensive care   les soins *(m)* intensifs
intensive care unit   la salle de réanimation
maternity   la maternité
medical ward   le service de médecine
mortuary   la morgue
oncology   l'oncologie *(f)*
operating room   le bloc opératoire
orthopedic   orthopédique
outpatients department   le service de consultations externes
pediatrics   la pédiatrie
pathology   la pathologie
pharmacy   la pharmacie
psychiatry   la psychiatrie
reception   la réception
recovery room   la salle de soins postopératoires
surgery   la chirurgie
transfusion   la transfusion
treatment room   la salle de soins
ward   la salle
x-ray   la radiographie

APPENDIXES

11c Illnesses & diseases

AIDS   le SIDA
angina   l'infection *(f)* pulmonaire
appendicitis   l'appendicite *(f)*
arthritis   l'arthrose *(f)*
asthma   l'asthme *(m)*
bacillus   le bacille
bacteria   la bactérie
bronchitis   la bronchite
bubonic plague   la peste bubonique
cancer   le cancer
catarrh   le catarrhe
chickenpox   la varicelle
cholera   le choléra
colic   la colique
cold   le rhume
constipation   la constipation
corn   le cor
cough   la toux
deafness   la surdité
death   la mort
depression   la dépression
dermatitis   la dermatite
diabetes   le diabète
diarrhea   la diarrhée
diphtheria   la diphtérie
disease   la maladie
dizziness   le vertige, l'étourdissement *(m)*
earache   le mal d'oreille
eczema   l'eczéma *(m)*
epilepsy   l'épilepsie
fever   la fièvre
flatulence   la flatulence
flu   la grippe
food poisoning   l'intoxication *(f)* alimentaire
gallstone   le calcul biliaire
German measles   la rubéole
gingivitis   la gingivite
gonorrhea   la blennorragie
hemorrhoids   les hémorroïdes *(f)*
headache   le mal de tête
heart attack   la crise cardiaque
hepatitis   l'hépatite *(f)*
hernia   l'hernie *(f)*
high blood pressure   l'hypertension *(f)*
HIV   le VIH, le HIV
illness   la maladie
incontinence   l'incontinence *(f)*
influenza   la grippe
infection   l'infection *(f)*
jaundice   la jaunisse
leukemia   la leucémie
malaria   le malaria, la paludisme
measles   la rougeole
meningitis   la méningite
mental illness   la maladie mentale
microbe   le microbe
migraine   la migraine
mumps   les oreillons
overdose   l'overdose *(f)*
piles   des hémorroïdes
pneumonia   la pneumonie
polio   la polio
pregnancy   la grossesse
rabies   la rage
rheumatism   le rhumatisme
rubella   la rubéole
salmonella   la salmonelle
scabies   la gale
seasickness   le mal de mer
sickness   la maladie
smallpox   la variole
stomachache   le mal à l'estomac
stomach upset   l'indigestion *(f)*
stroke   l'attaque *(f)*
sty   l'orgelet *(m)*
syphilis   la syphilis
temperature   la température
tetanus   le tétanos
thrombosis   la thrombose
tonsillitis   l'amygdalite *(f)*
toothache   le mal de dents, (avoir) mal aux dents
tuberculosis   la tuberculose
ulcer   l'ulcère *(m)*
urinary infection   l'infection *(f)* urinaire
venereal disease   la maladie vénérienne

APPENDIX **13b**

whooping cough **la coqueluche**
yellow fever **la fièvre jaune**

11d Hairdresser

bangs **la frange**
bleach **la décoloration**
blow-dry **le brushing**
color chart **le nuancier**
color rinse **la coloration**
I cut **je coupe**
dye **la teinture**
hair **les cheveux** *(m)*
  dry **sec [sèche]**
  greasy/oily **gras[se]**
  gray **gris**
haircut **la coupe de cheveux**
I have my hair cut **je me fais couper les cheveux**
hairdresser **le coiffeur**
hairspray **la laque**
hairdo **la coiffure**
moustache **la moustache**
perm(anent wave) **la permanente**
setting lotion/gel **le fixateur**
shampoo and set **un shampooing et une mise en plis**
short **court**
sideburns **les favoris** *(pl)*
sides *(of head)* **les côtés** *(m)*
top *(of head)* **le dessus de la tête**
trim **la coupe d'entretien**
I trim **je rafraîchis**
  I trim *(beard)* **je taille**

13a Religious groups

Anglican Church **l'Eglise** *(f)* **anglicane**
French Reformed Church **l'Eglise** *(f)* **réformée de France**
Jehovah's Witnesses **les Témoins** *(m)* **de Jéhovah**
Methodists **les Méthodistes** *(m)*
Mormons **les Mormons** *(f)* **(l'Eglise** *(f)* **de Jésus-Christ des saints des derniers jours)**
Old Catholic Church **l'Eglise** *(f)* **catholique traditionaliste**
Pentecostalists **les Eglises** *(f)* **pentecôtistes**
Presbyterians **les Presbytériens** *(m)*
Roman Catholic Church **l'Eglise** *(f)* **catholique**
Quakers/Society of Friends **les Quakers, la Société religieuse des Amis**
Seventh Day Adventists **les Adventistes** *(m)*
Unitarians **les Unitariens** *(m)*

13b Holidays and religious festivals

All Saints (Nov 1) **la Toussaint (le 1er nov)**
All Souls (Nov 2) **le jour des Morts (le 2 nov)**
Ascension Day **l'Ascension** *(f)*
Ash Wednesday **le mercredi des Cendres**
Assumption Day (Aug 15) **l'Assomption** *(f)* **(le 15 août)**
bar mitzvah **la bar-mitzva** *(f)*
Boxing Day (Dec 26) **le lendemain de Noël (le 26 déc)**
Candlemass **la Chandeleur**
Carnival **le Carnaval** *(m)*
Christmas **Noël** *(m)*
  at Christmas **à Noël**
Christmas Day **le jour de Noël**
Christmas Eve **la veille de Noël**
Corpus Christi **la Fête-Dieu**
Easter **Pâques** *(fpl)*
Easter Monday **le lundi de Pâques**
Easter Sunday **le dimanche de Pâques**
Feast of the Assumption **l'Assomption** *(f)*
festival **le festival**
Good Friday **le vendredi Saint**

APPENDIXES

Hanukkah **Hanouka /la fête des lumières**
Halloween **la veille de la Toussaint**
Labor Day **la fête du travail**
Lent **le Carême**
New Year's Eve **la Saint-Sylvestre**
New Year's Day **le jour de l'an**
Jewish New Year **le Rosh Haschana**
Palm Sunday **les Rameaux** *(m)*
Passover **la Pâque**
Pentecost, Whitsuntide **la Pentecôte**
Ramadan **le Ramadan**
Sabbath **le Chabbat, le sabbat**
Shrove Tuesday **le Mardi gras**
Yom Kippur **le Yom Kippour**

14b Professions and jobs

The arts

actor/actress **un acteur, une actrice**
announcer **un annonceur, une annonceuse**
architect **un architecte**
artist **un artiste**
bookseller **un libraire**
cameraman **un caméraman**
editor **un rédacteur**
film/movie director **un réalisateur**
film/movie star **une star de cinéma**
journalist **un/une journaliste**
musician **un musicien, une musicienne**
painter (*artist*) **un peintre**
photographer **un photographe**
poet **un poète**
printer **un imprimeur**
producer (theater) **un metteur en scène**
publisher **un éditeur**
reporter **un reporter**
sculptor **un sculpteur**
singer **un chanteur, une chanteuse**
TV announcer **un speaker, une speakerine**
writer **un écrivain, un auteur**

Education and research

lecturer **un professeur**
physicist **un physicien, une physicienne**
primary-school teacher **un instituteur, une institutrice**
principal **un directeur, une directrice, un principal**
pupil (grade school) **un/une élève**
researcher **un chercheur, une chercheuse**
scientist **un/une scientifique**
secondary-school teacher **un professeur**
student **un étudiant, une étudiante**
technician **un technicien, une technicienne**

Food and retail

baker **un boulanger, une boulangère**
brewer **un brasseur**
butcher **un boucher, une bouchère**
buyer **un acheteur, une acheteuse**
caterer (supplying meals) **un traiteur**
cook **un cuisinier, une cuisinière**
farmer **un fermier**
fisherman **un pêcheur**
fishmonger **le poissonnier**
florist **un fleuriste, une fleuriste**
greengrocer **un marchand de fruits et légumes, un primeur**
grocer **un épicier, une épicière**
jeweler **un bijoutier, un bijoutière**

APPENDIX 14b

pharmacist un pharmacien, une pharmacienne
pork butcher un charcutier
representative un représentant
sales assistant un employé/une employée de magasin
storekeeper un commerçant, une commerçante
tobacconist un marchand de tabac
waiter un garçon (de café), un serveur
vintner un viticulteur, une viticultrice

Government service

civil servant un/une fonctionnaire
clerk un employé, une employée
customs officer un douanier
firefighter un sapeur-pompier
judge un juge
member of Congress un député
minister un ministre
officer un officier
policeman un agent de police
policewoman une femme agent (de police)
politician un homme politique
sailor un marin
secret agent un agent secret
serviceman un militaire
soldier un soldat

Health care

dentist un/une dentiste
doctor un docteur, une femme docteur
midwife une sage-femme
nurse un infirmier, une infirmière
optician un opticien, une opticienne
physician un médecin
psychiatrist un/une psychiatre
psychologist un/une psychologue
surgeon un chirurgien, une femme chirurgien
vet un/une vétérinaire

Manufacturing and construction

bricklayer un maçon
builder un constructeur, un entrepreneur
carpenter un menuisier
engineer un ingénieur
foreman floor supervisor un contremaître
glazier un vitrier
industrialist un industriel, un chef d'industrie
laborer un ouvrier
manufacturer un fabricant
mechanic un mécanicien
metalworker un ferronnier
miner un mineur
plasterer un plâtrier
stonemason un tailleur de pierres, un maçon

Services

accountant un comptable
actuary un/une actuaire
agent un agent
bank manager un directeur de banque
businessman un homme d'affaires
businesswoman une femme d'affaires
career consultant un conseiller, une conseillère d'orientation professionnelle
caretaker un/une concierge
cleaner une femme de ménage, un agent de nettoyage
computer programmer un progammeur, une progammeuse
counselor un conseiller, une conseillère
draftsman un dessinateur, une dessinatrice
garbage collector un éboueur
electrician un électricien
furniture mover un déménageur
gardener un jardinier

221

APPENDIXES

guide **un guide**
hairdresser **un coiffeur, une coiffeuse**
insurance agent **un assureur**
interpreter **un interprète**
lawyer **un avocat**
letter carrier **un facteur**
librarian **un/une bibliothécaire**
meter (gas) reader **un employé du gaz**
office worker **un employé de bureau**
painter-decorator **un peintre décorateur**
plumber **un plombier**
priest **un prêtre**
real estate agent **un agent immobilier**
receptionist **un/une réceptionniste**
servant **un/une domestique, une bonne**
social worker **un assistant/une assistante social**
solicitor **un notaire, un avocat**
stockbroker **un agent de change**
surveyor **un géomètre, un expert**
tax inspector **un percepteur**
trade unionist **un syndicaliste**
translator **un traducteur, une traductrice**
travel agent **un agent touristique**
typist **un/une dactylo**
undertaker **un entrepreneur de pompes funèbres**

Transport

bus driver **un conducteur d'autobus**
driver **un conducteur, une conductrice**
driving instructor **un moniteur/une monitrice d'auto-école**
flight attendant **une hôtesse de l'air, un steward**
pilot **un pilote**
taxi driver **un chauffeur de taxi**
ticket inspector **un contrôleur de billets**
truck driver **un camionneur, un routier**

14c Places of work

blast furnace **le haut-fourneau**
branch office **l'agence** *(f)*, **la succursale**
brewery **la brasserie**
business park **le complexe commercial**
construction site **le chantier de construction**
distillery **la distillerie**
factory **l'usine** *(f)*, **la fabrique**
farm **la ferme**
foundry **la fonderie**
head office **le siège social**
hospital **l'hôpital** *(m)*
limited liability company (ltd.) **la société à responsabilité limité**
mill **l'usine** *(f)*
 paper mill **l'usine** *(f)* **de papeterie, la papeterie**
 sawmill **la scierie**
 spinning mill **la filature**
 steel mill **l'aciérie** *(f)*
 weaving mill **atelier de tissage**
mine (coal) **la mine (de charbon)**
office **le bureau**
plant **l'usine** *(f)*, **la fabrique**
pub **la brasserie**
shop/store **le magasin**
steel plant **l'aciérie** *(f)*
sweatshop **l'atelier** *(m)* **(où on exploite les ouvriers)**
theme park **le parc d'attractions**
vineyard **le vignoble**
warehouse **l'entrepôt** *(m)*
workshop **l'atelier** *(m)*

15c Letter-writing

Dear **Cher**
Dear Mr. and Mrs. … **Chers Monsieur et Madame …**

APPENDIX **15d**

Dear Peter **Cher Peter**
Dear Sir/Madam **Cher, Chère Monsieur/Madame**
Madam **Madame**
greetings from **salutations de**
I am pleased **je suis heureux [-se]**
I enclose **je joins** *(joindre)*
all the best **Meilleurs vœux**
best wishes from **amitiés de la part de**
Love and kisses **bons baisers, grosses bises**
Love from **affectueusement**
With best wishes **bien amicalement**
With kind regards **meilleurs souvenirs**
Yours faithfully **je vous prie d'agréer mes salutations distinguées**
Yours sincerely **je vous prie d'agréer l'expression de mes sentiments les meilleurs**

15d Computer hardware

adapter **l'adaptateur** *(m)*
battery **la pile**
battery pack **le paquet de piles**
CD-ROM **le CD-ROM**
CD-ROM drive **le lecteur de CD-ROM**
central processing unit **l'unité** *(f)* **centrale**
charger **le chargeur**
chip **la puce**
computer **l'ordinateur** *(m)*
computer system **le système informatique**
desktop **un PC de bureau**
disk drive **le lecteur de disque**
diskette **la disquette**
display **l'affichage** *(m)*
double density (disk) **la double densité (d'un disque)**
drive **le lecteur**
electric socket **la prise électrique**
floppy disk **la disquette**
floppy drive **le lecteur de disquette**
front-end processor **le processeur frontal**
function key **la touche de fonction**
hard disk **le disque dur**
hard drive **le lecteur de disque dur**
hardware **le hardware, le matériel**
high density (disk) **la disquette à haute densité**
IBM clone **le clone IBM**
IBM-compatible **compatible avec IBM**
input device **l'unité** *(f)* **périphérique d'entrée**
integrated circuit **le circuit intégré**
interface **l'interface** *(f)*
joystick **la manette de jeu, le joystick**
keyboard **le clavier**
laptop **l'ordinateur** *(m)* **portable**
liquid crystal display **l'affichage** *(m)* **à cristaux liquides**
local area network (LAN) **le réseau local**
mainframe computer **l'ordinateur** *(m)* **central**
microprocessor **le microprocesseur**
mini computer **le mini-ordinateur**
modem **le modem**
monitor (color) **le moniteur en couleur**
mouse **la souris**
network **le réseau, l'interconnexion** *(f)*
networked **interconnecté**
notebook **le PC de poche, un notebook**
on-line **en ligne**
personal computer/PC **l'ordinateur** *(m)* **individuel/ le PC**
plug-in drive **le lecteur à fiche**

APPENDIXES

port **le port**
portable **portable**
processor **l'unité** *(f)* **centrale**
QWERTY/AZERTY keyboard **le clavier QWERTY/AZERTY**
random-access memory/RAM **la mémoire vive/RAM**
resolution **la résolution**
screen **l'écran** *(m)*
scroll bar **la barre de déplacement**
socket/port **la prise/le port**
storage **la mémoire**
terminal **le terminal**
touch screen **l'écran** *(m)* **tactile**
viewdata system **le système de vidéographie interactive**
visual display unit, VDU **la console de visualisation**
wide-area network (WAN) **le réseau régional**

15d Computer software

algebraic **algébrique**
algorithm **l'algorithme** *(m)*
antivirus program **le programme antivirus**
bug **le défaut, l'erreur** *(f)*
byte **l'octet** *(m)*
coded **codé**
coding **le codage**
command **la commande**
compatibility **la compatibilité**
compatible (in-) **(in)compatible**
computer-aided design (CAD) **la conception assistée par ordinateur (CAO)**
computer-aided learning (CAL) **l'enseignement** *(m)* **assisté par ordinateur**
computer-aided language learning (CALL) **l'apprentissage** *(m)* **des langues assisté par ordinateur**
computer language **le langage de programmation**
copy **la copie**
data capture **la saisie des données**
data logging **l'enregistrement** *(m)* **des données**
data **les données** *(f)*
databank **le stockage de données**
data processing **le traitement des données**
database **la base de données**
default option **l'option** *(f)* **implicite**
double clicking **le double clic**
escape **(la touche d') échappement**
exit **la touche de sortie**
file **le fichier**
file management **la gestion de fichiers**
flowchart **l'organigramme** *(m)*
format **le format**
function **la fonction**
graphic application **l'application** *(f)* **graphique**
graphics **les représentations** *(f)* **graphiques**
graphic **graphique**
graphics accelerator **l'accélérateur** *(m)* **graphique**
help **l'aide** *(f)*
help menu **le menu d'aide**
language **la langue**
logic circuit **le circuit logique**
logic gate **la porte logique**
macro **macro**
memory **la mémoire**
menu **le menu**
operating system **le système d'exploitation**
output **la sortie**
output unit **l'unité** *(f)* **de sortie**
package **le progiciel**
peripherals **les périphériques**
password **le mot de passe**
program **le programme**
programmable **programmable**
programmer **le programmeur**

APPENDIX 16c

programming **la programmation**
pull-down menu **le menu qui défile vers le bas**
reference archive **l'archive** (f) **de référence**
return **(la touche) retour**
screen saver **le protecteur d'écran**
setup **la disposition**
storage **la mémoire**
software **le logiciel**
software package **le progiciel**
space **(la touche d')espacement**
spreadsheet **le tableur**
statistics package **le progiciel de statistiques**
user-friendly **facile à utiliser**
virus **le virus**

15d Computer printing

continuous (paper) **en continu**
daisy wheel **la marguerite**
dot matrix **la matrice**
font **la police de caractères**
hard copy **la copie sur papier**
ink cartridge **la cartouche d'encre**
inkjet **le jet d'encre**
laser printer **l'imprimante** (f) **laser**
low/high density **la basse/haute densité**
A4 paper **le papier format A4**
paper feed **le système d'alimentation de papier**
paper tray **le tiroir de papier**
printer **l'imprimante** (f)
 bubble printer **l'imprimante** (f) **à jet d'encre**
ribbon **le ruban**
roller **le rouleau**
sheet feeder **le chargeur de papier**
style **le style**
toner **le rouleau d'encre**

16a Hobbies

angling **la pêche (à la ligne)**
bee-keeping **l'apiculture** (f)
collecting antiques **faire la collection des antiquités**
archeology **l'archéologie** (f)
archery **le tir à l'arc**
ballroom dancing **la danse de salon**
birdwatching **l'ornithologie** (f)
carpentry **la menuiserie**
chess **les échecs** (m)
collecting stamps **faire la collection de timbres**
dancing **la danse**
fishing **la pêche**
gardening **le jardinage**
gambling **le jeu d'argent**
going to the cinema/movies **aller au cinéma**
listening to music **écouter de la musique**
knitting **le tricot**
photography **la photographie**
playing chess **jouer aux échecs**
reading **la lecture**
sewing **la couture**
spinning **le filage**
walking **la marche**
watching television **regarder la télévision**

16c Photography

automatic **automatique**
cable release **le déclencheur**
camera **l'appareil** (m)
camera case **l'étui** (m) **(à appareil-photo)**
I develop **je développe**
developing/processing **la développement**
I enlarge **j'agrandis**
exposure **la pose**
exposure counter **le compte-poses**
film **la pellicule**
 black-and-white **en noir et**

225

APPENDIXES

blanc
colour/color **en couleurs**
film winder **le levier d'avancement**
filter **le filtre**
fine grain **à grain fin**
flash **le flash**
flash attachment **la glissière du flash**
home movie **le film d'amateur**
I focus the camera **je fais la mise au point**
in focus **net[te], au point**
out of focus **flou, pas au point**
jammed **bloqué**
lens **l'objectif** *(m)*
   telephoto lens **le téléobjectif**
   wide-angle lens **le grand-angle**
lens cap **le capuchon (d'objectif)**
light **la lumière**
   artificial **artificiel[le]**
   daylight **du jour**
light meter **la cellule photo-électrique**
movie camera **la caméra**
negative **le négatif**
overexposed **surexposé**
overexposure **la surexposition**
picture **l'image** *(f)*
photogenic **photogénique**
photo(graph) **la photo(graphie)**
   holiday/vacation photo **la photo de vacances**
   passport photo **la photo d'identité**
photograph album **l'album** *(m)* **de photos**
roll of film **la bobine**
shutter **l'obturateur** *(m)*
slide **la diapo(sitive)**
I take photos **je prends** *(prendre)* **des photos**
video camera **la caméra vidéo**
videocassette **la vidéocassette**

17b Architectural features

alcove **l'alcôve** *(f)*, **le renfoncement**
arch **l'arche** *(f)*, **la voûte**
architrave **l'architrave** *(f)*
atrium **l'atrium** *(m)*
bas relief **le bas-relief**
battlement **le créneau**
buttress **le contrefort**
capital **la capitale**
colonnade **la colonnade**
column **la colonne**
   doric **dorique**
   ionic **ionien[ne]**
   corinthian **corinthien[ne]**
concave **concave**
convex **convexe**
cornerstone **la pierre angulaire**
cupola **la coupole**
diptych **le diptyque**
drawbridge **le pont-levis**
eaves **l'avant-toit** *(m)*
embrasure **l'embrasure** *(f)*
façade **la façade**
fanlight **la fenêtre en demi-lune**
gable **le pignon**
gargoyle **la gargouille**
half-timbered **à poutres apparentes, à colombages**
hanging buttress **l'arc-boutant** *(m)*
headstone **la clef de voûte**
herringbone **à chevrons**
high, sharp relief **le haut-relief**
molding **les moulures** *(f)*
nave **la nef** *(f)*
ogive **l'ogive** *(f)*
overhanging **en surplomb, en saillie**
pagoda **la pagode**
pilaster **le pilastre**
pinnacle **le pinacle**
plinth **la plinthe**
porch **le porche**
portico **le portique**
rear arch **l'arc** *(m)* **intérieur**
roof **le toit**
rosette **la rosette**
rotunda **la rotonde**

sacristy **la sacristie**
spire/steeple **la flèche**
stained-glass window **le vitrail, la verrière**
transept **le transept**
triptych **le triptyque**
triumphal arch **l'arc** *(m)* **de triomphe**
vault **la voûte**
vaulted **voûté**
vitrail **le vitrail**
volute **la volute**
wainscot **la boiserie, le lambris**

17d Musicians and instruments

accompanist **un accompagnateur, une accompagnatrice**
accordionist **l'accordéoniste** *(m)*
alto *(adj)* **alto**
alto (singer) **le contralto, (le haute-contre), l'alto** *(f)*
bagpipe **la cornemuse**
baritone **le baryton**
bass *(singer)* **la basse**
bass clarinet **la clarinette de basse**
bassoon **le basson**
bassoonist **le joueur de basson**
bells **les clochettes**
bugle **le cor de chasse**
castanets **les castagnettes** *(f)*
cellist **le/la violoncelliste**
cello **le violoncelle**
clarinet **la clarinette**
clarinettist **le/la clarinettiste**
classical guitar **la guitare classique**
clavicord **le clavicorde**
contralto **le contralto**
cornet **le cornet à pistons**
counter-tenor **le haute-contre**
cymbal **les cymbales** *(f)*
double bass **la contrebasse**
double bassoon **le contrebasson**
drum **la batterie**
electronic organ **l'orgue** *(f)* **électronique**
euphonium **la basse**
flautist **le/la flûtiste**
flute **la flûte**
French horn **le cor**
grand piano **le piano à queue**
guitar **la guitare**
guitarist **le/la guitariste**
harmonica **l'harmonica** *(m)*
harmonium **l'harmonium** *(m)*
harp **la harpe**
harpist **le/la harpiste**
harpsichord **le clavecin**
harpsichordist **le/la claveciniste**
horn **le cor anglais**
Jew's harp **la guimbarde**
librettist **le librettiste**
lyre **la lyre**
mandolin **la mandoline**
mezzo-soprano **mezzo-soprano**
oboe player **le joueur de hautbois**
oboe **le hautbois**
orchestra leader **le premier violon**
orchestra players **les membres** *(m)* **de l'orchestre**
organ **un orgue**
  church organ **les grandes orgues** *(m)*
organist **un/une organiste**
percussion **les instruments** *(m)* **à percussion**
percussionist **le percussionniste**
pianist **le/la pianiste**
piano **le piano**
pipe **le flûtiau**
recorder **la flûte**
saxophone **le saxophone**
saxophonist **le/la saxophoniste**
soprano **le/la soprano**
squeeze-box **l'accordéon** *(m)*
steel drum **le tambour de fer**
street singer **le chanteur de rues**
string instruments **les instruments** *(m)* **à cordes**
synthesizer **le synthétiseur**
tenor **le ténor**
tin whistle **le flageolet**

APPENDIXES

triangle le triangle
trombone le trombone
trombonist le joueur/la joueuse de trombone
trumpet la trompette
tuba le tuba
viol la viole
viola player l'altiste *(m/f)*
viola l'alto *(m)*
violin le violon
violinist le/la violoniste
violoncello le violoncelle
vocalist le chanteur
Welsh harp la harpe galloise
wind instruments les instruments à vent
xylophone le xylophone

17d Musical forms

aria l'aria *(f)*
ballad la ballade
cantata la cantate
chamber music la musique de chambre
choral music la musique
concerto le concerto
　oboe concerto le concerto pour hautbois
duet le duo
fugue la fugue
madrigal le madrigal
music drama le drame en musique
musical (comedy) la comédie musicale
nocturne le nocturne
octet l'octuor *(m)*
opera l'opéra *(m)*
operetta l'opérette *(f)*
oratorio l'oratorio *(m)*
overture l'ouverture *(f)*
piano trio le trio de pianos
plainsong le plain-chant
prelude le prélude
quartet le quatuor
quintet le quintette

requiem mass la messe de requiem
sacred music la musique sacrée
serenade la sérénade
sextet le sextuor
septet le septuor
sonata la sonate
song cycle le cycle de chansons
suite la suite
symphony la symphonie
string quartet le quatuor d'instruments à corde
trio le trio

17d Musical terms

accompaniment l'accompagnement *(m)*
arpeggio l'arpège *(m)*
bar la mesure
beat la mesure
bow l'archet *(m)*
bowing le coup d'archet
cadence la cadence
chord l'accord *(m)*
clef le ton
　bass basse
　treble soprano
discord la dissonance
first violin le premier violon
flat (key) bémol
　B flat major Si bémol
　flat *(out of tune)* faux [-se]
improvisation l'improvisation *(f)*
key le ton
　major/minor key le ton majeur/mineur
C minor Do mineur
mute la sourdine
note la note
　breve la double ronde
　minim/half note la blanche
　crotchet/quarter note la noire
　quaver/eighth note la croche
　semibreve la ronde
　semiquaver/sixteenth note la double croche

APPENDIX 19c

semitone   le semiton
principal (cello)   le premier (violoncelle)
rest   la pause
a minim rest   la demi-pause
scale   la gamme
score   la partition, le morceau
sharp *(key)*   dièse *(m)*
sharp *(out of tune)*   aigu[ë]
sheet (of music)   la partition

17e Film genres

adventure   l'aventure *(f)*
animation   l'animation *(f)*
black-and-white   noir et blanc
black comedy   la comédie noire
cartoons   les dessins *(m)* animés
comedy   la comédie
documentary   le documentaire
feature film   le long métrage
horror film/movie   le film d'horreur
low-budget   à petit budget
sci-fi   de science-fiction
short film/movie   le court métrage
silent cinema/movies   le cinéma muet
tear-jerker   le mélo
thriller   le film à suspense
video clip   le clip vidéo
war film/movie   le film de guerre
western   le western

19a Means of transport

by air   par avion
in an ambulance   en ambulance
by bicycle   à vélo, bicyclette
by bus   en bus
by cablecar   en téléphérique
by car   en voiture
by coach   en car
in a dinghy   en canot
by ferry   en ferry
by helicopter   en hélicoptère
by hovercraft   en aéroglisseur
by hydrofoil   en hydrofoil

by jumbo jet   en jumbo-jet, en gros-porteur
by plane   par avion
by ship   en bateau
by subway   en métro
by taxi   en taxi
by tram   en tramway
by trolley   en trolleybus
in a truck   dans un camion
in a truck/semi   dans un poids lourd

19b Ships and boats

aircraft carrier   le porte-avions
canoe   le canoë
cargo boat   le cargo
dinghy   le canot
ferry   le ferry
hovercraft   l'aéroglisseur *(m)*
hydrofoil   l'hydrofoil *(m)*
life boat   le canot de sauvetage
merchant ship   le bateau de marchandises
ocean liner   le paquebot
petrol tank   le réservoir d'essence
rowing boat   le canot
sailing boat   le voilier
ship   le bateau
speedboat   le bateau à moteur
submarine   le sous-marin
towboat   le remorqueur
warship   le vaisseau de guerre
yacht   le yacht

19c Parts of the car

accelerator   l'accélérateur *(m)*
alternator   l'alternateur *(m)*
automatic gear   la boîte de vitesses automatiques
back wheel   la roue arrière
battery   la batterie
bodywork   la carrosserie
brake   le frein
bumper   les pare-chocs *(m)*
carburetor   le carburateur

229

APPENDIXES

catalytic converter **le pot catalytique**
choke **le starter**
clutch **l'embrayage** *(m)*
dashboard **le tableau de bord**
door **la portière**
   front door **la portière avant**
   passenger door **la portière du passager**
engine **le moteur**
exhaust pipe **le pot d'échappement**
engine **le moteur**
front seats **les sièges** *(m)* **avant**
front wheel **la roue avant**
gearbox **la boîte de vitesses**
headlights **les phares** *(m)*
horn **le klaxon**
hood **la capote**
indicator **le clignotant**
license plate **la plaque d'immatriculation**
lights **les feux** *(m)*
motor **le moteur**
passenger seats **les sièges** *(m)* **de passagers**
pedal **la pédale**
   accelerator **la pédale d'accélérateur**
   brake **la pédale de frein**
   clutch **la pédale d'embrayage** *(m)*
rearview mirror **le rétroviseur**
registration number **le numéro d'immatriculation**
roof **le toit**
roof rack **la galerie**
safety belt, seatbelt **la ceinture de sécurité**
spares **les pièces** *(f)*
   spare wheel **la roue de secours**
sparkplug **la bougie**
speedometer **le compteur**
starter **le démarreur**
steering wheel **le volant**
tank **le réservoir**

throttle valve **l'accélérateur** *(m)*
tire **le pneu**
   back tire **le pneu arrière**
   front tire **le pneu avant**
   spare tire **le pneu de rechange**
tire pressure **la pression des pneus**
tool **l'outil** *(m)*
toolbox **la boîte à outils**
trunk **le coffre**
warning sign **le triangle de présignalisation**
wheel **la roue**
windshield **le pare-brise**
windshieldwiper **un essuie-glace**

19c Road signs

Cross now **Traversez**
Danger! **Attention danger!**
Detour **Déviation**
End of detour **Fin de déviation**
End of roadworks **Fin des travaux**
Enter expressway **Entrée d'autoroute**
Exit expressway **Sortie d'autoroute**
Expressway ends **Fin d'autoroute**
Free parking **Stationnement gratuit**
Keep clear **Interdit**
Maximum speed **Vitesse maximum**
No entry **Entrée interdite**
No parking **Stationnement interdit**
Pedestrian crossing **Passage pour piétons**
Residents only **Sauf riverains**
Road closed **Route barrée**
Roadworks **Travaux**
Stop **Stop**
Toll **Péage**

20a Tourist sights

APPENDIX **20a**

abbey l'abbaye *(f)*
adventure playground l'aire *(f)* de jeux
amphitheater l'amphithéâtre *(m)*
aquarium l'aquarium *(m)*
art gallery la galerie d'art
battlefield le champ de bataille
battlements les remparts *(m)*, les créneaux *(m)*
boulevard le boulevard
castle le château
catacombs les catacombes *(f)*
cathedral la cathédrale
cave la grotte
cemetery le cimetière
city la cité
chapel la chapelle
church l'église *(f)*
concert hall la salle de concert
convent le couvent
downtown le centre-ville
exhibition le quai
folly la folie
fortress le château fort
fountain la fontaine
gardens le jardin public
harbor le port
library la bibliothèque
mansion le manoir
market le marché
monastery le monastère
monument le monument
museum le musée
opera l'opéra *(m)*
palace le palais
parliament building le Parlement
pier la *(f)* jetée
planetarium le planétarium
ruins les ruines *(f)*
shopping area le quartier commerçant
square la place
stadium le stade
statue la statue
temple le temple
theater le théâtre
tomb la tombe
tower la tour
town hall l'hôtel *(m)* de ville
university l'université *(f)*
zoo le jardin zoologique

20a On the beach

beach la plage
beachball le ballon de plage
bucket and spade/pail and shovel le seau et la pelle
changing room la cabine
deckchair la chaise longue
I dive je plonge
diver le plongeur, la plongeuse
sand le sable
  grain of sand un grain de sable
sandcastle le château de sable
sandy *(beach)* de sable
scuba diving la plongée sous-marine
sea le mer
seashore la grève
snorkel le tube respiratoire
I snorkel je nage avec un tube respiratoire
suntan lotion la lotion *(f)*/le lait *(m)*
sunshade (umbrella) le parasol
I surf je surfe, je pratique le surf
surfboard la planche de surf
surfboarder le surfer
surfing le surf
I swim je nage
waterskiing le ski nautique
windsurfing/sailboarding la planche à voile
I go windsurfing je fais de la planche à voile

20a Continents and regions

Africa l'Afrique *(f)*
Antarctica l'Antarctique *(m)*

231

APPENDIXES

Arctic l'Arctique (m)
Asia l'Asie (f)
Australia l'Australie (f)
Balkans les Balkans (m)
Baltic States les pays (m) baltes
Central America l'Amérique (f) centrale
Eastern Europe l'Europe (f) de l'est
Europe l'Europe (f)
European Union l'Union (f) européenne
Far East l'Extrême-Orient (m)
Middle East le Moyen-Orient
North America l'Amérique (f) du Nord
Oceania l'Océanie (f)
Quebec le Québec
Scandinavia la Scandinavie
South America l'Amérique (f) du Sud
West Indies les Antilles (f)

20a Countries

Afghanistan l'Afghanistan (m)
Albania l'Albanie (f)
Argentina l'Argentine (f)
Australia l'Australie (f)
Austria l'Autriche (f)
Belgium la Belgique
Bolivia la Bolivie
Bosnia la Bosnie
Botswana le Botswana
Brazil le Brésil
Bulgaria la Bulgarie
Burundi le Burundi
Cambodia le Kampuchéa
Canada le Canada
China la Chine
Colombia la Colombie
Commonwealth of Independent States Communauté des Etats Indépendants (f)
Croatia la Croatie
Cuba Cuba (f)
Cyprus Chypre (f)
Czech Republic la république Tchèque
Denmark le Danemark
Ecuador l'Equateur (m)
Egypt l'Egypte (f)
England l'Angleterre (f)
Estonia l'Estonie (f)
Finland la Finlande
France la France
Germany l'Allemagne (f)
Great Britain la Grande-Bretagne
Greece la Grèce
Hungary la Hongrie
Iceland l'Islande (f)
India l'Inde (f)
Indonesia l'Indonésie (f)
Iran l'Iran (m)
Iraq l'Iraq (m)
Ireland l'Irlande (f)
Israel d'Israël (m)
Italy l'Italie (f)
Japan le Japon
Jordan la Jordanie
Kenya le Kenya
Korea (North/South) la Corée (du Nord/Sud)
Kuwait le Koweit
Latvia la Lettonie
Lebanon le Liban
Libya la Libye
Lithuania la Lituanie
Luxemburg le Luxembourg
Malaysia la Malaisie
Mexico le Mexique
Mongolia la Mongolie
Morocco le Maroc
Netherlands les Pays-Bas (m)
New Zealand la Nouvelle-Zélande
Norway la Norvège
Pakistan le Pakistan
Peru le Pérou
Philippines les Philippines (f)
Poland la Pologne
Portugal le Portugal
Romania la Roumanie
Russia la Russie

APPENDIX **21a**

Rwanda   **le Rwanda**
Saudi Arabia   **l'Arabie** *(f)* **Saoudite**
Scotland   **l'Ecosse** *(f)*
Serbia   **la Serbie**
Slovakia   **la Slovaquie**
Slovenia   **la Slovénie**
South Africa   **l'Afrique** *(f)* **du Sud**
Spain   **l'Espagne** *(f)*
Sri Lanka   **le Sri Lanka**
Sudan   **le Soudan**
Sweden   **la Suède**
Switzerland   **la Suisse**
Syria   **la Syrie**
Taiwan   **Taiwan**
Tanzania   **la Tanzanie**
Thailand   **la Thaïlande**
Tibet   **le Tibet**
Tunisia   **la Tunisie**
Turkey   **la Turquie**
Uganda   **l'Ouganda** *(m)*
Ukraine   **l'Ukraine**
United States   **les Etats-Unis** *(m)*
Uruguay   **l'Uruguay** *(m)*
Vietnam   **le Vietnam**
Wales   **le Pays de Galles**
former Yugoslavia   **l'ex-Yougoslavie** *(f)*
Congo (former Zaire)   **(Congo (l'ex-Zaïre)**
Zambia   **la Zambie**
Zimbabwe   **le Zimbabwe**

20a Oceans and seas

Adriatic Sea   **l'Adriatique** *(f)*
Arctic Ocean   **l'océan** *(m)* **Arctique**
Atlantic Ocean   **l'Atlantique** *(m)*
Baltic Sea   **la (mer) Baltique**
Bay of Biscay   **le golfe de Gascogne**
English Channel   **la Manche**
Gulf of Mexico   **le golfe du Mexique**
Indian Ocean   **l'océan** *(m)* **Indien**
Mediterranean Sea   **la (mer) Méditerranée**
Pacific Ocean   **le Pacifique**

21a Main language families

Afro-Asiatic   **afro-asiatique**
Altaic   **altaïque**
Austronesian   **austronésien[ne]**
Australian   **australien[ne]**
Caucasian   **caucasien[ne]**
Central and South   **du Centre et du Sud**
Eskimo   **esquimau**
Indo   **indo-**
indo-European   **indo-européen**
  Baltic   **balte**
  Celtic   **celte**
  Germanic   **germanique**
  Hellenic   **hellénique**
  Indo-Iranian   **indo-iranien**
  Italic   **italique**
  Romance   **roman**
  Slavic   **slave**
independent   **indépendant**
Native American   **indien d'Amérique du Nord**
Paleo-Asiatic   **paléo-asiatique**
Papuan   **papou**
Sino-Tibetan   **sino-tibétain**
Uralic   **ouralien[ne]**

21a Languages

Afrikaans   **l'afrikaans** *(m)*
Albanian   **l'albanais** *(m)*
Arabic   **l'arabe** *(m)*
Armenian   **l'arménien** *(m)*
Basque   **le basque**
Bengali   **le bengali**
Breton   **le breton**
Bulgarian   **le bulgare**
Burmese   **le birman**
Chinese   **le chinois**
Coptic   **le copte**
Czech   **le tchèque**
Danish   **le danois**
Dutch   **le néerlandais**

233

APPENDIXES

English **l'anglais** *(m)*
Estonian **l'estonien** *(m)*
Finnish **le finlandais**
Flemish **le flamand**
French **le français**
German **l'allemand** *(m)*
Greek **le grec**
Gujarati **le goujarati**
Hebrew **l'hébreu** *(m)*
Hindi **le hindi**
Hungarian **le hongrois**
Icelandic **l'islandais** *(m)*
Indonesian **l'indonésien** *(m)*
Inuit Eskimo **l'esquimau** *(m)*
Irish Gaelic **le gaélique irlandais**
Italian **l'italien** *(m)*
Japanese **le japonais**
Korean **le coréen**
Kurdish **le kurde**
Latin **le latin**
Mongolian **le mongolien**
Norwegian **le norvégien**
Persian **le perse**
Polish **le polonais**
Portuguese **le portugais**
Punjabi **le panjabi**
Rumanian **le roumain**
Russian **le russe**
Scottish Gaelic **le gaélique écossais**
Slovak **le slovaque**
Somali **le somali**
Spanish **l'espagnol** *(m)*
Swahili **le swahili**
Swedish **le suédois**
Thai **le thaïlandais**
Tamil **le tamoul**
Tibetan **le tibétain**
Turkish **le turc**
Urdu **l'ourdou** *(m)*
Vietnamese **le vietnamien**
Welsh **le gallois**

21a Nationalities*

Algerian **algérien[ne]**
American **américain**
American Indian **indien[ne] d'Amérique**
Argentinian **argentin**
Australian **australien[ne]**
Austrian **autrichien[ne]**
Belgian **belge**
Brazilian **brésilien[ne]**
Canadian **canadien[ne]**
Egyptian **égyptien[ne]**
Indian **indien[ne]**
Iraqi **irakien[ne]**
Iranian **iranien[ne]**
Irish **irlandais**
Israeli **israélien[ne]**
Lebanese **libanais**
Mexican **mexicain**
Moroccan **marocain**
New Zealander **néo-zélandais**
Pakistani **pakistanais**
Palestinian **palestinien[ne]**
Québécois **Québécois**
Saudi **saoudien[ne]**
Scottish **écossais**
South African **sud-africain**
Swiss **suisse**
    Swiss woman **une Suissesse**
Syrian **syrien[ne]**

21b Grammar

accusative **l'accusatif** *(m)*
accusative *(adj)* **accusatif [-ve]**
adjective **l'adjectif** *(m)*
adverb **l'adverbe** *(m)*
agreement **l'accord** *(m)*
it agrees with **il s'accorde avec**
article **l'article** *(m)*
    definite **défini**
    indefinite **indéfini**
case **le cas**
case ending **la terminaison du cas**
clause **la proposition**
comparative **le comparatif**
conjunction **la conjonction**

* Other nationalities are as languages ▶App.21a above

dative le datif
definite **défini**
demonstrative **démonstratif**
direct object **l'objet** *(m)* **direct**
ending **la terminaison**
exception **l'exception** *(f)*
gender **le genre**
genitive **le génitif**
indefinite **indéfini**
indirect object **l'objet** *(m)* **indirect**
negative **négatif [-ve]**
nominative **nominatif [-ve]**
noun **le nom**
object **l'objet** *(m)*
phrase **la locution**
plural **le pluriel**
   plural *(adj)* **au pluriel**
possessive **possessif [-ve]**
preposition **la préposition**
pronoun **le pronom**
   demonstrative **démonstratif [-ve]**
   indefinite **indéfini**
   interrogative **interrogatif [-ve]**
   personal **personnel[le]**
   relative **relatif [-ve]**
   subject **sujet**
reflexive **le réfléchi**
   reflexive *(adj)* **réfléchi**
rule **la règle**
sequence **la concordance**
singular **singulier [-ère]**
superlative **le superlatif**
   superlative *(adj)* **superlatif [-ve]**
word order **l'ordre** *(m)* **des mots**

Verbs

active voice **la voix active**
auxiliary **l'auxiliaire** *(m)*
compound **composé**
conditional **le conditionnel**
defective **défectif [-ve]**
formation **la formation**
future **le futur**
gerund **le nom verbal**
imperative **l'impératif** *(m)*
imperfect **l'imparfait** *(m)*
impersonal **impersonnel**
infinitive **l'infinitif** *(m)*
interrogative **l'interrogatif** *(m)*
intransitive **intransitif**
irregular **irrégulier [-ère]**
passive voice **la voix passive**
participle **le participe**
past **le passé**
   past *(adj)* **passé**
perfect **le parfait**
present **le présent**
reflexive **le réfléchi**
   reflexive *(adj)* **réfléchi**
regular **régulier [ère]**
sequence **la concordance**
simple **simple**
strong **fort**
subjunctive **le subjonctif**
system **le système**
tense **le temps**
transitive **transitif [-ve]**
use **l'emploi** *(m)*
verb **le verbe**
weak **faible**

21b Punctuation

apostrophe **l'apostrophe** *(f)*
asterisk **l'astérisque** *(m)*
bracket **la parenthèse**
colon **deux points**
comma **la virgule**
dash **le tiret**
exclamation mark **le point d'exclamation**
inverted commas **les guillemets** *(m)*
parentheses (in) **(entre) parenthèses** *(f)*
period **le point**
question mark **le point d'interrogation**
semicolon **le point virgule**

22b Stationery

APPENDIXES

adhesive tape   **le ruban adhésif**
carbon paper   **le papier carbone**
card index   **le fichier**
chalk   **la craie**
clipboard   **le porte-bloc à pince**
compasses, pair of   **le compas**
correction fluid   **le liquide correcteur**
datebook   **l'agenda** *(m)*
envelope   **l'enveloppe** *(f)*
eraser   **la gomma**
exercise book   **le cahier d'exercices**
felt-tip pen   **le feutre**
file   **le dossier**
filing cabinet   **le classeur**
fountain pen   **le stylo (à encre)**
glue   **la colle**
highlighter   **le surligneur**
hole punch   **la perforeuse**
ink   **l'encre** *(f)*
ink refill   **la cartouche d'encre**
in-tray/out-tray   **la corbeille arrivée/départ**
label   **l'étiquette** *(f)*
marker   **le marqueur**
notebook   **le calepin**
overhead projector   **le rétroprojecteur**
paper   **le papier**
paper clip   **le trombone**
paper knife   **le coupe-papier**
pen   **le stylo**
pencil   **le stylo à bille**
photocopier   **la photocopieuse**
pocket calculator   **la calculette, la calculatrice**
protractor   **le rapporteur**
push pin   **la punaise**
ring binder   **le classeur à anneaux**
rubber band/elastic band   **un élastique**
ruler   **la règle**
scalpel   **le scalpel**
scissors   **les ciseaux** *(m)*
screen   **l'écran** *(m)*
set square   **l'équerre** *(f)*
sheet of paper   **la feuille de papier**
shredder   **la déchiqueteuse**
stamp   **le timbre**
stapler   **l'agrafe** *(f)*
staple remover   **l'otagraf®** *(m)*
stationery   **la papeterie**
textbook   **le livre scolaire**
typewriter   **la machine à écrire**
typewriter ribbon   **le ruban de la machine à écrire**
transparency (for OHP)   **le transparent**
wastepaper basket   **la corbeille à papiers**
whiteboard   **le tableau blanc**

23a Scientific disciplines

applied sciences   **les sciences** *(f)* **appliquées**
anthropology   **l'anthropologie** *(f)*
astronomy   **l'astronomie** *(f)*
astrophysics   **l'astrophysique** *(f)*
biochemistry   **la biochimie**
biology   **la biologie**
botany   **la botanique**
chemistry   **la chimie**
geology   **la géologie**
medicine   **la médecine**
microbiology   **la microbiologie**
physics   **la physique**
physiology   **la physiologie**
psychology   **la psychologie**
social sciences   **les sciences** *(f)* **humaines**
technology   **la technologie**
zoology   **la zoologie**

23b Chemical elements

aluminum   **l'aluminium** *(m)*
arsenic   **l'arsenic** *(m)*
calcium   **le calcium**
carbon   **le carbone**
chlorine   **le chlore**
copper   **le cuivre**

APPENDIX **24b**

gold l'or *(m)*
hydrogen l'hydrogène *(m)*
iodine l'iode *(m)*
iron le fer
lead le plomb
magnesium le magnésium
mercury le mercure
nitrogen l'azote *(m)*
oxygen l'oxygène *(m)*
phosphorus le phosphore
platinum le platine
plutonium le plutonium
potassium le potassium
silver l'argent *(m)*
sodium le sodium
sulphur le soufre
uranium l'uranium *(m)*
zinc le zinc

23b Compounds and alloys

acetic acid l'acide *(m)* acétique
alloy l'alliage *(m)*
ammonia l'ammoniac *(m)*, l'ammoniaque *(f)*
asbestos l'amiante *(f)*
brass le cuivre
carbon dioxide le gaz carbonique
carbon monoxide l'oxyde *(m)* de carbone
copper oxide l'oxyde *(m)* de cuivre
hydrochloric acid l'acide *(m)* chlorhydrique
iron oxide l'oxyde *(m)* de fer
lead oxide l'oxyde *(m)* de plomb
nickel le nickel
nitric acid l'acide *(m)* nitrique
it oxidizes il s'oxyde
ozone l'ozone *(m)*
propane le propane
silver nitrate le nitrate d'argent
sodium bicarbonate le bicarbonate de soude
sodium carbonate le carbonate de sodium
sodium chloride le chlorure de sodium
sulphuric acid l'acide *(m)* sulfurique
tin l'étain *(m)*

23c The zodiac

Aries **Bélier**
Taurus **Taureau**
Gemini **Gémeaux**
Cancer **Cancer**
Leo **Lion**
Virgo **Vierge**
Libra **Balance**
Scorpio **Scorpion**
Sagittarius **Sagittaire**
Capricorn **Capricorne**
Aquarius **Verseau**
Pisces **Poisson**
zodiac **le zodiaque**

23c Planets and stars

Earth **la Terre** *(f)*
Venus **Vénus** *(f)*
Mercury **Mercure** *(f)*
Pluto **Pluton** *(m)*
Mars **Mars** *(f)*
Jupiter **Jupiter** *(m)*
Saturn **Saturne** *(f)*
Uranus **Uranus** *(f)*
Neptune **Neptune** *(m)*
Pole star l'étoile *(f)* **polaire**
Halley's comet **la comète de Halley**
Southern cross **la croix du Sud**
Great Bear **la grande Ourse**

24b Wild animals

baboon le babouin
badger le blaireau
bear l'ours *(m)*
beaver le castor
bison/buffalo le bison
camel le chameau

APPENDIXES

cheetah le guépard
chimpanzee le chimpanzé
cougar le couguar
coyote le coyote
deer le cerf *(invar)*, le chevreuil
elephant l'éléphant *(m)*
elk l'élan *(m)*
fox le renard
frog la grenouille
giraffe la girafe
gorilla le gorille
grizzly bear le grizzly, le grizzui
hedgehog le hérisson
hippopotamus l'hippopotame *(m)*
hyena l'hyène *(f)*
jaguar le jaguar
lion le lion
lynx le lynx
mink le vison
mole la taupe
mongoose la mangouste *(f)*
monkey le singe
moose l'élan *(m)*
mouse la souris
otter la loutre
panther la panthère
polar bear l'ours *(m)* polaire
puma le puma
rat le rat
reindeer le renne
rhinoceros le rhinocéros
squirrel l'écureuil *(m)*
tiger le tigre
vole le campagnol
whale la baleine
wolf le loup
zebra le zèbre

24b Birds

albatross l'albatros *(m)*
blackbird le merle
bluetit la mésange bleue
budgerigar la perruche
buzzard la buse
crow la corneille, le corbeau
dove la colombe
eagle l'aigle *(m)*
  golden eagle l'aigle *(m)* royal
emu l'émeu *(m)*
finch le pinson
hawk/falcon le faucon
heron le héron
hummingbird l'oiseau-mouche *(m)*, le colibri
kingfisher le martin-pêcheur
magpie la pie
ostrich l'autruche *(f)*
owl le hibou, la chouette
parrot le perroquet
peacock/hen le paon, la paonne
pelican le pélican
penguin le pingouin
pigeon le pigeon
puffin le macareux
robin le rouge-gorge
seagull la mouette
sparrow le moineau
starling l'étourneau *(m)*, le sansonnet
swallow l'hirondelle *(m)*
swan le cygne
swift le martinet
thrush la grive
woodpecker le pic
wren le roitelet

24b Parts of the animal body

beak le bec
claw la griffe
comb la crête
feather la plume
fin la nageoire
fleece la toison
fur la fourrure
gills les ouïes
hide la peau
hoof le sabot
mane la crinière
paw la patte
pelt la peau
scale l'écaille *(f)*
shell *(oyster, snail)* la coquille

APPENDIX 25a

(tortoise, crab) la carapace
tail   la queue
trunk   la trompe
tusk   la défense
udder   le pis, la mamelle
wing   l'aile *(f)*

24c Trees

apple tree   le pommier
ash   le frêne
beech   le hêtre
cherry tree   le cerisier
chestnut   le marronnier
cypress   le cyprès
eucalyptus   l'eucalyptus *(m)*
fig tree   le figuier
fir tree   le sapin
fruit tree   l'arbre *(m)* fruitier
holly   le houx
maple   l'érable *(m)*
oak   le chêne
olive tree   l'olivier *(m)*
palm   le palmier
peach tree   le pêcher
pear tree   le poirier
pine   le pin
plum tree   le prunier
poplar   le peuplier
redwood   le séquoia
rhododendron   le rhododendron
walnut tree   le noyer
willow   le saule
yew   l'if *(m)*

24c Flowers and weeds

azalia   l'azalée *(f)*
carnation   l'œillet *(m)*
chrysanthemum   le chrysanthème
clover   le trèfle
crocus   le crocus
daffodil   la jonquille
dahlia   le dahlia
daisy   la pâquerette
dandelion   le pissenlit
foxglove   la digitale

geranium   le géranium
hydrangea   l'hortensia *(m)*
lily   le lys/lis
nettle (stinging)   l'ortie *(f)*
orchid   l'orchidée *(f)*
pansy   la pensée
poppy   le coquelicot
primrose   la primevère
rose   la rose
snowdrop   le perce-neige *(inv)*
sunflower   le tournesol
thistle   le chardon
tulip   la tulipe
violet   la violette

25a Political institutions

assembly   l'assemblée *(f)*
association   l'association *(f)*
cabinet   le conseil des ministres
   shadow cabinet (UK)   le cabinet fantôme
committee   la commission, le comité
confederation   la confédération
congress   le congrès
council   le conseil
federation   la fédération
House of Representatives   la Chambre des Députés, l'Assemblée *(f)* nationale
local authority   la municipalité
Lower House/Lower Chamber   la Chambre des Députés
parliament   le parlement
party   le parti
Senate   le Sénat
town council   la municipalité, le conseil municipal
town hall   la mairie
Upper House   la Chambre haute

25a Representatives and politicians

APPENDIXES

Chancellor le Chancelier
congressman/woman le député
elected representative l'élu *(m)*
Foreign Minister/Secretary of State **le ministre des Affaires Etrangères**
head of state **le chef d'Etat**
Home Secretary/Minister of the Interior **le ministre de l'Intérieur**
leader **le chef, le leader**
leader of the party/party leader **le chef du parti**
mayor **le maire**
Minister/Secretary of **le ministre**
Arts/Culture **de la Culture**
Defense **de la Défense**
Education **de l'Education nationale**
Employment/Labor **du Travail et de l'Emploi**
Health **de la Santé**
Trade/Commerce **du Commerce**
Transport/Transportation **des Transports**
politician l'homme *(m)* **politique**
Prefect (Chief Executive of a département) **le Préfet**
President **le Président**
Prime Minister **le Premier Ministre**
representative **le député**
senator **le sénateur**
Speaker (UK) **le Président/la Présidente des communes**

27b Military ranks

admiral **l'amiral** *(m)*
airman first class (US)
marshal **le géneral de corps aérien**
brigadier **le général de brigade**
captain **le capitaine**
commodore **le contre-amiral**
corporal **le caporal-chef**
fieldmarshal **le maréchal (de France)**
general **le général**
lieutenant **le lieutenant**
major **le major**
private **le soldat (de deuxième classe), le simple sodat**
Private Smith **soldat Smith**
rear-admiral **le contre-amiral**
sergeant **le sergent**
sergeant-major **l'adjudant** *(m)*
sergeant-major (US) **l'adjudant-chef** *(m)*

27c International organizations

Council of Europe **le Conseil de l'Europe**
Council of Ministers **le Conseil des Ministres**
EC/European Community **la Communauté Européenne /CE**
EU/European Union **l'Union** *(f)* **Européenne/UE**
NATO/North Atlantic Treaty Organization **l'Organisation** *(f)* **du Traité de l'Atlantique Nord/OTAN**
OPEC/Organization of Oil Exporting Countries **l'Organisation** *(f)* **des Pays Exportateurs de Pétrole/OPEP**
Security Council **le Conseil de Sécurité**
UNO/United Nations Organization **l'Organisation** *(f)* **des Nations Unies /ONU**
WHO/World Health Organization **l'Organisation** *(f)* **mondiale de la Santé/OMS**
World Bank **la Banque mondiale**

D
SUBJECT INDEX

SUBJECT INDEX

Subject index

Numbers refer to Vocabularies

A

abroad, going   19b
accessories, clothing   9c
accidents   11a
accommodation   8a, 12c; on holiday/vacation 20b
addiction   12d
advertising   18d
advertisements   18d
airplane   19d
age   5a, 7c
agreeing   15b
agriculture   24c
alcohol   10a, 12d
animals   24b; wild animals App.24b; farm animals 24c
animal body, parts of   App.24b
appearance, physical   5a
appreciation, artistic   17a
approval   15b
architecture   17b; features App.17b
arguing   6d
army   27a, 27b
articles, grammatical   1
art, fine   17b
artistic criticism   17a
artistic styles   17a
arts   17; jobs App.14b
asking directions   2b
atomic physics   23b
automobiles   19c; parts App.19c

B

banking   14e
bathroom   8c
beach   App.20a
beauty   11d
beliefs, political   25b; religious 13a
birds   24b, App.24b

birth   7b
boats   App.19b; travel by 19b
bodily functions   11d
body, parts of   5b, App.5b
booking, holidays/vacation   20b
books   17c
broadcasting   18c
building site   14b
buildings   17b; features 17b; sights App.20a
business   14

C

calculations   4d
calendar   3b
camera   App.16c
camping   20c
car   19c; parts App.19c
cause and effect   6d
character, human   6a, App.6a
chemical elements   App.23b
chemistry   23b
children   7b
chores, household   8d
church   13b
cinema   17e; film genres App.17e
civil service, jobs   App.14b
clarifying meaning   15b
classroom   22c
cleanliness   11d
climate   24d
clocks and watches   App.3b
clothing   9c; for sports & leisure 16c; fabrics 5f
college   22d
colors   5b
commerce   27c
communicating   15
company personnel   14b

242

company structure 14b
comparing 5e, 6d
compass, points of 2b
compounds, chemical App.23b
computers 15d; hardware App.15d; software App.15d
condiments 9b
conditions of work 14c
congratulating 15a
conjunctions 1
construction 14b; jobs App.14b
continents App.20a
contrasting 6d
cooking 10d
cosmetics 9b
countries App.20a; nationalities App.21b
countryside 24a
crime 12d, 26; crime fighting 26c
criticism, artistic 17a
cuisine, French 10b, 10c, 10d
currencies App.9a
cutlery 8c

D

daily life 8
dance 17d
date 3b
days of week 3b
death 7c
decline, economic 14e
dentist 11c
descriptions 5; people 5a; things 5c
dessert 10c
dining out 10a
dining-room 8c
direction(s) 2
disability 11b, 12b
discrimination 12e
discussing 6d
diseases App.11c
dishes 8c
DIY/do-it-yourself 8d; tools App.8c
doctors 11c
doctrines, religious 13a

domestic animals 24b
domestic goods 9b
drama 17e
drinks 10a
drugs, abuse 12d

E

earth 23c, 24a, 24e
eating 10d
eating out 10a
economics 14a, 14d, 14e
economy 14d
education 22; jobs App.14b
egg dishes 10b
electrical goods 8c
elections 25c
electricity 23b
elements, chemical App.23b
emergencies 11a
emotions 6b
emphasizing 6d
energy sources 23c, 23b
environment 24, 23c
equipment, sports and leisure 16c
etiquette 15a; letter writing App.15c
evaluating 5d
examinations 22c
examples, giving 6d
exclamations 15b
existence 2b
expressing views 6d

F

fabrics 5f
factory 14b
faculties, human 5b; educational 22d
family 7
farewells 15a
farming 24c; farm animals 24c
feelings 6b
festivals, religious App.13b
films 17e; genres App.17e
finance 14d; personal 14e
fine arts 17b

SUBJECT INDEX

first aid   11a, 11b
fish   10b
fitness   11d
fittings & fixtures   8b, 8c
flowers   App.24c
flying   19d
food   10, 9b; preparation 10d; jobs App.14b
foodstuffs, basic   9b
fractions   4c
friends   7a
fruit   10c
fuel sources   23c
functional words   1
funerals   7c
furnishings   8b, 8c
furniture   8b, 8c
further education   22d

G

games   16b, 16c
gardening   24c; tools App.8c
gems   App.9c
geography   24a
geology   23c
geometrical terms   App.4d
good-byes   15a
government   25; jobs App.14b
grammar   21b, 1
growth, economic   14e; human 7c

H

hair care   11d
hairdresser   11d
handicapped   11b, 12b
hardware, computer   App.15d
health   11d
health care, jobs   App.14b
herbs   10c
hesitating   15b
high school   22a, 22b
higher education   22d
hobbies   16a, App.16a, 20a
holiday   20; beach App.20a
holidays   App.13b
home   8

homelessness   12c
homophobia   12e
horticulture   24c
hospital   11c; jobs App.14b; departments App.11c
hotel   20b
house   8
household   8b, 8c
household goods   9b
housework   8d
housing   8a, 12c
how much?   4
human body   App.5b
human character   6, App.6a
human life cycle   7c
human relationships   7
hygiene   11d

I

ideology, political   25b
illness   11b
illnesses   App.11c
industrial relations   14a
industry   14d, 14b; jobs App.14b
information technology   15d
insects   24b
institutions, political   App.25a
instruments, musical   App.17d
interjections   15b
international organizations   27c
international relations   27c
interview for job   14c
introductions   15a
ideology, political   25b; religious 13a

J

jewelry   App.9c
job application   14c
job interview   14c
jobs   App.14b
journalism   18
judiciary   26b
justice   26b, 26c

K

F-P

kitchen 8c
knowing 6c

L

labor relations 14a
language 21
language families App.21a
languages App.21a
leisure time 16; hobbies App.16a
length 4a
letter writing 15c, App.15c
life sciences 23a
life cycle, human 7c
listening 21b
literature 17c
location 2b
lounge 8c
love 7b

M

magazines 18b
mail 15c
manmade features 24a
manufacturing 14b; jobs App.14b
marriage 7b
materials 5f
mathematics 4d
mathematical terms App.4d
meals 10a
meaning, clarifying 15b
means of transport App.19a
measuring 4b
meat 10b; meat dishes 10b
mechanics 23b
media 18
medical science 23a
medical treatment 11c
medicines 11c
meetings 15a
mental activity 6c
metals App.23b, App.9c
middle age 7c
military personnel 27b
military ranks App.27b
mind 6
minerals 23c

money 14e; spending 9a; foreign App.9a
months 3b
movement 2
movies 17e; genres App.17e
music 17d
musical forms App.17d
musical instruments App.17d
musical terms App.17d
musicians App.17d

N

nationalities App.21a
natural features 24a
newspapers 18b
nuclear physics 23b
numbers 4c

O

obligation 15b
oceans App.20a
office 14b; structure 14b; personnel 14b
oil 23c
optician 11c
old age 7c

P

packaging 4b
parliament 25, App.25a
parties, political 25b
parts of the body 5b, App.5b; animal App.24b
past, present & future 3a
pastimes 16a, App.16a
patterns *(clothing)* 9c
pay *(work)* 14c
paying, for holiday/vacation 20b
peace 27c
permission 15b
peoples App.20a
periods, artistic 17a
personnel 14b
pets 24b
photography 16c
physical relief 24a

245

SUBJECT INDEX

physical sciences   23b
physics   23b; nuclear 23b
place   2
places of work   App.14b
planets   App.23c
plant life   24c, App.24c
pleasantries   15a
police   26c
politicians   App.25a
politics   25
political ideology   25b
position   2
possessive pronouns and adjectives   1
post   15c
poultry   10b
poverty   12b
precious stones   App.9c
prejudice   12e
prepositions   1; place 2a, time 3a
press   18b
printing, from computer   App.15d
prison   26c
professions   App.14b
progams, TV and radio   18c
pronouns   1
property   8a
publishing   17c, 18b
puddings   10c
punctuation   21c
punishment   26c

Q

qualifying *(reservation)*   6d
quantity   4, 9b
question words   1

R

racism   12e
radio   18c
rail(road)   19e
ranks, military   App.27b
reading   21b
real estate   8a
recipes   10d
recovery *(health)*   11d

regions, geographical   App.20a
relationships   7
relatives   7a
religion   13
religious beliefs   13a
religious festivals   App.13b
religious groups   App.13b
religious practice   13b
representatives, political   App.25a
research, scientific   23a; space 23c; jobs App.14b
research, space   23c
reservations, expressing   6d
restaurants   10a
retail, jobs   App.14b
river pollution   24e
road signs   App.19c
road travel   19c
roads   19c
rooms   8b, 8c
routine   8b, 8d

S

school   22a, 22b, 22c
school subjects   22c
science   23
scientific disciplines   App.23a
scientific method   23a
scientific research   23a
sea   24b; seas App.20a; pollution 24e
sea travel   19b
seafood   10b
sealife   24b
seasons   3b
senses   5b
services   App.9a; jobs App.14b
sexual relationships   7b
sexuality   12e
shape   4a
ships   App.19b
shoes   9c
shopping   9; food 9b; clothes 9c
shops   App.9a
sickness   11b
sights, tourist   App.20a

P-Z

singers App.17d
size 4a
smoking App.10d
social discourse 15a, 15b
social issues 12
social services 12b
society 12
software, computer App.15d
space 23c
sport 16b, 16c
sporting equipment 16c
stars App.23c
stationery App.22b
stores App.9a
strikes 14a
style, artistic 17a
subjects, school 22c; further education 22d
substances 5f
superlatives 5e
surprise 15b
sweet (*dessert*) 10c

T

telecommunications 15c
telephone 15c
television 18c
temperature 4b
thanking 15c
theater 17e
thought processes 6c
time 3
time of day 3b
timepieces App.3b
tobacco App.10d
toiletries 9b
tools App.8c
tourism 20
tourist sights App.20a
trade 27c
training, work 14b, 22d
trains 19e
transport 19; means App.19a; jobs App.14b
travel 19, 2c; by air 19d; by rail 19e; by road 19c; by sea 19b
treatment, medical 11c
trees App.24c
trial 26b

U

unemployment 12b, 14c
universe 23c, App.23c
university 22d

V

vacation 20; beach 20a
vacation rental property 20c
vegetables 10c
verbs App.21b
views, expressing 6d
violence 12d, 26a, 27a, 27b
vocabulary 21a
volume 4b
voting 25b
voyages 19a

W

war 27a, 27b
watches and clocks App.3b
wealth 12b
weapons 27b
weather 24d
weddings 7b
weeds App.24c
weight 4b
what sort of? 5
when? 3
where? 2
wild life/animals 24b, App.24b
word processing 15d
words 21a
working conditions 14c
workplaces App.14b
writing 21b; (*literature*) 17c; letters App.15c

X, Y, Z

yard 8c
zodiac App.23c